槓桿 ETF 投資法

用50正2輕鬆打敗0050 & 0056，提早退休

社群影響力百大排行榜、博客來年度【投資理財】暢銷百大、
部落格總瀏覽數破千萬、痞客邦財經影響力創作者金獎

—— 林政華（大仁）著 ——

作者序

想了解槓桿 ETF 和 50 正 2，
本書就是最好的選擇

你好，我是大仁。先謝謝你願意翻開這本書，給槓桿 ETF 投資法一個機會。你應該是對槓桿 ETF 有興趣才會看到這行文字，在你往下看之前，也許已經有看過或聽過槓桿的壞話，例如「投資千萬別使用槓桿」，甚至是「槓桿 ETF 不可以長期持有，因為會扣血」等言論。

為什麼 50 正 2 的報酬率是 0050 的 3 倍？

這邊先帶你看一個數據，本書要討論的主角是「台灣 50 正 2」（台股代號：00631L），它是在 2014 年 10 月 31 號上市。我們拿台灣最老牌也最有名的 ETF，即 0050 來做對照，計算到今日（2023 年 3 月 10 號），這八年多的時間 0050 給出 137.53％ 的總報酬，表現相當不錯。

猜猜看同時期 50 正 2 總報酬是多少？答案是 0050 的三倍，帶來 449.51％ 的總報酬。看到這個數字你應該很疑惑，明明大家都說槓桿 ETF 不好，為什麼結果卻是這樣？本書就是要幫你解答這個疑問，告訴你 50 正 2 為什麼可以給出驚人報酬的原因。

知道自己在投資什麼很重要，許多人之所以害怕槓桿 ETF 就是出於無知（不知道內容），所以大仁會從本書的 PART 1 開始介紹基礎知識，讓你知道槓桿 ETF 運作的機制跟原理。再來，PART 2 會討論到進階的各種細節，

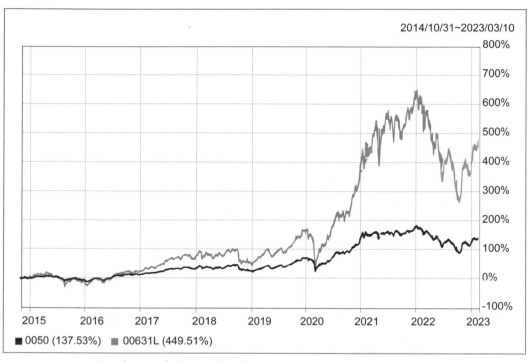

2014/10/31~2023/03/10

■ 0050 (137.53%)　■ 00631L (449.51%)

▲ 50 正 2（00631L）從 2014 年上市到 2023.3.10，績效是是 0050 的 3 倍多。

讓你從實務去驗證理論。PART 3 則會談到如何使用槓桿 ETF 做到資產配置，以及相關的策略思考。最後在 PART 4 補充許多人不清楚的注意事項。

　　許多人問大仁為什麼要花這麼多時間分享槓桿ETF，我的答案只有一個：因為槓桿 ETF 在台灣承受很大的污名化，不管是投資達人或老師只要提到槓桿 ETF 幾乎都是持否定看法，卻沒有真正從各種角度去客觀討論這項工具。

　　我也深知談論槓桿是一件吃力不討好的事情，因為許多人講到槓桿就聞之色變，更別說花時間去討論研究了。但我的個性較特別，如果覺得這東西好，就會想分享給周遭的其他人一起同樂。就像你看到一個景點、一部電影、一部戲劇、一首音樂覺得很棒，你會花時間跟大家介紹，讓大家一起感受這個美好的體驗那樣，我就是這樣的心態。

本書幫你省下數百個小時，了解這支最強台股

因為正 2 這麼優秀的 ETF（我個人認為是台股最強第一名）被這樣埋沒實在太可惜了，於是我花了許多時間釐清世人對正 2 的誤會與抹黑。現在，你拿在手上的，就是最後整理好的成品。

因為槓桿 ETF 很少人提，大仁都是自己摸石頭過河般不停地翻找資料研究，經過吸收後再分享出來。對於那些想了解槓桿 ETF 的人，絕對可以幫你省下數百個小時的時間（坦白說我認為即使你花數百個小時也不一定能找到正確的資料）。如果你想了解槓桿 ETF 和正 2，這本書就是你最好的選擇。

在你開始閱讀之前，大仁有三件事想告訴你：**一、本書內容是從我的網站「淺談保險觀念」的文章重新整理而來，有部分論點會反覆提到，這是正常的，會從各種角度不斷說明，加深印象。二、部分數據是寫作當下的資訊，為了保有原本的架構，不會採用最新的數據，還請見諒。三、槓桿 ETF 涉及許多專業知識，還有很多灰色地帶等待後人研究。我無法保證本書內容 100％正確，但我可以向你保證，這是我目前為止的認知範圍所能給予的最好答案。**本書若有任何錯誤或疏漏，全都是我的能力不足所致，在此先向你致歉。

好了，我該說的話都說完了，歡迎你進入正 2 的世界。希望這本書能成為你理解槓桿 ETF 的第一塊踏腳石，讓我們一起前進吧！

免責聲明

　　本書相關內容僅為個人心得分享，不得作為投資決策依據。投資有風險，有可能會虧損本金。過去歷史與數據不代表未來，投資前應詳閱基金公開說明書，務必謹慎評估再做決定。讀者須自行承擔一切風險，本人不負任何盈虧之法律責任。

　　警語：投資一定有風險，基金投資有賺有賠，申購前應詳閱公開說明書，及瞭解本基金之風險與特性。槓桿型或反向型期貨 ETF 係追蹤、模擬或複製標的指數之正向倍數或反向倍數表現，投資人應完全瞭解淨值與其標的指數間之正反向及倍數關係，且槓桿型或反向型期貨 ETF 僅以追蹤、模擬或複製每日標的指數報酬率正向倍數或反向倍數為目標，而非一段期間內標的指數正向倍數或反向倍數之累積報酬率，故不宜以長期持有槓桿型或反向型期貨 ETF 受益憑證之方式獲取累積報酬率。

Part 1 槓桿 ETF 原理篇

目錄

目錄

認識槓桿思維與槓桿 ETF 常見 Q&A

　　什麼是「槓桿」？先不論你對槓桿的認知如何，大多數人對「槓桿」兩字都是負面的解讀。但槓桿如果真的那麼糟糕，為何我們會經常用到？你或許沒有察覺到，其實買房子用的房貸，這是槓桿；讀大學會用的學貸，這是槓桿；買車會用的車貸，這也是槓桿。既然槓桿在人生中如此重要，為什麼大多數人對槓桿都是排斥的，甚至不願意去了解？這是槓桿本身的問題，還是因為使用者對槓桿的了解不夠深入，才造成遺憾發生？

　　其實，槓桿只是一種工具，不要將人的問題說成工具的問題。大仁整理這個系列的文章，就是想多少破除一些對槓桿的迷思。本書會專注談論兩個重點：「槓桿型 ETF」的原理和「槓桿思維」在投資上的應用。我無法保證自己的想法百分之百正確，只希望能夠提供給讀者，除了主流說法以外的另一種思考角度。

為什麼要寫這本書？

　　我起初是發覺「槓桿型 ETF」的知識在台灣尚未普及，很多人談到槓桿就下意識排斥，沒有深入去研究。於是，我想來個拋磚引玉，貢獻自己微薄的槓桿投資相關知識。希望能吸引更多人認真看待槓桿型 ETF，並藉由更多專業投資者的討論，完善這套理論。

　　本書將專注說明「元大台灣 50 單日正向 2 倍基金」（本書簡稱「50 正

2」，台股代號 00631L）的兩倍槓桿型 ETF。這檔 ETF 的目標是追求 0050 的兩倍回報。也許你是第一次聽到這項投資商品，沒關係，我剛開始也同樣不懂。不一樣的是，我花了很多時間研究，而你可以直接參考我提煉出來的心得，學習速度會更快。我會盡量用淺顯易懂的方式幫助你理解槓桿，讓你明白如何正確使用槓桿，撬動投資人生。

槓桿型 ETF 常見問題

問：什麼是 ETF ？

答： ETF 是一種「可以在交易所交易的基金」（Exchange-Traded Funds），會追蹤某項特定指數購買一籃子的股票。例如台灣最有名的 ETF，0050（全名：元大寶來台灣卓越 50 證券投資信託基金，台股代號：0050），就是追蹤台灣市值前五十大的上市公司，買下這五十間公司的股票。另外，ETF 的購買方法與股票相同，不需要另外開戶。不過，若想購買本書介紹的槓桿 ETF，則需要另外加開「信用戶」，請參考本書卷末的附錄。

問：什麼是槓桿？聽說用槓桿會家破人亡？

答： 槓桿就是拿較少的資金，去做較大的投資。以房子為例，總價 500 萬，頭期款 100 萬，貸款 400 萬。你就是拿一塊錢去買下五塊錢的東西，開了五倍的槓桿。以買房來說，大多數買房的人肯定都使用過槓桿，這是因為很少人可以一開始就擁有足夠的錢買下房子。如果你完全不碰槓桿，抱歉，你這輩子別想買房了。評估好自己的財務能力，去開槓桿買房當然沒問題。如果在現金流有問題的前提下，又背負鉅額貸款，再來說槓桿很可怕，這怎樣都說不過去。槓桿只是一項工具，端看你如何使用而已。

問：槓桿 ETF 投資的是股票嗎？

答： 不是。槓桿型 ETF 通常會使用期貨放大自己的投資部位。所以槓桿型 ETF 投資的不是股票，而是「期貨」。同樣以兩倍槓桿為例，50 正 2 會用一塊錢當作保證金，購買兩塊錢的期貨契約，以此做到兩倍的槓桿。關於期貨的相關知識，本書的第一部分會有多篇文章解釋期貨的原理。

問：兩倍槓桿是什麼意思？ ETF 槓桿最多有幾倍？

答： 以兩倍槓桿為例，漲就漲兩倍，跌也跌兩倍。漲 10％，兩倍槓桿漲 20％；跌 10％，兩倍槓桿跌 20％。但這是理想的目標，實際上操作可能會產生誤差，不保證能給出兩倍損益。台灣發行的最高槓桿是兩倍，國外則有三倍的槓桿 ETF。但三倍將涉及更多的風險，使用上得更小心。

問：如何達到兩倍槓桿？

答： 基金經理會買入期貨，將曝險程度控制在 200％，就能維持在兩倍槓桿。本書的第一部分將詳細解釋 50 正 2 如何做到兩倍槓桿。

問：投資槓桿 ETF 會有風險嗎？

答： 當然有風險。任何投資都會有風險，投資 0050 跟 0056 也一樣有風險，想找沒有風險的投資，請乖乖去銀行定存。重點不是有沒有風險，而是你是否知道風險是什麼，能否承受這樣的風險。本書除了介紹槓桿 ETF 的好處，也會詳細介紹這項投資的風險和投資者所需要的認知。所以記得要先讀完整本書再去投資。

問：50 正 2 會不會跌到下市？

答： 可能會。但其實任何一檔 ETF 都有可能跌到下市，包含最紅的 0050 跟

0056。所以，重點不是會不會下市，而是在什麼情況可能下市。關於這點，可以參考本書 1-4、2-19 和 2-20。

問：遇到類似 2008 年金融海嘯的事件，兩倍槓桿會跌到歸零嗎？

答：不會。因為台灣有每日漲跌幅的上限，單日最高就是 10% 跌停，不會跌更多了。所以每日兩倍槓桿最多就是跌 20%，不會有「一天之內」跌到歸零的事情發生，關於此點，請參考本書 1-5。

問：50 正 2 可以達到 0050 的兩倍報酬嗎？

答：短期不一定，長期有可能。為什麼說短期不一定？目前的槓桿 ETF 只敢跟你說「單日兩倍」，但拉長時間來看，複利偏移會將報酬帶到無法想像的地方。有可能低於兩倍，也可能高於兩倍。若將投資的期間拉長，對股市有信心，認為市場會長期會向上。那麼時間拉長來看，要達到兩倍的機率就高很多了。關於此點，請參考本書 1-8。

問：槓桿型 ETF 的內扣費用很高，會一直扣血？

答：不只槓桿型會扣血，所有 ETF 都有管理費，都會扣血。扣完血以後能不能帶來更高的報酬，這才是重點。關於此點，請參考本書 1-9 和 1-10。

問：50 正 2 投資期貨，風險會不會太大？

答：不會。以 0050 為例，0050 只包含台股大盤七成市值，缺少的三成市值無法收入。而 50 正 2 透過持有期貨，剛好間接投資整個台股大盤。如果你想投資整個台灣，50 正 2 反而是風險更為分散的選擇。關於此點，請參考本書 2-1。

問：50 正 2 沒有配息，所以不適合長期投資？

答：這應該是大多數投資者對 50 正 2 最大的誤解了。首先，50 正 2 確實沒有配息。但是，50 正 2 持有期貨，每年都可以吸收到逆價差點數。這些逆價差點數就是一種配息，只是直接算進基金的淨值裡而已。所以不是沒有配息，而是配息直接算入淨值。你想要拿到錢，賣股票就好了。關於投資 50 正 2 可以吸收台股每年平均 4% 配息（兩倍就是 8%）這個概念，因為非常重要，所以本書在第一部分會花很多篇章分析（例如 1-14 和 1-15），請讀者一定要看完至少第一部分的原理文章。

問：說了那麼多，大仁自己有沒有投資？

答：有的。讀者可以在我的網站「淺談保險觀念」搜尋〈一百萬實測，槓桿型 ETF 長期投資法〉這篇文章。這是為了證明這本書的觀念不是空口說白話，我在 2021 年 11 月 5 號這天，投入台幣 103 萬作為實測投資組合。本來是打算投入 100 萬，因為整數比較好看。但當天剛好可以湊齊八張，就變成 103 萬這個數字了。這個投資組合我會持有到 2030 年，到時候再來看這個組合的表現如何。我相信有很高的機率會大於 0050 兩倍以上的報酬。比較的對象就是 0050 跟 0056 這兩檔 ETF。由於 0050 跟 0056 都有配息，因此會用股息再買入相對應的股數（股息再投資計畫，Dividend Reinvestment Program，簡稱「DRIP」）。我會從 2021 年 11 月開始，每個月做一次結算來比較，一直紀錄到 2030 年為止。讀者可以每個月來看看這三檔 ETF 的實際報酬變化。

▲ 大仁的 100 萬
50 正 2 實測

問：我還是不敢投資槓桿型 ETF 怎麼辦？

答：沒關係，這種事情無法強求。每個人的認知不同，能擁有與獲得的也

不同。如果你研究之後依然認為槓桿不好，不要緊，就依照你最安心的投資方式投資即可。BUT，最重要的 BUT 來了！大仁花費許久的時間整理相關資訊，目的就是想要補齊台灣對槓桿 ETF 的資訊落差。讓更多人可以深入地研究槓桿型 ETF，而不是聽到槓桿就直接否決。你可以研究之後再做決定，但千萬不要「沒有研究就放棄」，不然可能會錯過更適合你的投資方式。

好了，先謝謝每一位看到這邊的朋友。在我的個人網站「淺談保險觀念」上面，會不斷更新內容，以求達到足夠的完整性，歡迎你隨時回去看看。

在此提醒一下：文章內容僅為個人心得分享，不得作為投資決策依據。過去績效不代表未來，投資有風險，也有可能會虧損本金。投資前應詳閱基金公開說明書，務必謹慎評估再做決定。任何瀏覽網站或購買本書的讀者，須自行承擔一切風險，本人不負任何盈虧之法律責任。

投資是個人的事情，我不清楚你的狀況如何，你得自己做功課研究之後再決定。我能做的，就是分享我所知道的給你。我不會因為任何人投資 50 正 2，或其他槓桿 ETF 而賺到一毛錢。我只是單純想把自己知道的分享給有需要的人。如果有什麼錯誤疏漏，那都是我的能力不足所致，深感抱歉。我無法保證內容絕對客觀無誤，也無法跟你說這就是正確答案。這一切，只能靠你自己去追尋。

美國總統湯瑪士・傑佛遜（Thomas Jefferson）曾說：「我將思想傳授他人，他人之所得，亦無損於我之所有；猶如一人以我的燭火點燭，光亮與他同在，我卻不因此身處黑暗。」我也希望這本書能夠幫助任何一個想研究槓桿的人。如果你有更多的問題，也歡迎與我分享討論。讓我們一步一步了解，並完善槓桿型投資法。祝財務自由，投資順利。

Part 1

槓桿ETF原理篇

本書的第一部分，會詳細解釋關於槓桿 ETF 的運作原理（追蹤指數、期貨、曝險等）和常見疑問（長期追蹤誤差、每日平衡的耗損、是否會下市、管理費太高）。

1-1
50 正 2 可以長期投資嗎？從 ETF 內容物說起

買東西之前，你一定要先了解自己買的是什麼，才會知道為何要買，為何不要買。如果能夠深入地了解一樣東西，就不會對它感到害怕。而投資也是如此，如果知道自己投資的是什麼，就會安心。因此，這篇大仁將會先分享本書的主角「元大台灣 50 正 2」（台股代號：00631L，本書簡稱「50 正 2」或「正 2」），到底是在投資什麼，看完你就會知道它是如何做到兩倍槓桿。

什麼是 ETF 的「追蹤指數」？

投資 ETF，最重要的是看它追蹤的指數為何。在講 00631L 之前，我們得先了解什麼是「追蹤指數」。以台灣知名的 ETF 0050 為例，它就是追蹤「台灣 50 指數」。這個指數是以台灣上市公司中市值前 50 大的公司列入計算。這 50 間公司就是「台灣 50 指數」的成分股。

只要符合市值前 50 大標準，0050 就會買進做為 ETF 成份的一部分。再依照市值的大小分配這些公司的比例。例如，台灣最大的公司台積電，持股比例來到 47.10％。為什麼會那麼高？因為台積電的市值太大了，大到其他 49 家公司加起來才能跟它相比。這也是為什麼有人說，買 0050 就是買「台積電跟它的快樂夥伴」。因為台積電的市值太高，是全世界前十大的公司，因此在 0050 的市值，也占據了非常大的一部分。

前10大持股					
標的名稱	產業	%	標的名稱	產業	%
台積電	資訊技術	47.10	台塑	原材料	1.87
聯發科	資訊技術	4.53	台達電	資訊技術	1.84
鴻海	資訊技術	4.24	南亞	原材料	1.75
聯電	資訊技術	2.52	國泰金	金融股	1.62
富邦金	金融股	2.17	中鋼	原材料	1.51
總持股		98.29			

▲ 0050 的前十大持股，台積電就佔了 47.1%

00631L 追求的是 0050 的兩倍報酬

好了，解釋完 0050，接下來就可以講重點。50 正 2（00631L）追蹤的指數是什麼呢？根據公開說明書的內容：「本基金係採用指數化策略，以追蹤標的指數（即台灣 50 指數）之單日正向 2 倍報酬表現為投資目標。」它並非追蹤指數，而是以「台灣 50 指數」的單日兩倍報酬為投資目標。簡單來說，它的目標只有一個：「0050 當天的報酬如何，00631L 就是想辦法達到它的兩倍報酬」。舉例來說就是：「0050 的績效正 2%，00631L 的目標就是正 4%；0050 的績效負 2%；00631L 的目標就是負 4%」。

總之，00631L 並不是追蹤特定指數，它是以某一個指數的兩倍報酬做為目標，而這個指數就是 0050。這也是它為什麼會叫做「50 正 2」的原因。其目標就是達到 0050 的兩倍報酬，所以你可以把它當成 0050 的兩倍槓桿來看（雖然是兩倍槓桿，但報酬不一定是兩倍，這點要先記得，之後在 1-8 會詳細解釋）。

0050 成分股 98% 是股票；00631L 成份股 199% 是期貨

0050 是實際買入 50 間公司做為成份股，因此 ETF 的內容物有 98.82% 都是上市公司的股票。那 00631L 呢？如果它也是跟著買入這 50 間公司，是不可能做到兩倍報酬的。想提高回報，唯一的辦法就是「放大曝險」（即讓承受的風險變高。關於曝險的概念，1-6 會再詳細解釋）。這邊要注意的是，00631L 的成份股不是上市公司的實體股票，而是「期貨」（關於期貨，1-2 會詳細說明）。

00631L 主要持有兩種期貨：「臺股期貨」跟「台灣 50 指數期貨」。為什麼要持有期貨，而不是直接買入公司的股票呢？這邊讀者得先理解一個重要概念：曝險。因為報酬跟風險是相對的，你想要兩倍報酬，你就得承受兩倍的風險。假設 0050 承受的風險為 100%，你想要有兩倍報酬，就得承受 200% 的風險才行。

如果跟 0050 一樣買入 50 間公司，那曝險就只有 100%。00631L 若要達到 200% 的曝險，最方便的方法就是買入期貨。利用期貨的槓桿特性，就能夠將曝險輕易拉到 200% 了。

槓桿 ETF 如何做到 200% 的曝險？期貨是關鍵！

那要讓曝險達到 200%，有兩種方式：一是「有價證券」（股票），二是「證券相關商品」（期貨）。我們先講「有價證券」。基金經理公司可以買入台灣 50 指數的成份股票，例如台積電、聯發科、鴻海等等。股票曝險比重為 0% ～ 80%。這裡有個重點，0% 的意思是指不買任何一間公司的股票也可以。再來談到「證券相關商品」，這邊講的商品有「臺股期貨」、「台灣 50 指數期貨」、選擇權等等。

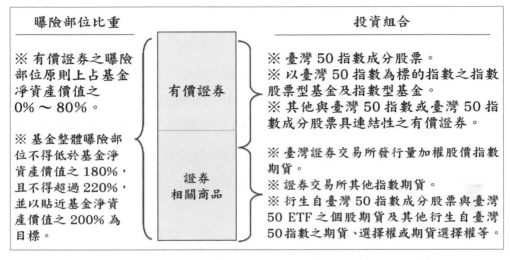

曝險部位比重		投資組合
※ 有價證券之曝險部位原則上占基金淨資產價值之 0%～80%。 ※ 基金整體曝險部位不得低於基金淨資產價值之 180%，且不得超過 220%，並以貼近基金淨資產價值之 200% 為目標。	有價證券 證券相關商品	※ 臺灣 50 指數成分股票。 ※ 以臺灣 50 指數為標的指數之指數股票型基金及指數型基金。 ※ 其他與臺灣 50 指數或臺灣 50 指數成分股票具連結性之有價證券。 ※ 臺灣證券交易所發行量加權股價指數期貨。 ※ 證券交易所其他指數期貨。 ※ 衍生自臺灣 50 指數成分股票與臺灣 50 ETF 之個股期貨及其他衍生自臺灣 50 指數之期貨、選擇權或期貨選擇權等。

▲ 公開説明書中載明 00631L 的投資組合與曝險限制

　　總結來說，有三個重點。1. 曝險不得低於 180％。因為 00631L 追蹤的目標為 0050 的兩倍報酬，如果曝險低於 180％，那怎麼達到兩倍報酬呢？所以基金規定曝險不能太低，以免追不上報酬。2. 曝險不能高於 220％。原因同上，如果你設定太高的曝險就變成風險太大。萬一下跌會跌掉更多，這時也會跟目標的兩倍報酬相差太遠。曝險太高也跟原本的兩倍報酬有出入，因此最高不能高於 220％。3. 曝險以貼近基金淨值 200％為目標：這就是 00631L 的重點，追求兩倍報酬，當然要以接近 200％為最高目標。

　　看到這邊，讀者應該已經了解 00631L 是如何達到兩倍報酬，那就是利用期貨的特性增加兩倍曝險，換取兩倍回報。至於為什麼會將曝險限制在 180 ～ 220％之間，這跟基金「每日平衡」的機制有關，會在本書 1-5 詳細說明，這裡讀者只要先了解 00631L 是如何運用期貨達到兩倍曝險就可以了。

為何 00631L 持倉以「臺股期貨」為主，「50 期貨」為輔？

讓我們檢視下圖顯示的 00631L 的持倉，其中「臺股期貨」（又稱「加權指數期貨」）佔 161.62％曝險，「臺灣 50ETF 股票期貨」（以下簡稱「50 期貨」）則佔 38.2％曝險。兩者合計 199.82％曝險。這就是前面提到的貼近 200％曝險。這個比例並非固定，隨時可能會變化，因此參考就好。看到這邊讀者有沒有感到疑惑，為什麼以「臺股期貨」為主（161.62％），「50 期貨」卻佔那麼少（38.2％）？

會用臺股期貨做為主要持倉的原因，在於「50 期貨」的每日成交量太低，每日只有幾百筆的交易量。這跟「臺股期貨」每日幾萬筆的交易量差距太大了。與其買 50 期貨，倒不如直接持有臺股期貨，交易上會方便很多。根據公開說明書的數據，臺股期貨跟 50 期貨的相關係數約為 0.91，兩者的相關性非常高。在考量到 50 期貨交易量太少的前提下，改用臺股期貨做為主要持倉也是合理的做法。

基金權重–期貨		
商品名稱	商品數量	商品權重
臺股期貨	4090	161.62
台灣50ETF股票期貨	2500	38.2

▲ 00631L 的兩種期貨持倉比例（每日變動），以臺股期貨為主，50 期貨為輔

指數期貨與臺灣 50 指數之相關係數表

相關係數 (2011/7/1-2014/6/30)	加權指數期貨	電子指數期貨	非金電指數期貨	金融指數期貨	臺灣 50 指數期貨	臺灣 50 指數
加權指數期貨	1.00	0.94	0.90	0.80	0.91	0.89
電子指數期貨	0.94	1.00	0.71	0.63	0.87	0.88
非金電指數期貨	0.90	0.71	1.00	0.77	0.79	0.74
金融指數期貨	0.80	0.63	0.77	1.00	0.73	0.71
臺灣 50 指數期貨	0.91	0.87	0.79	0.73	1.00	0.91
臺灣 50 指數	0.89	0.88	0.74	0.71	0.91	1.00

資料來源：Bloomberg，資料日期 2014.6.30

▲ 臺股期貨（加權指數期貨）跟 50 期貨相關係數約為 0.91。

　　當然啦，會持有 50 期貨的主要原因，就是 00631L 的名字！它的全名叫做「台灣 50 單日正向兩倍基金」，開頭都叫台灣 50 了，沒有買個 0050 有關的東西說不過去。這就是為什麼 50 期貨交易量少，元大還是得配置 50 期貨的原因，不然就名不符實了。

　　讓我們對照一下其他公司推出的 ETF，例如富邦投信的「臺灣加權單日正向兩倍基金」（00675L），就直接持有 199.99％的「臺股期貨」。為什麼？因為它的名字叫做「臺灣加權」，當然直接買臺股期貨就好。

　　元大投信可能是想蹭 0050 的名氣，所以才讓名字變成「台灣 50 單日正向 2 倍基金」。這麼做有好有壞，好處是很多人提到 00631L 就直接講「0050 正 2」，很容易讓人聯想到跟 0050 有關。壞處就是得持有部分交易量少的 50 期貨，不然跟名字對不上。

　　本篇最後總結一下四個重點：一、00631L 以 0050 的單日兩倍報酬，做為追蹤的主要目標。二、00631L 以曝險 200%的方式，追求兩倍報酬。三、00631L 沒有持有任何股票，而是以期貨做為提高曝險的方式。四、00631L 持倉以臺股期貨為主（約 162%），50 期貨為輔（約 38%）。

當你想了解這檔槓桿型 ETF，你第一個得知道的前提是：你買的是
「期貨」，而不是股票。例如 0050 是買入前 50 大市值的上市公司股票，
但 00631L 這種槓桿型 ETF 為求方便，通常以期貨做為主要持倉。這是槓桿
ETF 跟一般 ETF 的最大區別。

希望讀者看到這邊，已經對 00631L 多了解了一點。這篇的內容雖然非
常基本，但你有沒有親自了解過？還是別人說槓桿 ETF 不適合投資，就直
接放棄研究？不管是哪種投資標的，投資都是一條持續學習的道路。沒有
人是瘋子，大家都是基於自己的想法去行動的，我也是。

我認為 00631L 這類槓桿型 ETF 可以長期持有是有原因的。本書接下
來會分享關於槓桿型 ETF 要注意的細節和原理。相信讀者讀完本書也會發
覺這個商品不一樣的優勢。也許，你也會發現自己早該多注意這個商品，
而非直接鄙視放棄它。

1-2
投資槓桿 ETF 前，須知的期貨原理

　　上一篇文章解釋了「元大台灣 50 正 2」（00631L）投資的內容物是「期貨」，而非傳統 ETF 投資的股票。也許讀者看到「期貨」這兩個字，心裡就覺得害怕，認為風險很大。沒關係，這篇會進一步說明期貨的注意事項。如果你不了解期貨，那就一定得好好看看，因為本書介紹的主角 00631L，持有的就是期貨，所以一定得先知道這是什麼東西才行。

什麼是期貨？一種對未來的契約

　　假設你是一名專門種植玉米的農夫。現在玉米是 100 元，你預估玉米的產量會大爆發，數量太多的情況下只能賣 80 元。你想要三個月後，還能以 100 元賣出。另一位叫做小明的人，則認為可能有颱風，玉米會漲價變成 120 元。他想要三個月後還能以 100 元買進。這時你們雙方都想在三個月後，以 100 元的價格交易玉米。於是你們協議三個月時間一到，你交出玉米，他買下玉米。兩個人說好成交，寫下契約。不管之後玉米的價格如何變化，你都會用 100 元的價格賣給對方，而小明也會用 100 元的價格買進。期貨是一種對未來的契約。你認為玉米會跌，想預先用現在的價格賣出。小明認為玉米會漲，想先用這個價格買下。在未來的某個時間點，兩個人完成交易，這就是期貨（期貨的英文就是 Futures）。

臺股期貨的標的物，台灣所有上市公司

前面提到，期貨是雙方對某一個標的物，協議未來某個時間點的成交價格。每一個期貨契約，都會對照一個標的物。這個標的物可以是玉米、黃金、石油、股票，還有指數。而 00631L 持有的期貨，標的物就是「臺股指數」，全名為「發行量加權股價指數」。該指數以台灣所有上市公司的市值計算，可以代表台灣所有上市公司的表現，也就是所謂的「大盤」。

截至 2020 年止，台灣上市公司有 948 家，上櫃公司有 782 家。參照下圖，以市值來看，上市公司約 44 兆，上櫃公司約 4 兆。雖然整個台灣股市應該是「上市公司＋上櫃公司」，但上市公司佔比超過 90％。投資者通常會直接看「加權指數」（也就是大盤）來觀察台股的趨勢。

00631L 持有的期貨，正是以「加權指數」為標的物的期貨（簡稱「臺股期貨」或「台指期」）。因為 0050 跟台灣大盤的相關性極高。所以投信公司可以透過臺股期貨追蹤大盤，藉此達到 0050 兩倍報酬的目標。

年度／家數	上市公司	上櫃公司	年度／上市上櫃	上市公司市值	上櫃公司市值
2010	758	564	2010	23,811.42	1,984.64
2011	790	607	2011	19,216.18	1,417.09
2012	809	638	2012	21,352.16	1,737.98
2013	838	658	2013	24,519.56	2,324.82
2014	854	685	2014	26,891.50	2,680.56
2015	874	712	2015	24,503.63	2,730.83
2016	892	732	2016	27,247.91	2,722.62
2017	907	744	2017	31,831.94	3,317.04
2018	928	766	2018	29,318.45	2,826.57
2019	942	775	2019	36,413.52	3,433.53
2020	948	782	2020	44,903.83	4,352.01

▲ 台股的總上市公司和上櫃公司的數量和市值變化（右表單位：10 億台幣）

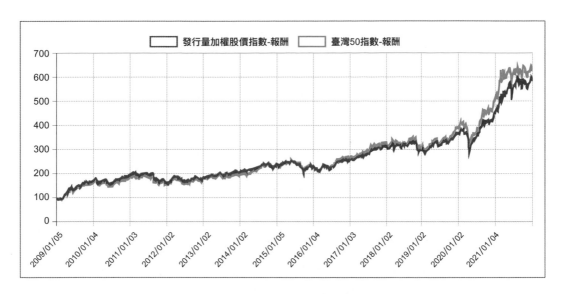

▲ 加權指數跟 50 指數重疊性極高

期貨的點數：大台每點 200 元、小台 50 元

臺股期貨依照「點數」計算。例如，台股現在為 18,000 點，我們就可以用這個點數去換算期貨的價值。主要分成兩種：臺股期貨（簡稱「大台」）和小型臺指（簡稱「小台」）。大台每個點數為 200 元，小台每個點數為 50 元。交易單位為「一口」，只要用點數乘上價格，就能夠得出每一口期貨的價值是多少。計算公式為：指數 × 大小台＝期貨價值。假設指數為 18,000 點：一口大台＝（指數 18,000 點 × 大台 200 元）＝ 360 萬。一口小台＝（指數 18,000 點 × 小台 50 元）＝ 90 萬。

所以如果有人說，我買「一口大台」，意思就是他在操作價值 360 萬的期貨契約。而「一口小台」就是操作價值 90 萬的期貨契約。那要怎麼看賺錢賠錢呢？一樣用點數去算。大台點數 200 元，小台點數 50 元。台股漲 1 點，大台賺 200 元，小台賺 50 元；台股跌 1 點，大台虧 200 元，小台虧 50 元。

名稱	臺股期貨（大台）	小型臺指（小台）
漲 1 點	賺 200 元	賺 50 元
跌 1 點	虧 200 元	虧 50 元

▲ 期貨點數代表的盈虧

假設你持有「十口大台」（價值 3600 萬的期貨合約）。今天台股漲 100 點，你的獲利就是：十口 ×100 點 ×200 元＝ 20 萬。漲 100 點就賺 20 萬，看起來太爽了吧？如果你現在有了這個念頭，請先等等。投資最重要的一個原則，就是「先看風險，再看報酬」。此段介紹完報酬，下一段我們來看看最重要的風險。

持有期貨最大的風險：保證金

前面提到，期貨是一種雙方協議在未來某個時間點交易的契約。而做交易最怕的，就是遇到不守信用的人，例如，你說三個月後會用 100 元跟我買玉米，誰知道你會不會翻臉不認人？為避免口說無憑，期貨交易會設定一定比例的「保證金」，即雙方都拿出一部分的錢當成「訂金」，代表你有能力完成這筆交易。有保證金，才能保障雙方的權益。期貨的保證金主要有三種，分別是：結算保證金、維持保證金、原始保證金。我接下來會用簡單的方式來說明這三者的差別。

（1）**原始保證金**：原始保證金是交易期貨的最低門檻。像大台的原始保證金為 18.4 萬，你至少得有這筆錢才能交易一口大台。連 18.4 萬都沒有的人，是沒有資格交易大台期貨的，也就是入場的門檻。

（2）維持保證金：當你有了原始保證金，最重要的就是「維持保證金」這項了。假設，你用 18.4 萬持有「一口大台」（價值 360 萬的期貨合約）。台股大漲 200 點，獲利就是：一口 ×200 點 ×200 元＝賺 4 萬。哇，用 18.4 萬成本，一天就賺到 4 萬元太爽了吧！

先別急著高興，萬一是大跌 220 點呢？你的損失就變成：一口 ×220 點 ×200 元＝虧 4.4 萬。而這虧損的 4.4 萬會從你的原始保證金開始扣，也就是你的 18.4 萬會瞬間變成 14 萬。這個時候，你就會卡到「維持保證金」。大台目前的維持保證金為 14.1 萬，而 14 萬低於維持保證金，這時證券公司就會發出「江湖追殺令」，通知你補繳保證金。不管你此刻的保證金多少，都得將保證金補回「原始保證金」的額度。例如，你的保證金目前為 14 萬，就得補上 4.4 萬才行（大台的原始保證金為 18.4 萬）。

商品別	結算保證金	維持保證金	原始保證金
臺股期貨	136,000	141,000	184,000
小型臺指	34,000	35,250	46,000

▲ 大台和小台的三種保證金數字

補充一下，以下有兩種平倉狀況需要特別注意：1. 保證金不足，強制賣出。如果在隔天中午 12 點之前沒有補上保證金差額，證券公司就會自動幫你「平倉」（也就是賣出你的期貨合約），又稱「斷頭」。2. 遇到忽然大跌的情況。若跌幅超過 75%（低於原始保證金 25% 以下），這時券商有權直接平倉，連讓你補錢的機會都沒有。這點千萬要特別注意。

（3）結算保證金：這是交易所避免券商違約所設定的，與投資者沒有關係。

到此，我們可以做個小結論：**一、原始保證金是交易期貨的最低門檻（玩家入場門票）；二、「維持保證金」的意思是，低於此標準得補錢，若沒補就平倉斷頭；三、若低於原始保證金 25%（跌幅超過 75%），券商有權直接平倉，連補錢的機會都沒有。**

這篇文章旨在簡單介紹臺股期貨，希望讀者看到這邊對期貨有稍微了解。因為 00631L 持有近 200％ 的期貨，一定得先知道期貨的原理，才會知道這支 ETF 是如何運作的。但我的目的並非要讀者去操作期貨，我本身也沒有直接擁有期貨合約，而是透過槓桿 ETF 去間接持有期貨。

為什麼要這麼做？在下一篇我會告訴讀者「個人持有期貨」跟「ETF 持有期貨」有何不同。兩者雖然都是期貨，但風險上有非常大的差異。這個差異，也許就是我們可以考慮擁有槓桿 ETF 的重要原因。

1-3
槓桿 ETF 持有期貨很危險？ 00631L 資金運用原理

　　在上一篇提到期貨的原理，這一篇要繼續討論，為什麼明明持有期貨，槓桿 ETF 卻比你想像得還要安全。本篇內容會涉及一些數字計算，但都是加減乘除的程度而已，慢慢看一定能夠吸收。

槓桿也可以很安全的原因

　　期貨很危險？工具是看人使用的。很多人一聽到「期貨、槓桿」就感到害怕，認為這是非常危險的東西，碰不得。這種說法不能說是錯誤，但也不是完全正確。以刀子來說，你可以拿刀砍人，也能拿刀切菜。因為有人拿菜刀砍人，你就一輩子不用刀切菜嗎？不會對吧，因為工具是看人使用的。有人騎機車飆到一百二，超速闖紅燈撞死人後，再跟你說機車很危險，千萬不要騎。你一定滿臉問號吧？期貨或槓桿也是如此，你要拿機車來飆車，那確實很危險。若你只是在速限範圍內好好行駛，風險就會降低很多了。

　　期貨最危險的地方，就是上一篇提過的「保證金不足」的問題。一旦保證金放太少，很容易因為一時的大跌就導致保證金不足，需要補錢。甚至是瞬間大跌，讓你連補錢的時間都沒有，直接斷頭。換個方式來說，只要你保證金足夠，就不必擔心斷頭風險了。

　　假設，台股現在 18,000 點，一口大台就是價值 360 萬的期貨契約。而

原始保證金為 18.4 萬。如果你只用原始保證金去操作一口大台，槓桿倍數是 19 倍左右。也就是拿本金 1 塊錢，去玩 19 塊的賭局。這個風險大不大？當然大。

那麼，什麼情況下需要補錢？假設，維持保證金為 14.1 萬。期貨跌 1 點損失 200 元，跌多少點會需要補錢呢？讓我們用 18.4 萬（原始保證金）減去 14.1 萬（維持保證金）= 4.3 萬。再用 4.3 萬 ÷ 200 元 = 215。也就是說臺股期貨只要跌 215 點，就會低於維持保證金，需要你補錢。如果跌超過 230 點（原始保證金剩 75%），更是可能會被直接斷頭。

期貨保證金不夠，容易斷頭；保證金足夠，危險性降低

以本文寫作的時間點來說（2021 年 12 月），台股在 18,000 點左右，如果你只有原始保證金的額度，只要跌 1.2%（216 點）你就得補錢了，跌 1.3%（234 點）更是直接斷頭。所以期貨危險嗎？當你的保證金只有原始保證金，而且槓桿開到 19 倍的前提下，當然危險！就跟騎機車飆到時速一百二，然後瘋狂闖紅燈一樣危險。不是「會不會」車禍，而是「什麼時候」車禍的問題而已。

換個角度來看，如果你的槓桿不是 19 倍，而是兩倍呢？當保證金不是 18.4 萬，而是 180 萬。這時槓桿倍數只有兩倍（180 萬保證金：360 萬期貨）。要跌幾點，才會超過維持保證金（14.1 萬）？我們可以用 180 萬，減去 14.1 萬 = 165.9 萬。再用 165.9 萬，除以 200 元 = 8295。臺股期貨得從 18,000 點，跌掉 8,295 點，你才需要補錢。這個風險如何，讀者可以自行評估。但開兩倍槓桿的風險程度，絕對遠比一開始的 19 倍來得安全許多。

00631L 的資金配置方法

前面提到，期貨最危險的地方就是槓桿開太大，最後爆掉補不回保證

金。若維持在兩倍槓桿，風險就下降非常多了。而元大台灣50正2（00631L）是以0050指數的兩倍報酬為目標，槓桿倍數就是「兩倍」。補充一下，有時為了目標報酬，會提升到最高2.2倍槓桿，也就是220%的曝險。

　　再來，讓我們看看00631L的資金是如何配置，可能有一點點複雜，但只要放慢速度仔細看一定能懂。用2021年12月6號這天來計算，請參考下圖：00631L的總市值約127億，期貨部位是255億，用「期貨255億／市值127億」，確實是兩倍槓桿沒錯，而期貨的保證金為80億。

　　拿80億當保證金，去操作255億的期貨契約，以槓桿倍數來說是3.1倍左右。這邊讀者可能會有疑問，那為什麼不多放一點保證金，這樣不是更安全嗎？讓我們看下圖的另外兩個項目，分別是「附買回債券」和「應收利息」。不把保證金放多一點的原因，是考量到3倍左右的槓桿安全性已經夠高。如果保證金不夠，也有現金可以隨時放進去。既然夠安全了，剩下的錢當然得活用，拿去買一些安全性高的資產收利息。下圖中的應收利息76萬，就是基金經理人把錢拿去放別的地方生利息的成果。

基金資產

基金淨資產價值	每受益權單位淨資產價值（元）	已發行受益權單位總數	
NTD$ 12,756,487,413.00	NTD$137.04	93,084,000	

股票	期貨	ETF	債券
NTD$0.00	NTD$25,540,168,000.00	NTD$0.00	NTD$0.00

保證金	現金	附買回債券	應收利息
NTD$8,008,973,233.00	NTD$889,988,479.00	NTD$3,860,000,000.00	NTD$764,414.00

▲ 00631L 的資金配置（2021 年 12 月 6 號）

00631L 就是把多數的錢拿去放保證金，讓槓桿不會開太大爆掉。在安全的前提下，再將其他多餘的現金拿去生利息。若真的遇到大跌的情況，也可以隨時拿回這些錢來補保證金，提高保證金的額度。這樣你還覺得 00631L 持有期貨是很危險的一件事嗎？我認為在保證金安全的前提下，這是非常安全的投資方式。

這篇大仁談到 00631L 如何配置資金。相信讀者如果認真看完，應該就會對持有期貨的 00631L 有不同的認識。期貨最危險的地方，就是保證金不夠。只要保證金足夠，危險性就會大大降低。就像 00631L 用一塊錢，去買三塊錢的東西，問題不大。但你拿一塊錢，去買十九塊的東西，問題就大了。

複習一下本篇的四個重點：**一、期貨可以很危險，也可以很安全。二、保證金足夠，才不會面臨斷頭風險。三、00631L 透過期貨，達到兩倍的槓桿倍數。四、在保證金足夠的前提下，其餘現金可拿去放在安全性高的資產生利息。**

TIPS
只要保證金足夠，期貨的危險性就會大大降低。所以，槓桿 ETF 雖然持有期貨，但在保證金充足的情況下，風險是很低的。

希望看到這邊，你對 00631L 持有「期貨」的看法能有所改觀。接下來我會再分析關於「長期追蹤誤差、每日平衡的耗損、是否會下市、管理費太高」等等常見的問題，讓我們慢慢認識槓桿 ETF。

1-4
槓桿 ETF 會跌到下市？00631L 的下市條件

　　看完上一篇 00631L 的資金配置，讀者應該知道槓桿 ETF 雖然持有期貨，但在保證金充足的情況下，風險是很低的。本篇接著就要談大家最擔心的問題：槓桿 ETF 會不會跌到下市？如果你是害怕槓桿 ETF 下市的人，這篇一定要好好看看。

　　開兩倍槓桿的 ETF，會不會跌到下市？我先說答案是「有可能」，但這個問題其實是假議題。為什麼？因為任何 ETF 跟股票都有可能下市，所以這個問題沒意義。那什麼問題才有意義？「下市」這兩個字看起來很可怕，但你知道「下市的條件」是什麼嗎？我猜 99.9％的人都不知道。既然不知道，那你為什麼會擔心？答案很簡單，因為「認知不足」。你憑藉著錯誤的認知，得出錯誤的答案。就像很多人一開始就認為槓桿 ETF 非常糟糕碰不得，還沒深入了解就先將它拒之門外了。

　　你認為槓桿 ETF 不好，沒問題。但在完全不清楚的情況下，就認為一個東西不好，那問題就大了。你可能會錯過更適合你的投資方式。接下來，大仁會告訴你 00631L 的下市標準，讀者再自行判斷下市風險到底有多高。

50 正 2 的兩個下市條件

　　下市的條件有很多，這邊就只講投資者最關心的「會不會跌到下市」這件事。讓我們看看公開說明書的這句話：「基金淨資產價值最近三十個

營業日平均值低於新臺幣壹億元時。」簡單來說，下市條件有兩個：1. 基金淨值低於台幣一億元；2. 連續三十個營業日淨值低於發行價的 90％。當基金規模太小的時候（低於一億），這時 00631L 確實有可能下市。

　　那麼，先讓我們來看看 00631L 目前的基金規模。截至本文發表當日（2021.12.07）為止，00631L 基金的淨值為 127.5 億，而這個數字遠超過下市的標準一億。看到這邊你可能有疑問，台股這時快 18,000 點，基金規模當然大。但假如遇到大跌的情況呢？到時候股價大跌，基金的規模還有辦法這麼大嗎？

一、基金淨值低於 1 億

　　這邊讓我們計算看看：在流通單位數不變的前提下，00631L 要跌到多少價格才會下市？每單位淨值（ETF 的價格）為 137.04，流通單位數（股票數量）為 93,084,000，基金淨值（每單位淨值 × 流通單位數）＝ 127.5 億。跌幅 90％會下市嗎？每單位淨值 137.04×10％ ＝ 13.70，再用 13.70 乘以流通單位數 93,084,000 ＝ 12.7 億。咦？大跌 90％，基金規模居然還有 12.7 億，還沒有下市？

　　你可能覺得這樣還不夠，讓我們用更可怕的假設來看。如果是跌掉 99％的致命性情況呢？每單位淨值 137.04×1％ ＝ 1.37，再用 1.37 乘以流通單位數 93,084,000 ＝ 1.27 億。在下跌 99％的情況下（流通單位數不變），00631L 還是沒有達到公開說明書的終止下市條件（但有可能符合另外一個條件，下面會談到）。這樣的風險是高或低，你自己評估看看。

2. 連續三十個營業日淨值低於發行價的 90％

　　BUT，最重要的 BUT 來了！雖然即使跌 99％，00631L 的淨值也不會低於 1 億（前提是流通單位數不變）。不過，金管會對股票期貨型基金有

一個特別的下市規範：最近三十個營業日之基金平均單位淨資產價值，較其最初單位淨資產價值累積跌幅達百分之九十時。

　　白話來說，如果在三十個營業日內，基金淨值累積跌幅達到 90％，就會終止下市。00631L 的發行價為 20 元，跌幅 90％就是 2 元。如果連續三十個營業日內，00631L 的股價都低於 2 元，就會終止下市。而在跌 99％的情況下，00631L 股價就會低於 2 元了。所以，這是另外一個下市的可能。當 00631L 股價突破 200 元時，即使下跌 99％也不會低於 2 元了，我們應該在未來幾年有機會看到。

　　我想請讀者思考一個問題：如果 00631L 下跌 99％，此時 0050 是下跌多少？50％？不對，是下跌 80％。為什麼？參考美國 2000 年的網路泡沫，當時那斯達克 QQQ（Invesco 納斯達克 100 指數 ETF），下跌最深約 80％左右。那斯達克兩倍槓桿基金（UOPIX）下跌最深 98％。如果期望 00631L 下跌 99％，大概會看到 0050 下跌 80％。你認為這有可能嗎？

　　提示一下：2008 年金融海嘯，0050 跌最深也才 55％左右。你若認為 00631L 會下跌 99％的話，大概要看到台股從 18,000 點，跌到剩下 3,600 點。我不知道大家怎麼想，但我認為不太可能就是了。如果讀者真的認為 00631L 有可能會跌到 99％，或許你打從一開始就不該投資它。因為你對它的認知不足，可能無法做到長期投資。

　　「誰說槓桿不會下市？槓桿 ETF 超危險別投資！」……在談論槓桿 ETF 的時候，有很多人會跳出來說：「誰說槓桿 ETF 很安全的？像 VIX 恐慌指數跟原油兩倍槓桿，這兩個 ETF 不就下市了？你不要推薦槓桿 ETF 害別人。」嗯，確實如此。只要去搜尋「VIX 下市」或是「台灣原油正 2 下市」，就會看到一堆新聞報導。

　　BUT，最重要的 BUT 來了！我們談論的是以大盤指數為主的 ETF，其背後追蹤的是台灣上市公司的期貨指數。拿 VIX 這種恐慌指數來比台灣上

市公司，這合理嗎？拿「原油」這種原物料的指數來比台灣上市公司，這合理嗎？這種說法就是拿兩種完全不相關的東西混在一起談，然後告訴你槓桿 ETF 很爛。你覺得「石油」跟「台灣上市公司」這兩個投資標的可以相提並論嗎？這兩種標的的投資項目和風險程度會是一樣的嗎？如果不是的話，你怎麼會覺得「石油正 2」下市，50 正 2 也會面臨同樣的命運？（關於 VIX 和原油正 2 的下市分析，請看本書 2-20）

回到文章一開始談到的，很多人聽到槓桿 ETF 第一個念頭就是「很危險，會下市」。但又有幾個人真的深入去了解 00631L 的下市規則？若是想告誡投資者，這種槓桿 ETF 的風險很高，波動很大，這沒問題。但若用危言聳聽的話術，刻意妖魔化槓桿 ETF，然後把所有槓桿混為一談，這怎麼說都不太對吧？希望讀者看到這邊，已經清楚 00631L 的下市規則。如果連 90％以上的跌幅都還沒達到下市標準，這個風險是高或低，讀者可以自行評估一下。

作者註：2023 年 4 月 11 號二刷修正。關於本篇提到的第二個下市條件，因 00631L 屬於「股票型證券投資信託基金」，不是「股票型期貨信託基金」，所以不適用金管證期字第 1090335155 號。在下跌到低於發行價 90％ 的時候，也不會下市。台股正 2 的下市條件只有一個，30 日平均規模低於 1 億。

1-5
槓桿 ETF 遇到金融海嘯會瞬間歸零？了解每日平衡機制

前一篇談到 50 正 2（00631L）的下市標準，相信讀者們看完應該會比較放心一些。不過，還是有許多人對兩倍槓桿 ETF 充滿不信任，他們最常提出的經典疑問就是：「如果遇到 2008 年金融海嘯那樣超過 50％的大跌，那兩倍槓桿不就跌掉 100％了？」我要先說：「這個說法真的是……很可愛。」所以，這篇就來談談，00631L 兩倍槓桿 ETF 遇到金融海嘯等級的崩盤，會不會瞬間歸零下市？

從一般人的認知來看，兩倍槓桿遇到跌 50％，應該是跌掉 100％沒錯吧。但是，我要請讀者思考一個問題：金融海嘯從高點下跌 50％，花了多久時間？是「一天」就跌掉 50％嗎？我們看看當時的數據：2007 年 10 月 30 號，台股來到 9,859 點。從那個時候開始一路下跌，跌到隔年。2008 年 11 月 21 號，台股來到最低 3,955 點。「台灣在金融海嘯跌掉了 59.8％，實在是太驚人了。如果你持有兩倍槓桿，那不就跌兩倍，超過 100％全賠光了嗎？嗯，槓桿 ETF 果然不適合長期投資。」

等一下……這樣想就大錯特錯了。我可以很肯定地告訴你，槓桿 ETF 遇到這種情況也不會跌到超過 100％。明明就下跌 59.8％，為什麼兩倍槓桿卻不會歸零？答案很簡單，這涉及 00631L 的槓桿操作方式（詳見下一篇關於「曝險」的文章）。本篇先讓我們來看看為什麼 00631L 遇到金融海嘯的情況下，也不會歸零的原因。

「每日平衡」期貨部位，是為了追上兩倍報酬

在談論跌掉 50% 是否會歸零之前，讓我們先看看 00631L 的操作方式。以下節錄公開說明書的文字：「本基金為達到追求標的指數單日正向 2 倍報酬之目標，投資組合整體曝險部位將盡可能維持在基金淨資產價值 200% 之水位，故本基金需依基金資產及市場現況每日計算基金所需曝險額度及重新平衡投資組合，因此基金淨值將受到每日重新平衡後之投資組合價格波動之影響。」

看不懂沒關係，以下是白話翻譯：「一、00631L 以追求 0050 指數的兩倍報酬為目標。二、得將曝險維持在 200%，以追求兩倍的回報。三、為了達到兩倍報酬，必須每日重新計算曝險，重新調整平衡。」簡單來說，0050 的價格每天都在波動。如果要追上 0050 的兩倍回報，不可能一直維持相同的期貨契約。所以 00631L 必須每天對照 0050 的漲跌，然後調整期貨的增減。下面這段說明很重要，不清楚的話，請務必多讀幾次。

當 0050 上漲的時候：00631L 若要取得兩倍報酬，勢必得增加期貨的部位，才能夠讓自己漲更多。當天，基金經理就會增加期貨部位，讓曝險增加，好讓報酬也有機會變成兩倍。當 0050 下跌的時候：00631L 若要控制在兩倍報酬，勢必得減少期貨部位，才不會讓自己跌更多。當天，基金經理就會減少期貨部位，讓曝險減少，好讓損失不會擴大超過兩倍。

TIPS

每日平衡機制：0050 上漲，50 正 2 增加期貨曝險；0050 下跌，50 正 2 減少期貨曝險

金融海嘯不是一天跌掉 50%，而是一年

這種依照每日情勢變化，視情況調整的方式就叫做「每日平衡」。

00631L 槓桿 ETF 就是靠著每日平衡，來試圖追上 0050 指數的兩倍回報。前面提到，台灣從 2007 年跌到 2008 年，總共跌掉 59.8%。問題來了，請問這「59.8%」是花了多久時間下跌完成的？答案是一年。金融海嘯花了整整一年的時間，才下跌 59.8%。不是一個月，不是一個禮拜，更不是一天，而是「一年」。

那麼，一年跟一天有什麼差別呢？差別可大了。假設，台股是「一天下跌 50%」，那麼兩倍槓桿確實有可能在當天就瞬間歸零。但有沒有覺得怪怪的？台股有「漲跌幅 10%」的限制，要如何一天跌 50%？從理論上來說，這是不可能的事情。若你同意「不可能一天跌掉 50%」的話，那就不會有遇到金融海嘯，導致兩倍槓桿下市的情況。

台股連 10 天跌停 10%，兩倍槓桿 ETF 還是活得好好的

兩倍槓桿 ETF 的單日漲跌上限最高兩倍。台股每天漲跌最高就是 10%，那兩倍槓桿 ETF（例如 00631L），最高就是「單日跌 20%」。在理解這個基礎後，讓我們來假設一個情況：如果台灣發生重大災難，導致股市「連續跌停十天」會發生什麼事？以台股 18,000 點來說，每天下跌 10%，連續十天。$18,000 \times 90\%$ ^10 = 6,276 點，台股在連續跌停十天後，將下跌 65.13%。兩倍槓桿 ETF 會如何變化呢？依照 00631L（2021.12.06）收盤價為 137 元。兩倍槓桿就是每天下跌 20%，$137 \times 80\%$ ^10 = 14.71 元，兩倍槓桿連續跌停十天，下跌 89.26%。

咦？台股明明就下跌 65.13%，照理說兩倍槓桿不是應該要跌超過 100% 嗎？怎麼才跌 89.26%？嗯，這跟複利的累積有關，這點在 1-8 會說明。這邊我們只要先知道一件事情：那就是即使台股面臨跌停 10%，連續十天，00631L 兩倍槓桿 ETF 還是可以活得好好的。

台股單日漲跌限制為 10%；兩倍槓桿 ETF 為 20％。備註：國外的槓桿 ETF 沒有漲跌幅限制，要特別注意。

單日下跌 50％的可能性與美股熔斷機制

前面提到，兩倍槓桿 ETF 是每日平衡，即使遇到連續大跌也是沒問題的。除非是遇到「單日」下跌 50％，那兩倍槓桿確實會歸零。但依照台灣目前的股市來看，單日下跌 50％，以制度來看是不可能的事情。其實，「單日下跌 50％」這種事情，在歷史上根本就沒發生過。

先來看看歷史上最嚴重的單日下跌。目前美國單日下跌最高歷史紀錄，是 1987 年的黑色星期一。當時道瓊指數「單日」下跌 22.61％。這是美國百年股市最嚴重的一次單日崩盤。即使是兩次世界大戰期間，也都沒有出現單日下跌超過 22.61％。

美國為了避免「單日劇烈下跌」，發明了「熔斷機制」（Circuit Breaker），總共有三個階段：一、當日下跌 7%，觸發第一次熔斷，停盤 15 分鐘。二、當日下跌 13%，觸發第二次熔斷，停盤 15 分鐘。三、當日下跌 20%，觸發第三次熔斷，當日直接休市。

當日只要跌超過 7%，美國股市就會暫停讓大家冷靜；超過 20％，更是直接休市不交易。自此，單日下跌 22.61％的情況，已經是不可能的事了。即使遇到 2008 年那種下跌 59.8％的情況，兩倍槓桿 ETF 也不會下市。

美國兩倍 ETF 遭遇 2008 金融海嘯的實例：SSO

看到這邊讀者可能還是有點怕怕的，你可能想說：「你講的我都明白，但 00631L 是 2014 年才推出的 ETF。雖然理論上遇到金融海嘯也不會下市歸零，但還是很擔心怎麼辦？」沒關係，台灣槓桿 ETF 推出的歷史較晚，

但在國外早就行之有年，所以我們可以拿來借鑒。國外有以標普 500 指數兩倍報酬為目標的 ETF，代號是 SSO，它推出的時間是 2006 年，剛好在金融海嘯前一年。它是一檔「全程」扛過金融海嘯的槓桿 ETF，以下來看它面對金融海嘯的情況。先說明背景：時間為 2006 年 6 月 21 號到 2009 年 3 月 5 號，標普 500 指數 SPY 下跌 42.03％，兩倍槓桿 SSO 下跌 78.59％。

　　在歷經如此可怕的下跌以後，兩倍槓桿 SSO 的結果如何？直到 2021 年為止，原型指數 SPY 的總報酬是 415.97％；兩倍槓桿 SSO 的總報酬則是 806.58％。SSO 從金融海嘯的谷底爬起來，最終依然實現兩倍的回報。要記得，2008 年可是被稱為百年難得一見的金融危機。經歷如此災難依然屹立不倒，甚至帶來兩倍的回報，我相信這已經是非常有力的證明了。

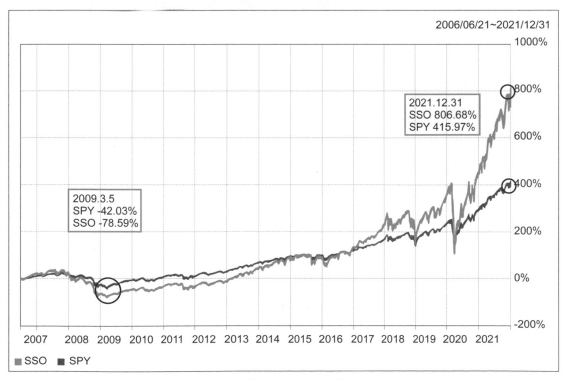

▲ 2021 年底為止，SPY 總報酬是 415.97％；兩倍槓桿的 SSO 是 806.58％

從上圖，可以看到兩倍槓桿 ETF 是如何撐過金融海嘯，走到今天的報酬。如果讀者看完這些經過歷史驗證的成果，還是覺得 50 正 2 遇到崩盤會跌到歸零下市。那這項投資可能真的不適合你，因為「能力圈」不同（關於能力圈，請見本書 2-14），不必勉強。

最後，讓我為讀者總結本篇重點：**一、金融海嘯下跌超過 50％，不是一天內下跌，而是一整年的跌幅。二、槓桿 ETF 會每日平衡期貨部位，漲多時期貨多，跌深時期貨少。三、台股每日漲跌幅最高 10％，兩倍槓桿就是 20％。四、每日平衡的前提下，是不可能在「單日」跌到下市的。五、即使台股連續跌停 10％十天，兩倍槓桿連續跌 20％十天，00631L 也未達下市標準。六、國外有兩倍槓桿 ETF，撐過金融海嘯的實際案例（代號 SSO）。**

過去你是否曾經排斥過槓桿 ETF 呢？那我上面談的東西，你有在任何地方看過嗎？還是聽到有人說：「兩倍槓桿遇到金融海嘯跌 50％，就會直接跌 100％歸零下市。」你就輕易相信了？這就是大仁一直強調的，任何事情都得自己深入去了解過後再判斷。就算是我這本書寫的任何一個字，也不要輕易相信。你得自己去研究查證，才不會因為別人隨便講幾句話就影響你的投資選擇。

希望讀者看到這邊能夠明白，兩倍槓桿 ETF 即使遇到金融海嘯，也不會輕易下市的原因。接下來，我會再分享「每日平衡耗損、長期追蹤誤差、管理費用過高」這幾項比較常見的盲點。

1-6
投資 50 正 2 前，要先搞懂「曝險」

　　上一篇談到了槓桿 ETF 的每日平衡機制，透過每日平衡可以有效地控制風險，不會有累計跌幅超過 50％，兩倍槓桿就會跌 100％的情況發生。這篇則要接著談槓桿 ETF 很重要的兩個字：曝險。

高曝險＝高報酬或高虧損

　　什麼是曝險（Risk Exposure）？曝險就是你承受風險的投資部位有多少。有多少資金比例處在「風險之中」，曝險就是多少。假設，你手邊有100 萬現金，拿 50 萬去投資，你的曝險就是 50％。歐印（All In）的話，你的曝險就是 100％。

本金	投資部位	曝險比例
100 萬	10 萬	10%
100 萬	50 萬	50%
100 萬	100 萬	100%

▲ 曝險就是你有多少資金比例處在「風險之中」。投資部位越高，曝險越高

讀者肯定聽過一句話，即「高報酬高風險」。當你投入的資金越多，你的曝險就越高。如果賺錢，你當然會賺更多。相對的，如果虧錢，你的損失也會擴大。這就是「曝險」重要的地方。

曝險比例的高低，將會決定你獲利跟損失的幅度。想要高報酬？很簡單，提高曝險即可。就拿期貨來說，目前大台保證金是 18.4 萬。你拿 18.4 萬就能操作一口大台（約價值 360 萬的期貨契約），曝險大約是 1956％。這是非常可怕的曝險比例，等於手上拿 1 塊錢，去玩 19.5 塊的賭局。運氣好，大賺一筆；運氣差，瞬間賠光。

曝險越高，風險越大；曝險 100％＝沒有槓桿

你拿 360 萬保證金去買一口大台（價值 360 萬），曝險比例就是 100％。用 1 塊錢去買 1 塊錢的東西，沒有任何槓桿。如果你是用這樣的曝險去買期貨，安全性極高。

那麼，為什麼很多人說期貨很危險？因為人是貪心的，貪婪可以輕易地讓人蒙蔽雙眼。當你用 10 萬賺到 20 萬，你就會幻想用兩倍槓桿（200％曝險），不就賺 40 萬了嗎？當你賺到 40 萬，你就會想用四倍槓桿（400％曝險），不就可以賺 80 萬了嗎？

就這樣，隨著獲利上升，你的投資心態也會跟著膨脹。只要順風順水賺錢，你就會拼命增加曝險，拼命擴大槓桿。當股市上漲的時候，每個人都後悔自己當初曝險太低，槓桿開太少。BUT，最重要的 BUT 來了！如果這時忽然一隻黑天鵝飛過來，股市大跌。出來混總是要還，你有多少曝險，就得承受多少的下跌。比方說，股市下跌 10％時，人家用 100％曝險，最多就是損失 10％的資金。倘若你用 400％曝險，你的損失幅度將是四倍，也就是 40％的資金。

獲利是四倍，虧損也是四倍。如果你槓桿開太大，可能直接被掃出場

畢業。想在投資的世界中存活下來，你永遠要記住這句話，「在看見報酬之前，永遠先思考風險」，先活下來，才有機會講報酬。

不過，你也不能因為害怕風險，就讓曝險過低。曝險變低等於報酬變低，反而無法完成最重要的財務目標，那就本末倒置了。我們不該追求零風險，這是不可能的事情。我們應該追求的是在可承受的風險內，取得理想的報酬。因此，在思考投資的時候，維持合理的曝險比例，就成為一件很重要的事情。

TIPS

你不能因為害怕風險，就讓曝險過低。曝險變低等於報酬變低，反而無法完成最重要的財務目標。

---

50 正 2 曝險上限固定是 220%，下限 180%

前面提到，如果曝險比例太高，槓桿開太大，一個大跌就會造成無法挽回的損失。那麼，槓桿 ETF 會不會有曝險太高的問題呢？答案是「不會」，因 50 正 2（00631L）槓桿比例是固定的。根據基金公開說明書的內容：最高曝險不得高於 220%，以貼近曝險 200%為目標，最低曝險不得低於 180%。

50 正 2 最大的曝險就是 220%，基金經理人得依照這個規則去操作，不能隨意讓曝險超過 220%，或將曝險降低到 180%以下。基金經理人得盡可能保持在 200%的曝險，不高也不低。補充一下，只有在特定情況下可以突破比例限制，就是在 ETF 下市的前一個月。

在「每日平衡」的機制下，50 正 2 會盡可能地保持在兩倍槓桿（200%曝險）。不會忽然爆衝變成 300%曝險，也不會忽然膽小變成只有 100%曝險。曝險的上限就是 220%，下限就是 180%。也就是說，50 正 2 的曝險永遠只會在 180%～ 220%之間變動。這樣做有什麼好處呢？

固定曝險的好處

前面提到，期貨最危險的地方就是人性本貪。遇到股市漲的時候會不斷放大槓桿，然後不小心開到超過自己的承受範圍。跌的時候又會嚇到砍光倉位，結果錯過後面谷底回升的反彈。這時槓桿 ETF 的固定曝險就派上用場了。漲的時候，最高用 220％曝險，以追上指數兩倍的報酬為目標；跌的時候，最低用 180％曝險，以不超過指數兩倍的跌幅為目標。不管怎樣，都盡量保持在 200％的曝險，這就是槓桿 ETF 最特殊的地方。

這個機制可以越過人性的貪婪跟恐懼，把曝險固定在 200％左右。不會因為牛市，就拼命增加曝險。也不會因為熊市，就拼命降低曝險。固定曝險 200％，不多也不少。所以，不會出現曝險太高的情形，也不會因為曝險太低導致報酬落後。如果你是個人持有期貨，會涉及到很多人性的弱點，你將很難將曝險做到這種機械化的固定比例。

最後，一樣來做個總結：**一、你有多少比例的資金承受風險，你的曝險比例就是多少。二、曝險越高，報酬越高，但風險也越高。三、太高的曝險，有可能造成不可逆的損失。四、50 正 2 的曝險是固定比例（上限 220％，下限 180％）。五、固定曝險，將可以克服人性的貪念跟害怕。**

希望你看到這邊，已經了解槓桿 ETF 是如何透過「每日平衡」來維持曝險比例。不會因為過高的曝險而爆倉，也不會因為過低的曝險造成報酬太低。在投資這條路上，我們永遠要想辦法去對抗人性的弱點。對我而言，固定曝險就是一種在追求更高報酬的同時，還可以控制人性的好方法。

補充一下，細心一點的讀者可能發現了：漲的時候買更多，跌的時候賣出去，這樣不就是「追漲殺跌」的韭菜嗎？沒錯，這種作法看起來確實很像韭菜。但這篇主要是談「固定曝險」這件事情，關於「追漲殺跌」的心態，請參考本書 2-3。

1-7
槓桿型 ETF 可長期持有？複利累積造成的偏移

　　你有投資 0050 嗎？ 0050 從 2003 年上市以來繳出非常好的成績，做為長期投資的 ETF 是非常合適的。那問題來了，既然 0050 的報酬率那麼好，那麼買兩倍槓桿的 ETF 不是更好嗎？我買 0050 的兩倍槓桿 ETF，不就輕鬆賺兩倍了？從表面上來看確實如此，但其中有一些細節投資者必須要知道。接下來，大仁要談到槓桿 ETF 最重要的一個細節，那就是「每日耗損」。

　　我們已經說過，50 正 2 是以「漲兩倍，跌兩倍」為目標，即「0050 單日漲 10%，50 正 2 的目標就是漲 20%；0050 單日跌 10%，50 正 2 的目標就是跌 20%」。照這樣講，0050 是長期向上漲，不是更應該買兩倍槓桿，爽賺兩倍嗎？等一下，事情可沒這麼簡單，讀者有沒有注意到「單日」兩個字？

追求的正向 2 倍報酬僅限於「單日」

　　讓我們重新看一次 50 正 2 的全名「元大台灣 50 單日正向兩倍基金」，為什麼要強調「單日」？讓我們複習 50 正 2 的簡易公開說明書：「本基金係採用指數化策略，以追蹤標的指數（即臺灣 50 指數）之單日正向 2 倍報酬表現為投資目標。投資人應了解本基金所追求標的指數正向 2 倍報酬僅限於『單日』操作目的，受基金資產每日重新平衡及計算累積報酬之複利效果影響，本基金連續兩日以上及長期之累積報酬率會偏離同期間標的指數正向 2 倍之累積報酬，且偏離方向無法預估。」

好，我知道很複雜，以下簡單翻譯：「50 正 2 的目標是追求 0050 的兩倍報酬。但是因為每天得讓期貨部位『重新平衡』（複習 1-5），所以最多只能追蹤到『單日』的兩倍報酬。加上複利的影響，你要我保證兩倍報酬維持一個星期、一個月、一年、十年，實在太難了我沒辦法，抱歉。」

為什麼無法維持「長期」兩倍報酬？主要原因有兩點：一、交易成本。二、複利效果難以控制。這兩點將造成 50 正 2 的兩倍報酬，只能侷限於「單日」，而無法保證長期兩倍的原因。接下來，讓我們先從「交易成本」（詳見 1-9 的內扣費用）這點說起。

每日平衡＝頻繁買賣，會增加摩擦成本

再看一次基金公開說明書的內容：「本基金為達成投資目標，需每日進行基金曝險調整，故基金淨值將受到每日調整所交易之現貨與期貨成交價格與每日調整時所產生之交易費用及基金其他必要之費用（如：經理費、保管費、上市費等）、價格波動或基金整體曝險比例等因素，而使得本基金單日報酬與投資目標產生偏離。」

簡單來說就是：50 正 2 要追求兩倍報酬，所以得每天將曝險控制在 200％左右，不能太高也不能太低。當股市上漲的時候，增加期貨部位，才能追上兩倍上漲。當股市下跌的時候，減少期貨部位，才不會損失大於兩倍。這就是 1-5 提到的「每日平衡」，即依照每日的市場變化去買賣期貨，調整曝險比例。

但是，「每日平衡」就等於每天頻繁地買賣。稍微有點投資知識的人都知道，頻繁買賣會增加多餘的「摩擦成本」（因買賣付出的手續費、稅金等等）。幾天買賣一次就算了，50 正 2 可是「每天、每天、每天」不停買賣。因為每天買賣，才能讓曝險固定在 200％左右。如此頻繁地交易時，就會多出些許費用跟損失。這些支出也許短期看不出來，但長期則會讓基

金脫離它想追蹤的目標。因此，頻繁的交易成本，是造成 50 正 2 無法保證長期兩倍報酬的其中一個原因。

複利累積會造成的三種偏離，其中反覆漲跌會造成耗損

BUT，最重要的 BUT 來了！交易成本雖然很重要，但另外一個原因才是關鍵，那就是「複利效果難以控制」。複利累積，會造成偏離。你一定看過下面這個勵志故事：每天只要進步 1%，一年後你就會成長 37 倍。公式是：$1.01^{365} = 37.78$。這就是「複利」的可怕之處。如果一天差個 1%，看起來好像還好。但如果每天都差 1%，看起來就不妙了。這就是複利帶來的差異，不管是增加還是減少，都會讓結果產生巨大的改變。那麼，複利跟 50 正 2 有什麼關係？關係可大了。市場波動主要有三種方向：一、連續上漲。二、連續下跌。三、反覆漲跌。這三種發展都會造成複利的累積，進而影響最終報酬。讓我們來看看這三種情形所產生的偏離（見 53 頁表）：

1. **連續上漲，正向複利的累積**：連續上漲的情況，複利會滾回本金，在利滾利的情況下會越漲越多。雖然看起來漲了 20%，但在複利的因素下卻漲 21%。這多出來的 1%，就是正向複利的累積。

2. **連續下跌，負向複利的累積**：連續下跌的情況，本金會越來越少，下一次的下跌也會跌更少。雖然看起來跌了 20%，但在複利的因素下只跌 19%。這少跌的 1%，就是負向複利的累積。

3. **反覆漲跌，會產生「耗損」**：反覆漲跌的情況就比較特別了，一漲一跌反而虧損 1%。讓我們融合上面兩點。漲的時候複利會讓你漲更多，跌的時候複利會讓你跌更少。但如果遇到漲跌反覆交錯，這時就會出現一種神奇的現象，也就是「耗損」。100（漲 10%）變 110；110（跌 10%）卻變 99。明明漲 10%，跌 10% 應該相互抵銷不是嗎，怎麼反過來虧損了？原因很簡單，因為上漲跟下跌，兩者是不平等的。下跌造成的損失更大；下

跌越深，漲回來就越困難。要知道，下跌 50％ 以後想漲回原點，不能只漲 50％，必須是 100％（見下圖）。

　　不信的話，請算算看這個基本的數學：你有 100 元，損失 50％，現在剩下 50 元。請問這 50 元要用多少的報酬率，才會變回 100 元？答案是 100％。為什麼會這樣？因為漲跌的本金計算不同。漲 10％ 用 100 元算，賺 10 元。跌 10％ 用 110 元算，虧 11 元。這種算法算越多次，你的虧損越多，這就是「耗損」。雖然下跌跟上漲的幅度抵銷，但因為本金大小的不同，在反覆漲跌的情況下，損失永遠會高過獲利。

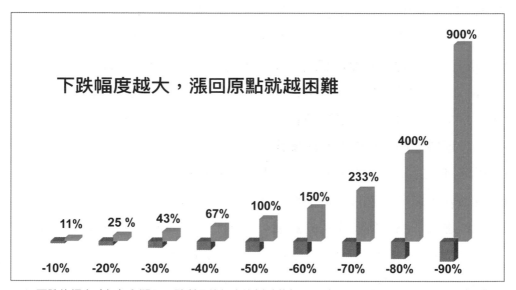

下跌幅度越大，漲回原點就越困難

下跌	漲回原點所需
-10%	11%
-20%	25 %
-30%	43%
-40%	67%
-50%	100%
-60%	150%
-70%	233%
-80%	400%
-90%	900%

▲ 下跌的幅度（灰）與漲回原點所需的幅度比例（藍）。下跌幅度越大，想漲回原點就越困難

兩倍槓桿，偏離加倍

　　前面提到，遇到「連續上漲、連續下跌、反覆漲跌」，這三種情形都會使讓複利累積。若用兩倍槓桿（200％曝險）來計算，複利的偏離會更誇張。以下就將三種情況用右頁的圖表來說明。

① 連續上漲會造成正向複利,漲幅更多				
日期	漲跌	0050	兩倍漲跌	50 正 2
		100		100
第一天	10%	110	20%	120
第二天	10%	121	20%	144
合計	20%	21%	40%	44%

▲ 原本應該漲 42%,因為連續上漲變成 44%

② 連續下跌會造成負向複利,跌幅更少				
日期	漲跌	0050	兩倍漲跌	50 正 2
		100		100
第一天	-10%	90	-20%	80
第二天	-10%	81	-20%	64
合計	-20%	-19%	-40%	-36%

▲ 原本應該跌 38%,因為連續下跌變成跌 36%

③ 反覆漲跌會讓複利偏移,造成耗損				
日期	漲跌	0050	兩倍漲跌	50 正 2
		100		100
第一天	10%	110	20%	120
第二天	-10%	99	-20%	96
合計	0%	-1%	0%	-4%

▲ 原本應該跌 2%,因為反覆漲跌變成跌 4%

1. **連續上漲，漲更多**：指數漲幅為 21%，兩倍槓桿應該要給出 42%的回報。但因為複利的關係，兩倍槓桿漲到 44%。這多出來的 2%，就是正向複利的兩倍偏移。

2. **連續下跌，跌更少**：指數跌幅為 19%，兩倍槓桿應該要給出負 38%的回報。但因為複利的關係，兩倍槓桿只跌 36%。這少跌的 2%，就是負向複利的兩倍偏移。

3. **反覆漲跌，擴大耗損**：一漲一跌造成耗損 1%，兩倍槓桿應該要耗損 2%。但因為複利的關係，兩倍槓桿會耗損 4%。這多跌的 2%，就是複利的兩倍偏移。

為什麼基金公司要將報酬限定「單日」？

看完上面三種複利造成的偏離，你就會知道為什麼基金公司要將報酬限定「單日」了。再看一次公開說明書：「受基金資產每日重新平衡及計算累積報酬之複利效果影響，本基金連續兩日以上及長期之累積報酬率會偏離同期間標的指數正向 2 倍之累積報酬，且偏離方向無法預估。」

簡單來說，光是每日平衡就有可能造成兩倍追蹤的困難了。更何況是連續交易天數所累積的「複利」，根本是不可預料的。只要時間拉長來看，複利勢必會將報酬帶偏。偏到哪裡，沒有人知道。讓我們再次複習前頁的表格。如果連續兩天都會造成偏移了，怎麼可能保證給你「長期」兩倍報酬？

基金公司也不是笨蛋。如果不寫「單日」，肯定有不明究理的投資者看到「兩倍報酬」就衝動買下去。然後看到 0050 漲 100%的時候，就認為自己要拿到 200%。卻忽略了遇到反覆漲跌的盤整格局，在複利的耗損下，報酬可能低於預期的兩倍。所以，基金公司會在這種槓桿商品加註「單日」兩個字，就是為了避免不懂這項商品的人跳進來買。

最後做個重點整理：一、50 正 2，以追求 0050 的單日兩倍報酬為目標。二、50 正 2 無法保證給予「長期兩倍報酬」的承諾。三、頻繁的交易成本，將拖累長期兩倍報酬的可能性。四、上漲的複利累積，會讓兩倍槓桿漲更多。五、下跌的複利累積，會讓兩倍槓桿跌更少。六、反覆漲跌的複利累積，會讓兩倍槓桿受到更大的耗損。七、複利的長期累積，會把兩倍槓桿的數字，帶到不可預料的地方。

元大 ETF 傘型證券投資信託基金之台灣 50 單日正向 2 倍證券投資信託基金
（本基金為元大 ETF 傘型證券投資信託基金之子基金）

（本基金為策略交易型產品且投資具有槓桿操作風險，故本基金不適合長期持有，僅符合臺灣證券交易所訂適格條件之投資人始得交易）

▲ 00631L 公開說明書上的警語

所以，讀者應該能夠了解，為什麼槓桿 ETF 的名稱要強調「單日」，而且會加註警語，警告不適合長期持有的原因。看到這邊的讀者可能覺得，大仁這樣不對吧？這本書寫了那麼多篇槓桿 ETF 的文章，最後你跟我說不適合長期持有？冷靜點，這篇文章只是為了說明為什麼很多人認為槓桿 ETF 不要碰，不適合長期持有的原因。因為撇開頻繁的交易成本不談，還有「偏離兩倍報酬」和「長期耗損」的可能性。這對一般的投資者來說不是那麼適合的商品。

BUT，最重要的 BUT 來了！讀者如果認真看完本書的每一篇槓桿 ETF 文章，就會知道事情沒那麼簡單。我是非常支持 50 正 2 可以長期投資的，理由將會在後面一一解析。

1-8
50 正 2 真的可以給出 0050 兩倍報酬？

上一篇談到槓桿 ETF 經長時間的複利累積，會將報酬帶到不可預料的地方。這篇要再進一步說明，為什麼一點點的複利會帶來巨大的偏移。而這些偏移，有時候反而可能有利於長期持有。

複習上一篇的內容，市場波動主要有三種方向：一、連續上漲。二、連續下跌。三、反覆漲跌。這三種發展都會造成複利的累積，進而影響最終報酬的偏離。兩倍槓桿 ETF 則會出現兩倍的偏離。以 00631L 為例：遇到連續上漲，會漲更多；遇到連續下跌，會跌更少；遇到反覆漲跌，會造成多餘的「耗損」。

理論上，反覆漲跌會讓槓桿型 ETF 產生損耗

多數人認為槓桿型 ETF 不適合長期持有的原因，就是這種反覆漲跌所造成的耗損。耗損很可怕嗎？不知道耗損有多可怕，可以看看右頁圖這個例子：第一天漲 10%，第二天跌 10%，第三天漲 10%……這樣反覆循環就會產生耗損，而槓桿 ETF 因為開啟槓桿，耗損更是超過兩倍。槓桿 ETF 又是每日平衡機制，所以每天都會不停地產生耗損。長期下來就會像鐵杵磨成繡花針一樣，價格越磨越低，最後磨到清算下市。

長期耗損會讓 ETF 淨值不斷減少，最終接近歸零。上網搜尋一下槓桿型 ETF 的缺點，肯定會看到有人這樣計算耗損。看到這邊，你一定覺得槓

桿 ETF 果然是髒東西，不能碰……先等等，這些觀點沒錯，從理論跟數學計算來看確實如此，我無意反駁。但讓我們先看一下「真實世界」的數字，再來討論這種「耗損」是不是真有那麼恐怖。

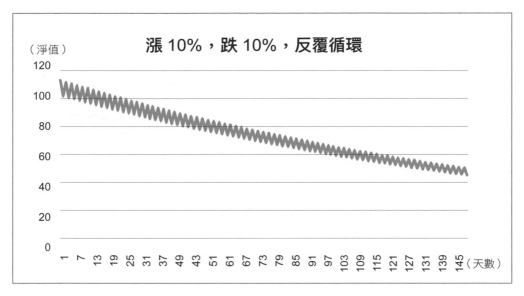

▲ 一天漲一天跌產生的反覆耗損，理論上會讓 ETF 淨值接近歸零

真實世界中，槓桿 ETF 的耗損表現

　　以 50 正 2 為例，我們用 0050 跟兩倍槓桿的 50 正 2（00631L）做比較。因為 50 正 2 是從 2014 年 10 月 31 號上市，就以那天開始起算，結算終止日為 2021 年 12 月 10 號。七年的投資結果，0050 總共繳出 176% 的報酬，真是太強了。那兩倍槓桿的 50 正 2 呢？總報酬為 589%。咦？等等，589%？不對啊，兩倍槓桿不是應該 0050 的兩倍（176×2），報酬應該是352% 才對吧？怎麼會是 589% 這個數字，大仁你是不是算錯啦？當然不是我算錯，不信的話可以看看下頁這張圖片。

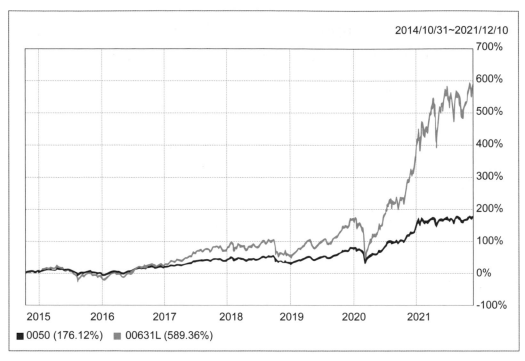

■ 0050 (176.12%) ■ 00631L (589.36%)

▲ 2014 年到 2021 年，0050 的報酬是 176%；50 正 2 則是 589%

　　50 正 2 從上市至今七年，不只是 0050 的兩倍報酬，而是超過三倍了。為什麼會這樣？前面不是說槓桿型 ETF 會有耗損嗎，怎麼沒看到耗損，反而比兩倍報酬還高？這就是我說的，槓桿型 ETF 的耗損從理論跟數字上來看都是正確的，但實務上根本就不是這麼走的，你理論講了一堆，還是得看實際數字對吧？我們應該把重點放在 50 正 2 如何超過三倍報酬的原因。而不是計算了一堆數學理論說耗損，然後錯過了原本可以增加獲利的「機會」。

只要盤整，任何股票都會有耗損，跟槓桿無關

　　首先，「耗損」是真實存在的。在反覆漲跌盤整的局勢中，任何一支

股票都會產生耗損。很多人有個迷思，以為耗損只會出現在槓桿型股票。錯，大錯特錯！耗損會出現在任何反覆漲跌的股票或 ETF。不信的話我們來算一下。舉例來說，你用 100 元買台積電。先漲 10% 變成 110 元，再跌 10% 變成 99 元。漲跌幅度相抵為零，但你的股價從 100 元變成 99 元。這 1 元的損失就是「耗損」。任何股票遇到反覆漲跌，都會產生耗損。讓我們再次翻回 53 頁最下方「反覆漲跌」那張表，上面顯示「反覆漲跌會讓複利偏移，造成耗損」。

　　耗損並不是因為槓桿才出現的東西，「耗損跟槓桿無關」這點請你先切記。但槓桿確實有可能擴大耗損，把原本盤整的耗損，變成更大的損失。例如，原本耗損是負 1%，兩倍槓桿應該耗損負 2%。但因為複利讓耗損擴大，變成負 4%。這多跌的負 2%，就是槓桿造成的擴大耗損。

耗損的實際案例

　　我們來看下頁上圖 2018 年的台股，這個年度基本上就是漲跌漲跌，盤整了一年，最後還因為美中貿易戰的關係大跌。所以我們會看到像心電圖一樣的線圖，這種盤整的局勢絕對會造成不小的耗損。好，讓我們看到最終數字，0050 報酬為負 5.46%；50 正 2 報酬為負 11.39%。

　　「吼，終於抓到耗損的證據了。兩倍槓桿應該只跌 10.92％，結果 50 正 2 卻跌 11.39%。這多跌的 0.44% 就是耗損！看吧，果然槓桿型 ETF 會有耗損的問題，不該長期持有……」等等，如果你是這樣想，讓我們看一下隔年 2019 的數據：0050 報酬 33.52%；50 正 2 報酬 70.87%。

　　咦？0050 報酬 33.52%，兩倍槓桿應該是 67.04% 才對。50 正 2 怎麼會是 70.87%，整整多了 3.83％。這是怎麼回事？答案很簡單，同樣是我們在 1-7 提過的「複利累積」搞的鬼。

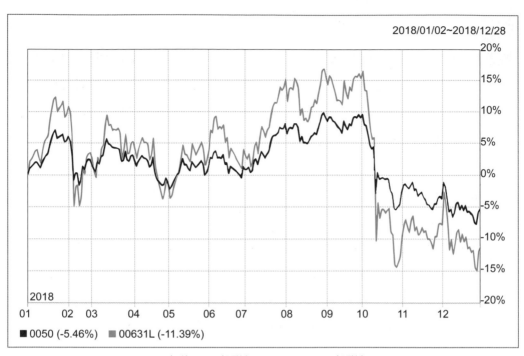

■ 0050 (-5.46%)　■ 00631L (-11.39%)

▲ 2018 年的 0050 報酬負 5.46%；50 正 2 報酬負 11.39%

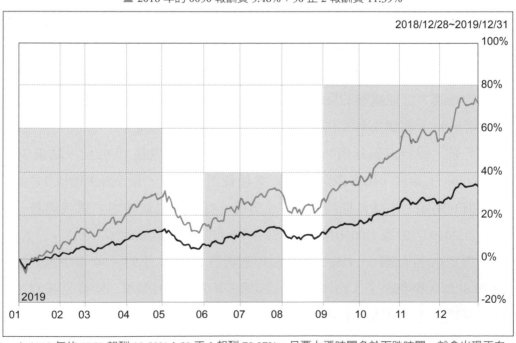

▲ 2019 年的 0050 報酬 33.52%；50 正 2 報酬 70.87%。只要上漲時間多於下跌時間，就會出現正向
　紅利（色塊標示區域）

連續上漲時，槓桿會產生正向複利

　　前面有提到，在連續上漲的時候會造成正向複利，漲幅更大。而兩倍槓桿若遇到連續上漲，那就是兩倍的正向複利。假設：原型指數漲 1%，兩倍槓桿漲 2%。連續一百天，就會呈現下圖的趨勢：在連續上漲的趨勢，兩倍槓桿的漲幅會高於兩倍。這就是一種「正向複利」的紅利。

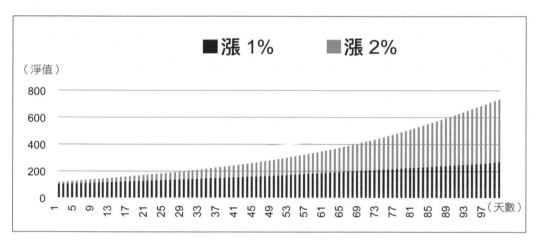

▲ 在連續上漲的趨勢，兩倍槓桿的漲幅會高於兩倍，產生正向複利

　　當然，市場不會只漲不跌。BUT，最重要的 BUT 來了！只要漲的時間長期大過跌的時間，正向複利的紅利就會產生。讓我們再看一次左頁下方 2019 年的線圖。

　　在 2019 這年，雖然有短暫的下跌，但多數交易時間都是「漲大於跌」。而且幾乎都是「連續上漲」的趨勢。在「連續上漲」的時間，槓桿 ETF 將取得額外的「正向複利」。這也是為什麼 50 正 2 可以在 2019 年比原本的兩倍報酬，多取得 3.83％ 的原因。這多出來的 3.83％ 就是「正向複利」的紅利（還有部分原因是因為逆價差，詳見 1-16）。

上漲時間多於下跌時間，槓桿 ETF 會出現非常大的正向紅利

很多人會在意反覆漲跌的盤整耗損，卻忽略了連續上漲的「正向紅利」。就我來看根本就是捉小放大。就拿 2018 年來說，因為漲跌盤整一年，最終耗損為 0.44％，但遇到隔年 2019 的連續上漲，最終正向紅利為 3.83％。只要上漲的時間大過下跌的時間，就會出現非常大的正向紅利。

讓我們重新看到 58 頁的圖，2014 到 2021 年 50 正 2 與 0050 的報酬比較。50 正 2 身為兩倍槓桿 ETF，卻給出三倍以上的回報。原因就是這段時間「漲多於跌」，上漲的時間遠大於下跌的時間。形成「連續上漲」的正向複利，而兩倍槓桿又更加擴大趨勢，把 50 正 2 帶到遠超過兩倍報酬的結果。

槓桿 ETF 確實無法保證「長期」的報酬，最多只能給予「單日」的追蹤（有時候連單日都很難做到兩倍）。但相對的，如果遇到牛市這種大多頭，持有槓桿 ETF 就能夠吸收到更多的「正向複利」。這也是 50 正 2 給出超越三倍報酬的主要原因。我想應該沒有人會抱怨買兩倍槓桿，結果拿到三倍報酬，這太糟糕了，我不要。（作者註：過去歷史僅供參考，不代表未來。）

最後做個重點整理：**一、長期複利的累積，會造成指數的偏離。二、槓桿型 ETF 在面臨長期複利累積，會使偏離更加擴大。三、任何股票或 ETF 遇到反覆漲跌的盤整，都會造成「耗損」。四、槓桿型 ETF 會加深「耗損」的程度，導致更多的下跌。五、遇到牛市大多頭，槓桿型 ETF 的正向複利，將會把耗損給抵銷掉，甚至給予超過兩倍報酬的可能性。**

如果你是完全不知道 50 正 2 的人，看到它的報酬率應該會驚訝到嘴巴閉不起來。這邊讓讀者猜猜看：這檔七年帶來 589％ 報酬的超強 ETF，總共有多少人持有？截至 2021 年 11 月 30 號為止，0050 的受益人數為 36 萬人。真不愧是國民 ETF 的老大哥。那麼，超出 0050 三倍報酬的 50 正 2 呢？很

抱歉，只有 2,021 人。你沒看錯，這 2021 不是年份，而是持有 50 正 2 的人數。而這 2,021 人裡面，大概有 20 個人是大仁自己還有家人朋友。也就是說，光我身邊有買 50 正 2 的人，就佔了這檔 ETF 的受益人數 1％。到底是這檔 ETF 超爛，所以很少人買。還是大多數人可能誤解槓桿型 ETF 商品？這點就讓讀者自行思考了。

　　這篇簡單提到「耗損」以及「正向複利」。希望你看到這邊，能增加對於槓桿型 ETF 的認識。接下來，大仁會繼續分享關於 50 正 2 的相關細節。

1-9
投資 ETF 要留意自動扣血的「內扣費用」

投資 ETF 之前，你一定得知道什麼是「費用率」。因為費用率的高低，很大程度會影響你的投資報酬。沒注意費用率，你可能會在不知不覺中喪失 30％以上的報酬！

ETF 總費用率（內扣費用）＝基本費用＋變動費用

我們買的 ETF（如 0050 或 0056）全名叫做「指數型股票基金」。也就是說 ETF 本身也是基金的一種，既然是基金就會有經理人來代為交易。在交易過程中產生的費用，統稱為「總費用率」。以 0050 來說，它的指數是追蹤台灣前 50 大市值的上市公司，因此必須買進這 50 間公司的股票，或定時淘汰市值過低的公司。在買賣中間會產生交易費用（手續費或是稅金），這些費用都是 ETF 的持有者必須共同負擔的。這些費用主要分成兩種：基本費用和變動費用。

1. **基本費用**：基本費用是指 ETF 在銷售或管理時要支付的費用，例如基金經理費、管理費、指數授權費用等等。這些費用在 ETF 成立時就已經設定，不會有太大的變動。

2. **變動費用**：當 ETF 在進行買賣的時候會產生交易手續費或稅金，這些費用是會隨機變動的，無法預測。這跟 ETF 本身的機制有關，如果是經常買賣成份股就會提高週轉率。週轉率提高，變動費用也會提高。

　　那麼，ETF 的費用是怎麼扣的？這個費用無須你另外繳交，基金公司會直接從 ETF 的淨值扣掉這筆錢。由於是基金公司直接從淨值扣掉，又被稱為「內扣費用」。所以，如果你聽到別人說某某 ETF 的內扣費用多少，他指的就是這檔 ETF 需要扣抵的總費用。

　　讓我們以 0050 為例，「按本基金淨資產價值每年百分之零點三二（0.32%）之比率，逐日累計計算，並自本基金成立日起每曆月給付乙次」。0050 每年的經理費是 0.32%。因為是「逐日累計」，所以會將 0.32% 的費用平均分散到一年，每天扣掉一點點的費用。然後每個月給付一次給基金公司，這筆費用就叫做「內扣費用」。

淨報酬－費用率＝實際報酬

　　費用率，這三個字你得深刻地記在腦中，因為它是影響投資結果的主要原因之一。假設，你投資的 ETF 今年賺取 10%，這是你可以獲得的報酬。但在你拿到這 10% 之前，還得先扣除「費用」，才會是你真正拿到手的。如果費用率是 1%，那你實際拿到的就是 9% 的報酬。簡單來說，費用率是基金公司從你手中拿走的錢。不管賺了多少錢，你都得給予一定比例的費用率才行。當基金公司抽的費用率越高，你拿到的實際報酬就越少。

　　你可以將基金公司想像成明星的「經紀人」。經紀人會幫藝人接洽活動，幫你篩選通告，幫助明星賺到更多錢。但相對的，經紀人幫你處理這些雜事，你就得分他一定比例的報酬。這跟 ETF 費用率是相同的，你買下 ETF 讓基金經理幫你買賣交易一籃子的股票，當然得支付一些跑腿費給對方。這點沒有問題，有問題的是，如果經紀人抽走太多費用，那你不就是白白被剝削嗎？

　　費用率越高，你的報酬越少。上面這句話你一定得看懂，因為你拿到手的報酬率，一定是扣完費用率以後的數字。這個公式很簡單：不管你獲

利多少，都是扣過費用率的數字。這代表什麼？代表只要
費用率越低，你能拿到的實際報酬就越高。因為投資報酬
是不確定的。沒有任何一檔 ETF 可以保證每年給你多少的
報酬率，如果有，肯定是詐騙（有興趣的讀者，請搜尋大
仁寫的關於「馬多夫騙局」文章，以及 Netflix 上的紀錄片
《馬多夫：華爾街吸金惡霸》。）。

▲ 有一種騙局叫
做馬多夫騙局

　　報酬率無法確定，但費用率是確定的。只要我們投資的 ETF 費用率越
低，我們就有機會拿到更多的報酬。因為「實際報酬＝淨報酬－費用率」。
根據這個公式，我們得盡可能地選擇「低費用率」的 ETF。

ETF 多 1% 費用率，50 年會喪失 36% 淨報酬

　　看到這邊，你可能還是不知道費用率對報酬造成的傷害有多大。請參
考右頁上方，讓我們試算看看多出 1% 的費用，長期下來會讓你減少多少報
酬。假設，以 100 元為本金，投資期間為五十年。平均年報酬率為 11%。
但你買的 ETF 比人家多 1% 費用率，所以實際年報酬率為 10%。你最終
得到 18,456 元，這是相當高的數字。如果多出 1% 的費用率呢？答案只有
11,739 元。原本可以拿到 18,456 元，現在只剩下 11,739，你等於喪失了
36% 的淨報酬。這 36% 的淨報酬，就是被那不起眼的 1% 費用率抹殺掉的。

年利率	11%	10%	差距
期初	100	100	0
1 年	111	110	1
5 年	169	161	7
10 年	284	259	25
15 年	478	418	61
20 年	806	673	133
25 年	1359	1083	275
30 年	2289	1745	544
35 年	3857	2810	1047
40 年	6500	4526	1974
45 年	10953	7289	3664
50 年	18456	11739	6717

▲ 以 100 元為本金，投資期間為五十年，多出 1%的費用率會損失 36% 淨報酬

費用率讓你喪失多少的報酬					
費用率	時間（年）				
	10	20	30	40	50
0.5%	4.53%	8.86%	13.00%	16.94%	20.71%
1%	8.88%	16.98%	24.35%	31.07%	37.19%
1.5%	13.05%	24.40%	34.27%	42.85%	50.31%
2%	17.05%	31.19%	42.92%	52.65%	60.73%
2.5%	20.88%	37.40%	50.47%	60.81%	68.99%
3%	24.55%	43.07%	57.05%	67.59%	75.55%

▲ 若費用率多 3%，投資五十年，你將喪失 75.55%的總報酬

你可能覺得很疑惑，為什麼1％的成本會讓總報酬減少36％？答案是「複利」這兩個字。複利只要經過長期累積，就算是小小的1％也會造成天翻地覆的變化。但如果複利是累積在成本，那可就糟糕了。讓我們參考上一頁下方這張表格。假設每年報酬率為10％。對照費用率，看看你會損失多少原本應該獲得的報酬。看到這邊，你還覺得費用率不重要嗎？

　　最後重點整理：**一、費用率是投資 ETF 必須支付的成本。二、費用率越高，你拿到的實際報酬越少。三、投資低成本的 ETF，才能有效降低費用率帶來的傷害。四、1％的費用率經過五十年的時間，將使你喪失 36％的總報酬。五、一點點的成本，都會對長期投資造成巨大的傷害。**

　　這篇文章談到「費用率」對投資者的影響。複利在長期累積下就會滾成很大的雪球，這點不管對報酬還是成本都適用。複利在報酬，報酬會增加；複利在成本，報酬會減少。你以為一點點小成本（小雪花）沒什麼，經年累月之後可是會造成雪崩的。所以在投資 ETF 的時候，千萬不要忽略「費用率」。記住，你拿到的「實際報酬＝淨報酬 — 費用率」，費用率越低，你能拿到的淨報酬越高。

1-10
槓桿型 ETF 費用率很高怎辦？用 0050 來對照

　　前一篇我們講到了「費用率」有多重要，及 ETF 費用率太高將拖累總報酬，這也是很多人談到槓桿 ETF 第一個會批評的點，即「內扣費用太高」。確實，ETF 的內扣費用越高，投資人可以得到的報酬就越低。但是，本篇將會分享為什麼槓桿型 ETF 的內扣費用較高，還能繳出高報酬的原因。

槓桿 ETF 的內扣費用較高，還能繳出高報酬的原因

　　首先，我們先看下圖所示，0050 跟 50 正 2 的費用率統計：0050 在 2020 年的總費用為 0.43％；50 正 2 在 2020 年的總費用為 1.33％。相較之下，整整多出了 0.9％。

　　千萬不要小看這 0.9％的差異。成本越高，投資者拿到手的錢就越少。我們已經在上一篇文章的 67 頁算過，多 1％費用率，經過五十年的時間，將會使你喪失 37.19％ 的總報酬。現在 50 正 2 多出 0.9％，照這樣看來槓桿型 ETF 確實不是一個好的選擇吧……等等，我們先看完內扣費用的比較，再來看看報酬率吧。2020 年

	0050	50 正 2	差異
手續費	0.01%	0.11%	0.10%
交易稅	0.02%	0.11%	0.09%
經理費	0.32%	1.00%	0.68%
保管費	0.04%	0.04%	
其他費用	0.05%	0.08%	0.03%
總費用	0.43%	1.33%	0.90%

▲ 2020 年 50 正 2 的費用率比 0050 多 0.9%

0050 繳出 30.20%的報酬率，相當驚人。那 50 正 2 呢？ 65.44%的報酬率。

如果依照兩倍槓桿的標準，50 正 2 只要繳出 60.40%就算及格了，但它不滿足於此，最後給了 65.44%，多了 5.04%的回報。為什麼 50 正 2 身為兩倍槓桿的 ETF，卻可以給予超過兩倍的報酬？關於這點我們已經在 1-8 解釋過，答案是：遇到「連續上漲」的行情，槓桿可以帶來更多的正向複利。

當「正向紅利，大於成本」時，成本的影響就不那麼重要

50 正 2 在下圖 2020 年的這兩塊藍色的區間，取得了連續上漲的正向紅利。換句話說，在多出 0.9%的成本影響下，50 正 2 還是繳出超過兩倍的回報。甚至還多給了 5.04%的正向紅利。換句話說，當「正向紅利，大於成本」的時候，成本的影響就不是那麼重要了。

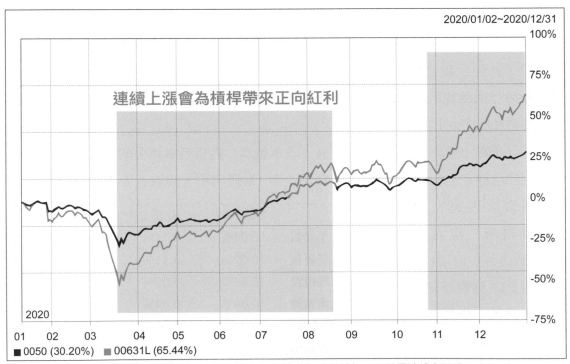

▲ 2020 年遇到疫情反彈，有兩大段上漲行情（色塊區域），取得了連續上漲的正向紅利

所以我想請讀者在這裡思考一下，是成本重要還是報酬重要？論成本，0050 成本為 0.42％，50 正 2 成本為 1.33％，多 0.9％的成本。論報酬，0050 報酬率為 30.20％，50 正 2 報酬率為 65.44％，多 35.24％的報酬。

由於成本已經從「每天的淨值」中慢慢扣除了。所以 50 正 2 多出來的 0.9％成本，早就反映在價格上面。也就是說，50 正 2 扣掉較高的成本，還硬生生多了 35.24％的報酬。在這種結果下，你還覺得成本重要嗎？讓我們思考一個選擇題：A 每年成本 1％，每年報酬率 5％；B 每年成本 3％，每年報酬率 8％。請問你會選擇哪一個？欸欸欸，大仁問這個是侮辱我的智商嗎？A 的報酬率 5％，扣掉成本 1％，總報酬為 4％；B 的報酬率 8％，扣掉成本 3％，總報酬為 5％。笨蛋也知道要選 B 好嗎？

你上面會選 B 是因為多出 1％的報酬，那在報酬差距來到 35.24％的時候，我想就不用爭論哪個重要了。如果你覺得 50 正 2 多出 0.9％的費用非常糟糕。那麼 2015 到 2021 年這七年的時間。0050 落後報酬 400％，這個機會成本又該如何計算呢？多扣 0.9％成本你覺得罪該萬死，那少賺 400％應該是世界末日了。

投入 100 萬	0050	50 正 2
獲利	168.85 萬	578.12 萬
年均報酬率	15.18％	31.45％
內扣成本	0.43％	1.33％
年均報酬率（扣除成本）	15.61％	32.78％
獲利（假設沒有成本）	176.03 萬	627.66 萬
成本花費	7.18 萬	49.54 萬

▲ 2015 到 2021 年間，0050 落後 50 正 2 的報酬高達 400％

「這樣比不公平！」我知道可能有些人覺得不服氣，認為只拿上漲的年份來講。OK，我們來看下圖 2015 年的資料。2015 年時，0050 報酬率為負 6.28%；50 正 2 報酬率為負 16.54%。依照兩倍槓桿，跌幅應該在負 12.56% 以內。這多出來的負 3.98% 耗損，就是 1-7 說過的，槓桿型 ETF 追蹤上的「誤差」。我不會去為這個誤差辯解，這是事實。因為 2015 年的走向就是對槓桿最不利的走勢。先盤整，再下跌，然後又盤整。

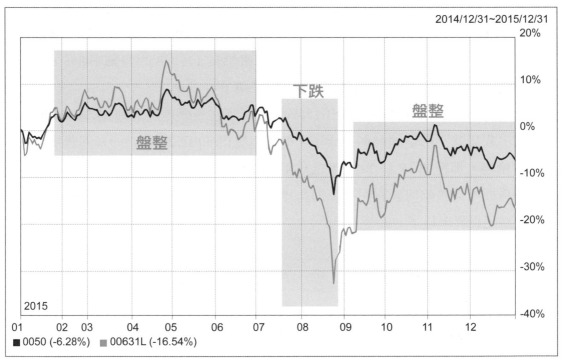

▲ 經歷了對槓桿最不利的大段盤整＋下跌＋盤整，2015 一整年 00631L 和 0050 的誤差為負 3.95

2015 年多了負 3.98% 耗損。哇，照這樣看槓桿型真的不能長期持有，耗損太可怕了……真的是這樣嗎？耗損真的那麼可怕，為什麼 50 正 2 能夠給出超越兩倍以上的報酬？讓我們看看下面這個「紅利與耗損」的數據。除了「耗損」之外，也有「紅利」的存在。只要長期上漲的紅利，大過盤

整的耗損，長期下來就能給出兩倍報酬。別只看到耗損，卻忽略了紅利。

槓桿 ETF 的 紅利與耗損	2015	2016	2017	2018	2019	2020
0050	-6.28	16.95	18.14	-4.94	33.52	31.14
兩倍漲跌	-12.56	33.9	36.28	-9.88	67.04	62.28
50 正 2	-16.54	39.18	39.82	-10.38	70.87	68.07
紅利 / 耗損	-3.98	5.28	3.54	-0.5	3.83	5.79

▲ 50 正 2 與 0050 在這 6 年的年度紅利與耗損

最後做個重點整理：一、2020 年，50 正 2 的內扣費用，比 0050 多出 0.9％。二、2020 年，50 正 2 比 0050 多出 35.24％的報酬率。三、ETF 的內扣費用是每日扣除，所以直接看價格就好。四、當正向紅利大於成本的時候，成本就不是首要考量了。五、你覺得 0.9％的成本影響很大，那少賺的 35.24％報酬呢？六、不要只看到耗損，而忽略紅利。

看到這邊，應該減少一些你對槓桿型 ETF 高費用率的質疑了。像 2020 年這種連續上漲，成本會被直接輾壓，變成看不見的細小碎片。像 2015 年這種盤整下跌，不管成本如何都會造成耗損。優點跟你說了，缺點也講了。不管你覺得槓桿型 ETF 在成本上的表現如何，它在過去七年獲利完全碾壓 0050 是毋庸置疑的事實。

但過去歷史不代表未來。過去繳出超過三倍報酬，不代表未來也是如此。在知道風險是如何的前提下，你可以自行評估是否可以投資部分的 50 正 2，增加自己的曝險。最後，跟讀者分享近六年兩者的費用率（請見下頁表）。0050 的費用率有些許變高，而 50 正 2 的費用率逐年下降。雖然兩者

費用率有先天上的差距，即 0050 的經理費 0.32%，50 正 2 的經理費 1%。
這個 0.68%是無法橫越的差距。但我們可以期待日後 50 正 2 慢慢將差距從
現在的 0.81%，拉到 0.68%這個差距。

ETF 費用率	0050	50 正 2	差異
2016	0.42%	1.50%	1.08%
2017	0.42%	1.38%	1.04%
2018	0.44%	1.37%	0.93%
2019	0.43%	1.37%	0.94%
2020	0.43%	1.33%	0.90%
2021	0.46%	1.27%	0.81%

▲ 近六年 0050 和正 2 的費用率比較，兩者差距逐漸拉近中

1-11
槓桿型 ETF 的真正缺點：大跌後想漲回更難

　　大仁在 1-8 說明了在多頭市場中出現的「正向複利」可以額外獲取更多紅利。但是，有優點自然也會有缺點，槓桿型在遇到大跌以後，將受到更多的傷害，這也會反應在後續的「耗損」。在這篇文章，我將告訴讀者槓桿型 ETF 真正的缺點是什麼。

槓桿 ETF 須注意多頭的「連續複利」和空頭的「多餘耗損」

　　反覆漲跌的複利，會使投資標的產生「偏移耗損」。而槓桿型 ETF 則會有更大的偏移，所以基金公司不敢跟你保證長期兩倍報酬，只能夠寫「單日」。這也是許多批評槓桿型 ETF 的人一定會提到的，因為有耗損，所以不可以長期持有。真的是這樣嗎？如果耗損真的那麼可怕，為什麼 50 正 2 能夠給出超越兩倍以上的報酬？

　　原因在於，除了耗損之外也有「紅利」的存在。讓我們從 2015 年開始起算（因為 50 正 2 是 2014 年底上市），計算到 2020 年為止，總共六年的時間。在這六年的期間，有兩年的時間產生多餘的「耗損」，分別是 2015 年的耗損負 3.98％和 2018 年的耗損負 0.5％。另外四年則產生更多的「正向紅利」，分別是：2016 年的紅利 5.28％、2017 年的紅利 3.54％、2019 年的紅利 3.83％和 2020 年的紅利 5.79％（請見 73 頁表格）。

　　為什麼 50 正 2 沒有因為耗損而減少報酬？原因在於，紅利遠大於耗損。

你可以把紅利當成是複利給予的甜蜜回報。在大多頭市場，槓桿型可以帶來更多的正向紅利。這就是 50 正 2 為什麼會有三倍以上報酬的原因。

金融海嘯時，美國槓桿型 ETF 的表現

但，有好就有壞。萬一遇到 2008 年金融海嘯等級的下跌，槓桿型又會如何呢？接下來我們看看下圖美國標普 500 指數（代號 SPY）的槓桿數據。50 正 2 是 2014 年才上市的，所以沒辦法給讀者看那段時期的表現。但我們可以從美國的市場，用標普 500 指數的兩倍槓桿 ETF（代號 SSO）來觀察。從 2007 年開始到 2021 年，兩者數據如下圖，SPY 報酬率 338.39％；SSO 報酬率 608.20％。

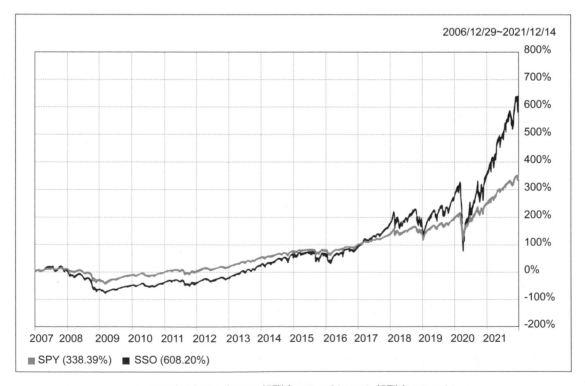

▲ 2007 年到 2021 年 SPY 報酬率 338.39％；SSO 報酬率 608.20％

從兩倍槓桿的要求來看，應該要給予 676.78％的報酬才對。為什麼「標普正 2」只有 608.20％？整整少了 68.58％的報酬率。讓我們來看 2007 年以來的「紅利／耗損」表現，你就會知道為什麼了。

耗損過大，導致報酬落後

大仁花了一些時間搜集資料，結果如下表。我們可以發現標普正 2 在 2007 到 2020 這十四年的時間，有十年的耗損，跟四年的紅利。其中最大的耗損發生在 2007 年跟 2020 年。這到底是怎麼回事？

下表中 2020 年的資料，標普 500 指數（SPY）繳出 18.33％的報酬。兩倍的標普正 2 呢？只有 21.54％（原本應該要有 36.66％）。報酬沒有兩倍，耗損還高達 15.12％。到底是怎麼回事，究竟為什麼會有這麼高的耗損？

	2007	2008	2009	2010	2011	2012	2013	2014	2015	2016	2017	2018	2019	2020
標普	5.15	-36.79	26.35	15.06	1.89	15.99	32.31	13.46	1.23	12	21.71	-4.57	31.22	18.33
兩倍漲跌	10.3	-73.58	52.7	30.12	3.78	31.98	64.62	26.92	2.46	24	43.42	-9.14	62.44	36.66
標普正 2	-2.83	-67.94	47.22	26.82	-2.93	31.03	70.47	25.53	-1.2	21.54	44.35	-14.6	63.45	21.54
紅利耗損	-7.47	5.64	-5.48	-3.3	-6.71	-0.95	5.85	-1.39	-3.66	-2.46	0.93	-5.46	1.01	-15.12

▲ 標普正 2 在 14 年間，有 10 年的耗損，跟 4 年的紅利

為什麼 2020 年耗損特別高？讓我們看到 2020 年標普正 2 的追蹤過程（見下頁圖）。在 2020 年 3 月 23 號標普來到最低點，負 30.32％；而標普正 2 來到最低點，負 55.33％。OK，這個表現沒問題。因為在連續下跌的情況，槓桿型本來就會跌少一些（原本應該跌 60.64％）。有問題的是接下來的表現，2020 年 6 月 8 號，標普從負 30.32％回到原點。照理說兩倍槓桿應該要跟著回升才對，結果標普正 2 卻還是負 8.88％。

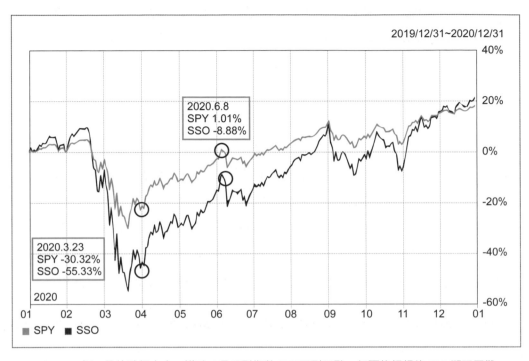

2019/12/31~2020/12/31

2020.6.8
SPY 1.01%
SSO -8.88%

2020.3.23
SPY -30.32%
SSO -55.33%

2020

■ SPY ■ SSO

▲ 2020 年 3 月的跌幅太大，導致 6 月原型指數 SPY 回到原點，但兩倍槓桿的 SSO 漲回困難

　　這是為什麼？答案其實很簡單，在投資過程中遇到較大的跌幅，即使有紅利，要反彈回來也有難度。下跌越深，漲回來越困難。要知道，下跌 50％以後想漲回來，不是只漲 50％，而是 100％才行。不信的話，讓我們算算看以下這個例子。假設你有 100 元，現在損失 50 元，剩下 50 元。請問這 50 元要達到多少的報酬率，才會變回 100 元？答案是 100％。

　　有興趣的讀者也可試著算算以下三個例子，會更清楚這個概念。例一：標普跌 30.32％，剩下 69.68％，要漲多少才能回到原點？計算公式：69.68×（1 ＋ 44％）＝ 100.33，答案是：44％。例二：標普正 2 跌 55.33％，剩下 44.77％，要漲多少才能回到原點？計算公式：44.67×（1 ＋ 124％）＝ 100.06，答案是：124％。例三：標普漲 44％回原點。標普正 2

得漲 124％才回原點。44％跟 124％的差距，就是大跌以後需要彌補的耗損（請複習 52 頁的下跌幅度圖表）。

讓我們再次看到上一頁 2020 年 6 月 8 號的資料。標普回到 1.01％，從低點大約漲了 45％。兩倍槓桿應該要漲 90％才對。這段期間標普正 2 表現不錯，漲了 105％左右。其實有多出 15％紅利（三月過後連續反彈，多出來的正向複利）。無奈的是，在三月份那次大跌傷得太重，跌到負 55％的程度。即使之後有紅利，也彌補不了之前大跌所造成的傷害。

這個結果告訴我們，在投資槓桿型 ETF 時一定得小心，避免遭受到不可挽回的傷害。因為跌 50％，要漲回來可是得 100％才行。這也是 2007 年及 2020 年，標普正 2 會有高耗損的原因。2007 年遇到金融海嘯，2020 年遇到病毒肺炎。兩者創下的大跌，都讓槓桿型想追回來更加困難，於是產生較高的耗損。

最後一樣來個重點整理：**一、當紅利大過耗損，就能創造出兩倍以上的報酬。二、標普正 2 因為遇到 2007 和 2020 這兩個年度的大跌，導致無法跟上兩倍報酬。三、跌幅越深，要漲回來就越困難（50％的跌幅，得漲 100％才能回原點）。四、比起反覆漲跌，大跌才是真正造成耗損的主因。**

所以不要說我只寫好的不寫壞的，這篇已將槓桿型 ETF 最致命的缺點告訴你了。崩盤的大跌，才是導致槓桿型 ETF 追蹤誤差的主要原因。欸欸欸，大仁這樣不對吧。你寫了那麼多篇槓桿型 ETF 的文章，最後還跟我說大跌會造成耗損，這樣我到底能不能投資啊？關於這個問題，讓我們看看真實數據吧。以標普 500 指數為例：耗損多不多？很多。追蹤有沒有兩倍？沒有。

但十五年來，標普正 2 繳出 608％的報酬率，你覺得很差嗎？同樣還

是那句話：「別只看到大跌的耗損，而忽略了上漲的紅利」。我知道很多人會擔心大跌帶來的傷害。如何面對大跌，可以參考 4-9 跟 4-10 談到的曝險控制，用曝險去控制風險。這裡先讓我們把 50 正 2 跟美國三大槓桿指數擺在一起看看，請見下表。

	2015	2016	2017	2018	2019	2020
50 正 2	-3.98	5.28	3.54	-0.5	3.83	5.79
標普正 2	-3.66	-2.46	0.93	-5.45	1.01	-15.12
道瓊正 2	-3.47	-1.15	3.4	-5.98	-2.08	-17.04
那指正 2	1.14	-4.03	5.02	-8.05	3.77	-8.34

▲ 50 正 2 跟美國三大槓桿指數的紅利與耗損比較

讀者有沒有發現，不管是標普正 2、道瓊正 2、那斯達克正 2，這三大指數都會產生許多年度耗損，唯有台灣的 50 正 2 表現異常突出，甚至在 2020 年還逆勢給了 5.79％的紅利。這到底是什麼原因呢？嗯，這就是我會認為即使有耗損，50 正 2 依然適合長期投資的關鍵。這跟台灣的「市場特性」有非常大的關係。關於這點，我會在本書 2-9 詳細說明。

1-12
你以為的台股高點，不是真正的高點：認識報酬指數

2021 年 12 月，台股來到了 18,000 點，身為投資者的你，是否想過在這麼高點還可以投資嗎？答案是，可以。不相信嗎？讓我們看看什麼是「台灣加權報酬指數」。看完之後，你應該會對台灣股市的表現更有信心。

報酬指數＝加權股價指數（台股大盤）＋現金配息

首先，我們先來看看什麼是「台股大盤」？投資者在講的台股或是台股大盤，通常指的是「台灣發行量加權股價指數」。這個指數代表所有台灣的上市公司，自民國 55 年（1966 年）開始計算，基期為 100。後面的漲跌都是依照 100 點這個平均數下去計算。2021 年 12 月 21 日的台股大盤點數為 17,789 點，若從 1966 年的基期 100 點起算，到 2021 年成長為 17,789 點。我們可以得出這 56 年之間，台股總共成長了 17,689％，平均年化報酬率約為 9.69％。如果你在 1966 年投資台股一塊錢，現在能得到 176 倍的報酬。你覺得這個報酬率很誇張嗎？不，這還不是台股的極限，讓我們看看真正的台股表現如何。

前面講的是台灣的「股價指數」，現在我們來談「報酬指數」。因為每年股市都會配發現金股利（除息），除息過後公司股價會下修，導致台股市值下降，大盤的點數就會跟著下降。以台積電為例，它的每一塊錢大約影響大盤 6 點。假設台積電除息 10 塊錢的現金股利，大盤就會下跌 60 點。

這就是除息對大盤帶來的影響。

當我們在談一支股票或 ETF 的報酬率時，肯定會將除息的報酬算進去對吧。算進除息的報酬，就叫做「含息」報酬，意指將股息算進去。這樣才能真正看清楚一間公司的報酬率如何。換到台股大盤也是相同的。台股大盤（所有上市公司）每年都會配發相當多的現金股利出去。當這些上市公司發出去的現金股利越多，台股市值就會下跌越多，大盤也會跟著跌。如果不將這些現金股利算進去，你根本看不到台股真正的表現。

加權指數＝不含息；報酬指數＝含配息

臺灣證交所為了讓投資者可以看到台股真正的報酬率，在 2003 年提供了「台灣發行量加權股價報酬指數」，簡稱「報酬指數」。意思就是將現金股利算進去，可以讓投資者看到「含息報酬」的台灣指數。加權指數目前將近 18,000 點，那麼報酬指數現在幾點呢？答案是 35,286 點（2021.12.21）。35,000 點，這才是台股真正的實力。補充一下，讀者可以從證交所的網站查到報酬指數的每日行情。

發行量加權股價報酬指數	
臺指槓桿及反向指數歷史資料	
發行量加權股價指數歷史資料	
未含金融電子股指數歷史資料	
小型股300指數歷史資料	
電子類指數及金融保險類指數	
電子類報酬指數及金融保險類報酬指數	
臺灣公司治理100指數歷史資料	
與FTSE合作編製指數	

日期	指數
110/12/10	35,312.81
110/12/13	35,196.71
110/12/14	34,863.46
110/12/15	34,983.75
110/12/16	35,279.33
110/12/17	35,332.58
110/12/20	35,048.03
110/12/21	35,286.39

▲ 台股報酬指數在 2021 年 12 月 21 號是 35,286 點。資料來源：證交所網站

為什麼報酬指數這麼高？你一定很好奇，為何台灣的報酬指數跟加權指數差那麼多？因為加權指數只算股價，不看除息，任何有一點投資知識

的人都知道計算報酬，除息是很重要的。那你知道台股大盤（所有上市公司）的平均殖利率是多少嗎？答案是 4.1%。

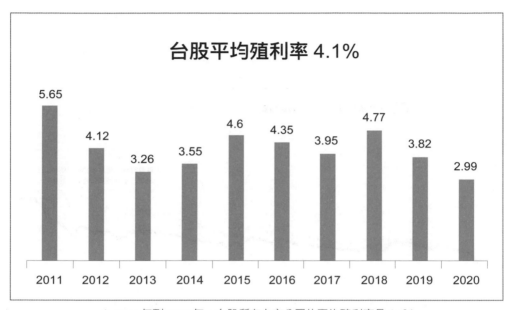

台股平均殖利率 4.1%

▲ 2011 年到 2020 年，台股所有上市公司的平均殖利率是 4.1%

　　如果你只看台灣的股價指數（如 18,000 點），那等於是沒看到台灣真正的實力。因為每年除息掉的 4% 左右現金股利，都會讓台股的大盤點數不斷蒸發。假設台股現在 18,000 點，今年除息 4%，等於有 720 點就這麼消失了。這些消失的點數，你在「加權指數」看不到。只有在「報酬指數」，你才能看到這些除息的影響。再來，讓我們看到下一頁圖中「加權」跟「報酬」兩個指數的差異。從 2009 年起算，基期為 100 點。加權指數的報酬率為 278.63%；報酬指數的報酬率為 501.94%。

　　我們可以看到「報酬指數」多了 223% 的報酬，就是將現金股利（含息）算進去的結果。為什麼「報酬指數」會高這麼多？因為台股本身就是一個高殖利率的市場。相較美國股市大約 1 到 2% 的股息，台灣則是高達兩倍的

3 到 4％。如果你看台股不看含息報酬，那根本就是看錯重點。

加權指數＝台股大盤（未計入因除息蒸發的點數）；報酬指數＝台股大盤
＋除息點數

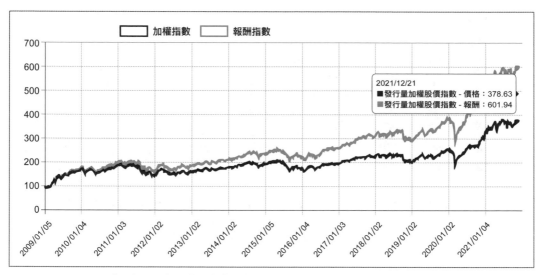

▲ 2009 年到 2021 年，台股加權指數的報酬率為 278.63％；報酬指數為 501.94％

　　其實台股真正的報酬率非常可怕，前面提到，如果從 1966 年起算到 2021 年，台股的總報酬率為 17,689％。平均年化報酬率為 9.69％。但你以為這就是台股的真正報酬嗎？不對，如果是算報酬指數的話，台股的總報酬率會變成 35,186％。在 1966 年投資一塊錢，現在變成 352 塊，三百倍的回報。

　　但這還不是台股的極限，更可怕的在後面。幫你複習一下，報酬指數是從 2003 年才開始起算。這代表什麼意思？代表你現在看到的報酬指數 35,286 點，這個點數是從 2003 年才開始計算含息。也就是說，從 1966 年到 2002 年，這 37 年來的股息是沒有計算進去的。因此，你現在看到的「報

酬指數」，也不是台灣真正的股市回報。

1966 年到 2021 年，台股的長期績效是千倍

那麼，真正的台股點數應該是多少呢？參考〈台灣股票市場的長期績效（2010）〉（*The Long-Term Performance of the Taiwan Stock Market*）這篇論文的資料。在 2009 年底的時候，台灣的報酬指數早就突破 3 萬點，來到 31,790 點了。從 1967 年 1 月開始對原股價指數進行現金股利再投資的調整。實證結果發現 2009 年 12 月的股價指數由 8,188.11 點，調整為 31,790.34 點。若將 2010 年至 2021 年的報酬率算進去，這段時間成長 235.97%。也就是說，2009 年底的台股報酬指數若為 31,790.34 點，此刻（2021.12.21）台股的報酬指數應該是 106,806 點。嗯……你沒看錯，10 萬 6 千點。

台股從 1966 年最初的 100 點，成長到 2021 年，這 56 年的期間，總報酬率約為 106,702％，平均年化報酬率約為 13.26%。意即，你在 1966 年投資台股 1 塊錢，將所有含息報酬算入，在 2021 年你會得到 1,068 塊。千倍回報，這才是台股真正的「長期績效」。

最後做一下重點整理：**一、台股大盤是指「加權指數」，加權指數會扣除除息點數。二、台股真正的表現要看「報酬指數」，報酬指數才會計算每年的除息報酬。三　台股每年平均殖利率約 4%，要看含息報酬，才會知道台股真正的報酬。四、含息報酬是從 2003 年才開始計算。五、若從 1966 年起算，台股目前真正的點數應該是 106,806 點。**

TIPS

台股從 1966 年到 2021 年這 56 年的期間，平均年化報酬率約為 13.26％。

如果你過去看台股是用「加權指數」來看，現在應該知道那是不精準

的指數，你應該使用的是「報酬指數」，將配息算進去，才是真正的台股報酬。在計算每年度報酬率的時候，你一定得拿報酬指數來比較，才知道大盤真正的回報。當你看到一個投資者說他打敗大盤的時候，記得問他是看「加權指數」，還是「報酬指數」。

再來，很多人看衰台灣的表現，認為 1990 年台股創下 12682 點，直到 2020 年才突破。但這是錯誤的，真正的台股早在 2009 年就突破 3 萬點了。若計算至今，實際點數更是突破 10 萬 6 千點。

▲ 算進現金股利的台股報酬指數，已經突破 10 萬點（2021 年 12 月）

每次看到有人說台股現在（2021 年底）18,000 點了，你怎麼還敢投資？我的心裡就想，為什麼不敢？在本書一開頭就說了，我實際放了 100 萬台幣來實測。你看到的是 18,000 點的價格（沒含息），我看到的是 10 萬 6 千千點的報酬（含息）。面對這麼強勁的股市表現，我有什麼好害怕的呢？如果以後有人說台股 18,000 點是高點，你就可以跟他說：「如果算進去現金股利（含息），台股早就破 10 萬點了。」

1-13
搞懂期貨的正價差與逆價差

想要投資槓桿型 ETF（50 正 2），讀者一定得先了解台股期貨的「價差」是怎麼算的。我已經在 1-2 解釋過了期貨的原理。現在讓我們來了解，期貨的「價差」是什麼。

想投資 50 正 2，得知道「期貨價差」

「現貨」就是指現在的價格。例如玉米一公斤 100 元，你現在買的價格就是 100 元，沒有價差存在。但期貨是一種對「未來」的契約。在交易的過程中，可能會因為雙方對於未來的認知不同，而有不同的交易價格。這中間的變化，就叫做「價差」。看不懂沒關係，用下面這個簡單的故事說明你就懂。

你是農夫，小明跟小美想跟你預訂一個月後的玉米（期貨）。小明說：「現在玉米 100 元，但之後可能漲價，我下個月用 110 元的價格跟你買吧。」認為玉米會漲，所以願意出比 100 元更高的價格，這就叫做「正價差」。

小美說：「現在玉米 100 元，但之後可能跌價，我下個月用 90 元的價格跟你買吧。」認為玉米會跌，所以只願意出比 100 更低的價格，這就叫做「逆價差」。預期股市未來表現好，你就會出更多錢去交易，多出的錢就叫做「正價差」（看好→多出錢→形成正價差）。預期股市未來表現差，你就會出更少錢去交易，少出的錢就叫做「逆價差」（看壞→少出錢→形成逆價差）。

遠月 > 近月＝正價差；遠月 < 近月＝逆價差

再來，我們把這點換到期貨來看。現在這個月份就叫做「近月合約」，後面的月份就叫做「遠月合約」。如果你想長期持有期貨，就得把近月合約賣掉，買進遠月合約，這個行為叫做「轉倉」。近月合約跟遠月合約之間會產生「價差」。舉例來說，近月價格為 1,000 點；遠月價格為 1,100 點。你就得將手上 1,000 點的近月合約賣掉，然後用 1,100 點買遠月合約。你多花了 100 點買入，這個價差就叫做正價差。

相反的，當遠月價格為 900 點。你就得將手上 1000 點的近月合約賣出，然後用 900 點買遠月合約。你少花了 100 點買入，這個價差就叫做逆價差。「遠月＞近月」＝正價差；「遠月＜近月」＝逆價差。

正常來說，期貨的近月跟遠月價格不會相差太多。但台灣股市是一個很特別的市場，殖利率非常高，近十年的平均殖利率為 4.1 ％（請參考 83 頁的圖表）。在上一篇我們已經提過，台股真正的報酬應該要看「報酬指數」。因為台灣每年除息平均 4.1 ％的現金股利，這些發出去的股息都會使上市公司的股價下修。股價下修，台股大盤也會跟著下修。比方說台股 18,000 點，若除息 5 ％，等於有 900 點的點數會蒸發不見。這些蒸發的點數，要從「報酬指數」才能看到。

那讀者可能想問，這跟期貨的「價差」有什麼關係呢？有的。因為期貨是對未來的契約，像「除息」這種會影響到大盤點數下修的情形，交易雙方會預先評估進去。

期貨會預先扣掉除息點數，造成逆價差

除息會影響到大盤點數，因此期貨會預先將除息的影響給扣除。打個比方，假設目前期貨價格是 18,000 點。下個月台積電除息，大盤會蒸發 100 點，剩下 17,900 點。如果我是期貨買家用 18,000 點去跟你買，不就吃

虧了嗎？因此期貨會預先把「除息造成的影響」給扣除。看除息會影響多少的點數，先行扣掉。

　　當期貨交易把「除息」的點數給預先扣除，就可能造成「逆價差」的情形。例如，大盤現在 18,000 點，下個月除息 5%，預計蒸發 900 點。期貨就會將這 900 點扣除，用 17,100 點去交易遠月合約。這時就會變成：近月合約 18,000 點—遠月合約 17,100 點＝ 900 點。這 900 點就是除息造成的「逆價差」。持有「近月期貨」轉倉「遠月期貨」的人會取得這些價差點數。前面提到，台股是殖利率非常高的市場。代表台灣每年都會因為除息蒸發很多點數，而這些蒸發的點數又會進一步在期貨市場變成逆價差。

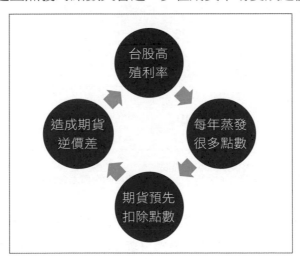

▲ 台股期貨長期處於逆價差的原理

因為高殖利率，台股長年處於「逆價差」

　　台股因為除息點數蒸發太多，導致長期逆價差。但到底逆價差的影響有多大呢？大仁花了點時間整理，從 2015 年到 2021 年這七年的時間，臺股期貨的價差行情（見下頁表）：藍色代表「逆價差」；黑色代表「正價差」。你會發現，絕大部分的時間都是處於「逆價差」。另外，大多數公司除息

是在 6 月跟 7 月，這兩個月的逆價差會比平時更高。七年的時間，台股期貨總共創造出高達 4,644 點的逆價差！而持續看多，持續轉倉持有台股期貨的人，就可以吸收到這些逆價差的點數。

月份	2015	2016	2017	2018	2019	2020	2021
1 月	10	-52	-25	-32	-16	-2	-62
2 月	2	-31	-7	-35	-13	-9	-47
3 月	22	-43	-5	-31	-34	-260	-40
4 月	20	-61	-20	-13	-10	-118	-93
5 月	12	-50	-16	-3	0	-41	-90
6 月	-146	-188	-190	-217	-208	-170	-99
7 月	-150	-112	-124	-125	-160	-150	-182
8 月	-32	-100	-26	-50	-31	-46	-82
9 月	-38	-65	4	-7	-53	-69	-60
10 月	-21	-30	-5	-55	-16	-41	-5
11 月	-24	-27	-34	-25	-9	-51	4
12 月	-27	5	10	-19	-30	-125	-50
合計	-372	-754	-438	-612	-580	-1082	-806

▲ 2015 年到 2021 年，這七年中絕大部分的時間，台股都是處於逆價差（平均每年逆價差點數為 663 點）。大多數公司除息是在 6 月跟 7 月，這兩個月的逆價差會比平時更高

最後做一下重點整理：**一、價差計算公式：近月期貨－遠月期貨＝價差。二、正價差＝多數人認為接下來會漲（看多）。三、逆價差＝多數人認為接下來會跌（看空）。四、台股的高殖利率，導致大盤每年蒸發很多點數，讓期貨長期處於「逆價差」。五、長期持有台股期貨的人，可以吸收到每年的逆價差點數。**

TIPS
2015 年到 2021 年，台股期貨總共創造出高達 4644 點的逆價差。持續看多，持續轉倉持有台股期貨的人，就可以吸收到這些逆價差的點數。

　　這篇先簡單介紹什麼是期貨價差，以及台股長期處在「逆價差」的情形。你可能很疑惑，大仁沒事介紹期貨的逆價差幹麼？我會寫，當然就是重點。知道台股期貨存在逆價差，是理解槓桿 ETF 非常重要的一件事情。你一定得先了解什麼是正價差和逆價差，才能看懂接下來我要講的重點。下一篇，我們將進入槓桿投資法的重點，即「逆價差，會對 50 正 2 帶來多大的影響？」這個影響，就是我認為 50 正 2 可以長期投資的最主要原因！

1-14
長期持有台股期貨，每年可吸收 4%配息！

上一篇介紹了期貨的正價差與逆價差，接下來，我會詳細介紹為什麼長期持有台股期貨，每年可以吸收到 4%的除息！溫馨提醒：本篇觀念非常重要但稍微有點複雜，建議找個時間靜下心來閱讀，一定要看懂喔。

台股期貨，長期處在逆價差

複習一下，期貨每個月會需要結算，如果你想繼續持有手中的期貨部位，你就得轉倉。將手上的近月契約（這個月）轉為遠月契約（下個月）。在近月跟遠月轉換之間，可能會出現價差。遠月的價格低，叫做逆價差；遠月的價格高，叫做正價差。若用圖表整理過去七年的資料，你會發現台股期貨長期處在逆價差的狀態。平均每年的逆價差點數為 663 點（複習 90 頁圖）。

逆價差，就是台股期貨因為「除息」預先扣除掉的點數。這些點數不會顯示在大盤，只有在「報酬指數」才能看到。看到這邊你可能還是不太清楚，以下大仁就用詳細解釋，帶著讀者一步一步看懂期貨是如何參與除息的（請對照 94 頁的圖觀看）。

除息流程

首先，現貨（也就是大盤指數）跟期貨基本上是一致的，兩者點數不會脫離太多。以 2022 年 1 月 11 號來說，市加權指數（現貨）為 18,196，

台指近指數（期貨）為 18,190，兩者幾乎相同。但這是正常情況，如果有「除息」，那就不一樣了。下面大仁將會完整說明，期貨是如何參與除息的。有看不懂的地方建議放慢速度，看懂之後再往下走。就讓我們開始吧！

1. **現貨跟期貨點數幾乎相同。**在期貨轉倉前（近月轉遠月），現貨跟期貨點數會是相同的，兩者處於相同的位置。

2. **假設下個月除息，點數會下降，**現貨要到下個月正式除息後，才會扣掉除息點數。但期貨是對未來的契約，下個月的除息，這個月就會先扣除。而這些預先扣除的除息點數，會導致逆價差。造成期貨價格，低於現貨價格。例如 2020 年 6 月 18 號這天就是期貨的轉倉日隔天：現貨 11,531 點、期貨 11,385 點。兩者相差 146 點。這些相差的點數，就是期貨預先扣掉的逆價差點數。假設下個月大盤會除息，蒸發 146 點。期貨會在這個月就先將 146 點扣掉，就會變成前面「期貨遠低於大盤」的情況。

3. **等現貨來到除息的那天，因為除息蒸發點數，所以大盤會往下掉，重新回到跟期貨差不多的位置。**簡單來說，期貨先扣除點數，先往下掉（變成逆價差）。等到大盤除息後，也會跟著往下掉。兩者就會重新回到相同的點數。只要有上市公司除息，必然會蒸發點數。差別只是期貨先扣除，大盤後扣除而已。

4. **如果現貨跟期貨一起漲回來，就會完成填息。**假設現貨跟期貨都是 10,000 點。因為除息 5％，需要扣除 500 點。在除息過後，兩者都會處在 9,500 點的位置（10,000 － 500）。如果兩者同時從 9,500 點，漲回 10,000 點，那就等同「填息成功」。補充一下，股息只是左手換右手，股價得漲回來才是真的賺到股息。

5. **如果大盤跟期貨順利漲回來，就等於完成填息。**兩者重新回到相同的位置，等待下一次的除息到來，一直輪迴。這就是期貨如何利用逆價差，取得除息點數的原理。

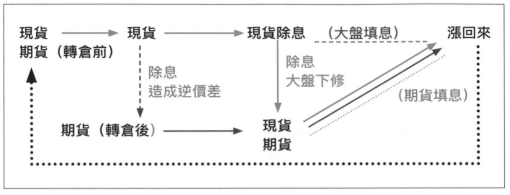

▲ 期貨利用逆價差，取得除息點數

台股期貨過去十年，平均每年吸收 4% 配息

前面已經提過，台灣股市是個殖利率非常高的市場，過去十年平均高達 4.1%。持有台股期貨的人，只要一直轉倉持有期貨，就能完整吸收到這些逆價差點數。所以期貨並非不會配息，而是配息隱含在價差點數。越多的價差，代表持有期貨的人吸收到越多的點數。換句話說，就是賺到越多錢。讓我們重新再看本書 90 頁那張逆價差點數表格，相信你會有不一樣的感受。此圖顯示 7 年來合計有 4,644 點的逆價差。如果你在過去七年完整持有台股期貨，這些點數就是你能夠賺到的。過去十年，台股期貨每年可以吸收到台股 4.1% 的除息！

當然，這一切都要建立在台股有填息的前題。如果配息完沒有填息（漲回來），那一切都是白搭。那要如何計算是否有填息成功呢？下面這張表格，是大仁花了點時間，整理過去十年的大盤跟報酬點數。其中，「差距」這個欄位的數字，就是大盤跟報酬指數的差異。這些差異就是因為除息所蒸發的報酬。再來，我們只要用「差距」去比對「台股殖利率」，就能知道是否填息成功。

我們可以看到下圖顯示，台股只有在 2011、2015、2018 這三個年度沒有完成填息。其他時間幾乎都是填息成功。而 2015、2018 兩年即使沒有填息，也非常接近了。從這點來看，台股是填息率非常高的市場。因此，持有期貨，有很高的機率可以完整吸收到台股上市公司的除息獲利。

年份	2011	2012	2013	2014	2015	2016	2017	2018	2019	2020
台股大盤	-19.24%	8.87%	11.84%	8.07%	-10.41%	10.97%	15.01%	-8.6%	23.33%	22.8%
報酬指數	-17.97%	12.94%	15.14%	11.38%	-6.87%	15.58%	19.52%	-4.82%	28.91%	27.12%
差距	1.27%	4.07%	3.29%	3.31%	3.54%	4.61%	4.51%	3.78%	5.58%	4.32%
殖利率	5.65%	4.12%	3.26%	3.55%	4.6%	4.35%	3.95%	4.77%	3.82%	2.99%
填息	×	△	○	△	×	○	○	×	○	○

▲ 過去十年的台股大盤跟報酬點數的差距，與是否填息成功

最後，一樣為讀者做個重點複習：**一、在期貨轉倉前，現貨跟期貨幾乎點數相同。二、遇到除息，期貨會預先扣掉除息的影響，變成逆價差。三、逆價差時，期貨會比現貨點數低。四、等到現貨除息，點數下降，現貨就會回到跟期貨同樣的位置。五、兩者漲回原本的點數，就代表填息成功。六、填息完成，期貨順利賺到逆價差點數。七、回到步驟一，再來一次。**

還不清楚的讀者建議多看幾次，這篇稍微有點複雜，但只要慢慢看應該還是能夠搞懂。希望你已經明白，期貨是如何取得逆價差點數來參與配息。看到這邊，讀者可能覺得奇怪，這跟 50 正 2 有什麼關係？關係可大了！下一篇文章是重中之重，看完你就會知道，為什麼 50 正 2 在台灣股市的優勢特別強大。

1-15
槓桿 ETF 沒配息？錯，每年 8% 隱含殖利率

「槓桿 ETF 沒有配息，所以不適合投資。」你可能看過這個論點，但這個說法是錯誤的！誰說 50 正 2 沒有配息？本篇將揭開 50 正 2 適合長期投資的主要關鍵。看完讀者就會明白，50 正 2 每年隱含的配息居然超過 8%！這篇非常非常重要，建議你放慢速度，慢慢閱讀。

因期貨吸收逆價差，50 正 2 每年隱含殖利率超過 8%！

根據 50 正 2 的公開說明書資料：「收益會併入基金淨值，不會分配。」所以嚴格來說，50 正 2 沒有配息。BUT，最重要的 BUT 來了！為什麼大仁要寫前面那兩篇文章，花那麼大的篇幅在解釋「期貨的逆價差」以及「期貨如何吸收到除息」呢？原因很簡單，因為 50 正 2 主要持有的就是「台股期貨」。200％曝險全部都是期貨，沒有持有任何現貨股票。這代表什麼？代表你得用期貨的角度來看 50 正 2，期貨能得到的好處，它都能得到。換句話說，50 正 2 可以吸收到台股期貨的逆價差！而且是兩倍價差！

讓我們再次來看下圖 50 正 2 的公開說明書，有三個重點：一、50 正 2 是以期貨做為曝險。二、期貨會預先扣掉除息，產生價差變動（也就是逆價差）。三、價差的變動，會擴大影響 50 正 2 的報酬。

> （2）本基金將輔以期貨交易建構曝險部位，而期貨將視市場對指數或個股息值之預期而產生價差變動，故當除息旺季期間，期貨價差變動率可能擴大而影響本基金追蹤標的指數單日正向2倍報酬之效果，故於台股除息旺季期間，本基金單日報酬偏離投資目標之機率可能增加。

▲ 50 正 2 的公開說明書

　　簡單來說，因為 50 正 2 持有期貨，而期貨遇到除息時會預先扣掉除息的點數，造成逆價差。這些價差的點數，將全部灌進 50 正 2 的基金淨值。這代表什麼？如果台股期貨每年平均吸收到 4% 的除息，那麼持有兩倍槓桿的 50 正 2，每年就可以吸收到兩倍，也就是殖利率高達 8%（請注意，過去數據僅供參考，歷史不代表未來）！所以，50 正 2 並不是沒有配息，而是配息本身會直接灌進基金淨值。台股期貨能吸收多少除息，50 正 2 就能吸收兩倍！

實際案例分析

　　看到這邊你可能還是不相信，大仁就用實際數字證明給你看。台股期貨在下面兩個日期的點數幾乎相同：2017 年 7 月 5 號 10,301 點和 2020 年 4 月 16 號 10,302 點。50 正 2 主要持有台股期貨，按走勢來看，這段時間（2017.7.5 ～ 2020.4.16）的報酬應該為零。從 2017 年到 2020 年，期貨都停留在 10,300 點附近。如果你單純看期貨，會覺得 50 正 2 完蛋了，怎麼三年的時間報酬是零。不過，事情沒這麼簡單。

　　如果讓我們看 50 正 2 同樣時間的表現，你會感到驚訝。2017 年 7 月 5 號，50 正 2 的價格 32.77；2020 年 4 月 16 號，50 正 2 的價格 39.76。期貨停留在原地三年，而 50 正 2 卻慢慢上漲了 21.33%。

這是怎麼回事？前面提到，期貨本身會吸收逆價差，每年大約可以吸收到 4％的除息。而 50 正 2 持有兩倍的期貨曝險，等於每年大約可以吸收到 8％的除息。這也是為什麼期貨從 2017 年 7 月 5 號到 2020 年 4 月 16 號停在 10,300 點，而 50 正 2 卻上漲了 21.33％的原因。依照每年 8％除息來計算，三年應該會增加 24％。但因為 2020 年還沒計算到 6 月到 7 月的除息旺季，如果再算進去應該就符合 24％了。

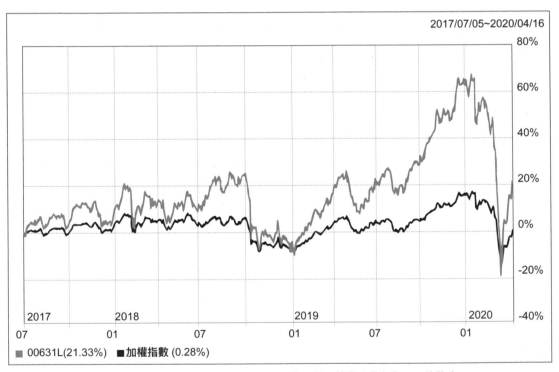

▲ 期貨沒漲，但 50 正 2 卻漲 21.33％的原因，就是吸收每年 8％ 的除息

50 正 2 透過除息，增加淨值

從 50 正 2 上市以來計算至今（2022 年 1 月 12 號），共給出 637％的報酬。而 0050 的 190％報酬雖然亮眼，但相較之下仍遜色許多。為什麼大

仁要花那麼多時間講逆價差和期貨吸收除息？因為這就是槓桿型 ETF（50 正 2）為什麼可以贏過 0050 兩倍報酬，超越三倍以上的主要原因之一。雖然 50 正 2 本身沒有配息的機制，但透過持有期貨能吸收到台灣所有上市公司的除息點數。再藉由逆價差的填息，將這些點數完整吸收成為報酬。

　　前面提到，台股是殖利率相當高的市場。如果台股期貨每年吸收 4%，兩倍期貨的槓桿 ETF 就是吸收 8%。這是非常可怕的數字（看到這邊你應該要興奮到跳起來才對）。如果你還不知道這有多可怕，讓我算給你看。台股期貨現在是 18,424 點（2022.01.12），若到 2031 年還是維持在 18,424 點。九年的時間，雖然沒有成長，但請記得，台灣的上市公司每年還是會配發股息出來。

　　以台股期貨每年除息 4% 計算，兩倍期貨就是 8%。讓我們用「72 法則」簡單計算一下：每年填息成功增加 8% 淨值，只要 9 年就能夠變兩倍（72÷8 ＝ 9）。也就是說，假設未來台股完全沒有成長（期貨長期維持在 18,424 點，這九年維持每年 4% 左右的除息，且都填息成功）。在 2031 年，50 正 2 有可能來到目前價格的兩倍以上（溫馨提醒：以上僅是舉例推算，不代表投資建議與保證獲利。關於更多「72 法則」，請見本書 2-12）。

　　最後幫讀者做個重點整理：**一、50 正 2 本身沒有配息。二、但因為持有期貨，所以可以透過期貨吸收到配息。三、期貨吸收多少配息，50 正 2 就能吸收兩倍。四、若台灣股市長年處於相同點數不動，50 正 2 依然可以每年吸收到配息。五、依照過去數據，50 正 2 每年因為除息而增加的淨值，約為 8%。六、按 72 法則，每年增加 8% 淨值，九年後股價將會翻成兩倍（以每年填息為前提）。**

　　好了，恭喜你看到這邊。我建議你回過頭，重新再看一次，完整吸收

這個概念。如果你真的看懂，現在應該會感到頭皮發麻吧。這系列文章所談論的東西，你在投資界的主流資訊上不容易看到。因為槓桿型 ETF 在台灣被過度妖魔化了。只要講到槓桿兩個字，大家就下意識排斥，認為是不好的。但槓桿只是個工具，就跟菜刀一樣。你可以拿菜刀來殺人，也可以拿菜刀來做菜，就看使用者如何使用而已。

談到槓桿型 ETF，很多投資人會跟你說不能長期持有，會有耗損（複習 1-7）。但如果真的是這樣，50 正 2 在這七年的時間，繳出 0050 三倍以上報酬是如何辦到的？ 50 正 2 會繳出這樣的超級報酬肯定是有原因的，我們應該要做的是把這個原因找出來。至於是否適合自己，再另外去判斷，這才是能避開思維盲點的方式。大仁花了很多時間研究資料，寫了超過 30 萬字，目的就是希望能讓更多人理解槓桿型 ETF，它並沒有你想像得那麼糟糕。它可以是你的投資組合之一，可以做為資產配置的一環。

1-16
0050 為何會輸 50 正 2 ？淺談台股的超額報酬

　　這一篇的標題下得有點聳動，但我們回頭看看績效，0050 確實是輸給 50 正 2。而且輸的可不是一點點，而是非常巨大的差異（見本書 58 頁圖）。為什麼會這樣？這就是本篇文章要討論的。50 正 2 會贏，是因為它具有 0050 所沒有的「超額報酬」，現在就來談談「台灣股市的超額報酬」。

持有期貨，其實是 50 正 2 的優勢

　　很多人認為 50 正 2 的缺點是持有期貨，不像 0050 直接買現貨股票。但大仁要告訴你，這是錯誤的。因為在台灣市場，你持有期貨做多，比現貨帶來的優勢更大。複習一下，台股期貨最強大的優勢有兩點：一、每年台股除息的逆價差點數（約 4%）。二、每年期貨隱含的逆價差點數（約 1%）。請看下頁上圖，藍色部分是期貨的「超額報酬」。

　　你會發現，持有台股期貨除了可以吸收到除息，還能吸收到多餘的隱含點數（0% 線條以上）。尤其是藍色的部分，這一塊就是超越大盤拿到的超額報酬。假設，你持有一個全市場的指數 ETF，把台灣所有上市公司都買下來。你最多也只是處在 0% 那條線。但 0% 以上的藍色區塊，就是你拿不到的超額報酬。

近月期貨持有一週的超額報酬

■ 超額報酬（期貨指數減掉報酬指數）

資料來源：臺灣指數公司

▲ 持有台股期貨吸收到的超額報酬。0% 以上代表多賺到的逆價差；0% 以下代表正價差（損失的）

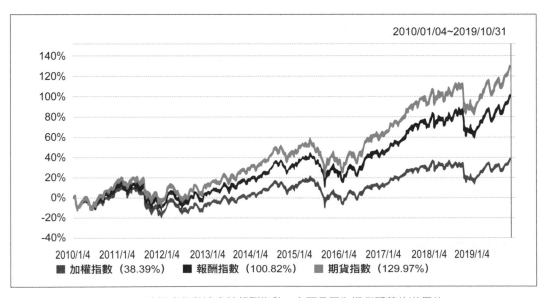

2010/01/04~2019/10/31

■ 加權指數（38.39%）　■ 報酬指數（100.82%）　■ 期貨指數（129.97%）

▲ 台股的期貨指數遠高於報酬指數，主要是因為期貨隱藏的逆價差

用左頁下圖的走勢圖來看會更清楚，加權指數（灰色）顯示台股大盤報酬 38.39％；報酬指數（黑色）顯示台股大盤含息報酬 100.82％；期貨指數（藍色）顯示臺股期貨報酬 129.97％。從走勢圖可以明顯看到，期貨指數的 129.97％，遠高於報酬指數的 100.82％，為什麼會這樣？主要是前面提到的「隱含逆價差」。依照年均報酬率來看：報酬指數 7.35％；期貨指數 8.84％。這中間差異的 1.49％，就是期貨隱含的價差。也是持有期貨做多的人，可以從中獲取到的超額報酬。

你不要小看這 1.49％，覺得好像沒什麼，但光 10 年的差距，就讓報酬指數跟期貨指數相差 29.15％了。如果條件不變，拉長為 30 年會怎樣？報酬指數：$100×（1＋7.35％）^{30}＝839％$。期貨指數：$100×（1＋8.84％）^{30}＝1,269％$。

兩者的差距會擴大成 430％。這就是複利真正可怕的地方，只要多那一點點的超額報酬，就會將兩者之間的差距徹底拉開。現在，你還覺得 50 正2 持有期貨很糟糕嗎？

0050 風險集中於大型股

讓我們看看下頁的上圖，為同一時間 0050 的表現。報酬指數為 100.82％，0050 為 116.83％。咦，這是怎麼回事？為什麼 0050 可以超越報酬指數16％？答案其實很簡單，因為 0050 代表台灣市值前五十大的上市公司。在台股整體市值的佔比是 7 成左右。換句話說，0050 是代表台灣大型股的指數 ETF。會贏報酬指數，單純只是因為這段期間大型股的表現比中小型股來得更好。看看下頁的下圖，答案呼之欲出。大型股的 50 指數報酬123.96％；中型股的 100 指數報酬只有 66.59％。這邊還沒有計算其他的小型股。

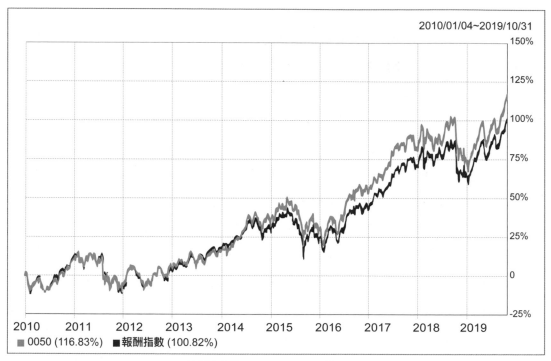

2010/01/04~2019/10/31

■ 0050 (116.83%)　■ 報酬指數 (100.82%)

▲ 報酬指數為 100.82%，0050 為 116.83%

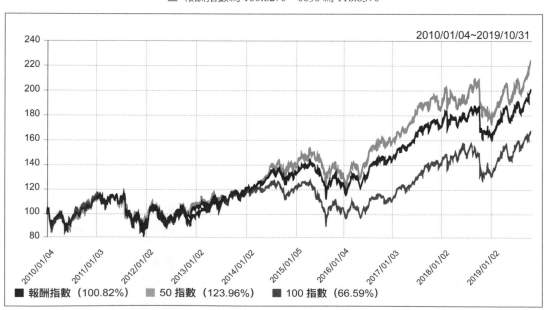

2010/01/04~2019/10/31

■ 報酬指數（100.82%）　■ 50 指數（123.96%）　■ 100 指數（66.59%）

▲ 在同樣的一段時間裡，當大型股表現比中小型股來得更好時，50 指數就會贏報酬指數

　　換句話說，報酬指數因為涵蓋所有上市公司，所以必須概括承受大中小型股上市公司的整體回報。而 0050 集中於前五十大公司，不必理會中小型股的報酬。這一點有好有壞。好處是，大型股表現更好，0050 就能取得超越報酬指數的回報。壞處是，大型股表現糟糕，中小型股表現好，0050 就會落後大盤。下圖的 2021 年就是個很明顯的例子。報酬指數為 27.06％；50 指數為 22.42％；100 指數為 44.40％。這年航運、鋼鐵等其他中小型股發威，而台積電等大型股熄火，導致 50 指數落後於報酬指數。

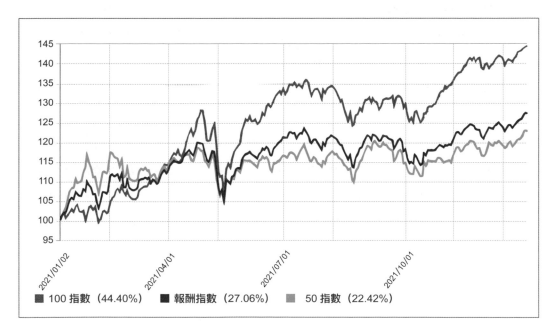

　▲ 2021 年中小型股發威，大型股熄火。導致 50 指數（前 50 大公司）落後於報酬指數

　　然而，0050 在 2010 年～ 2019 年這段期間可以超越報酬指數的原因，正是因為它將風險集中於大型股換來的。這跟期貨取得的超額報酬不同，0050 本身沒有超額報酬。只是單純將曝險放在大型股，剛好大型股表現更

佳，拿到大型股的報酬而已。未來若大型股表現不好，中小型股發威，結果可能又會翻轉（例如 2021 年）。這也是大仁將在 2-1 提到的：如果你真的想投資台股市場，50 正 2 反而是更全面的選擇。

0050 內扣成本和除息也會拖累報酬

前面提到，若依照 50 指數來看，應該是取得 123.96％的報酬。但為什麼 0050 才拿到 116.83％而已，中間的 7.13％跑哪裡去了？答案很簡單，因為 0050 本身也有內扣成本存在，長年來大約是 0.43％左右。0050 這十年的年均報酬率約 8.05％，若將 0.43％的內扣成本加進去，年均報酬率變成 8.48％。就跟 50 指數的年均報酬約 8.39％很貼近了。因此，長期投資的時候還是得注意一下內扣費用的成本。當成本太高的時候，確實會影響到追蹤的績效。

另外，0050 本身是買入現貨股票，每年都會發放股息。但每間公司發放股息的時間點不同，所以 0050 會存有部分現金不投資股票，準備在未來發送股息的。流程是這樣：上市公司發放股息→ 0050 收到股息→ 0050 發放股息→你最後收到。這中間會有兩次的交易（公司發給 0050，然後 0050 再給你），而每一次都會有拖延的時間。實際除息的時間，跟你拿到配息的時間，中間是有誤差的。這些誤差也會為整體淨值帶來些許的拖累，讓追蹤誤差擴大。50 正 2 反而沒有這個問題。因為配息在每個月期貨轉倉時，就透過逆價差吸收了，不會像 0050 有發送配息的拖延時間。

還有另外一個重點，50 正 2 不需要支付「股利所得」。如果你是高收入的族群，被扣「股利所得」稅金可是很痛的。50 正 2 就可以避免掉這個問題，股息直接算入基金淨值，不必支付稅金。因此，你會發現買 50 正 2 的股民都比較有錢。

	市值	股東人數	平均金額
0056	940 億	58 萬	14 萬
0050	1190 億	56 萬	21 萬
50 正 2	20 億	3165	61 萬

▲ 散戶持有 ETF 的平均市值，50 正 2 最高（2022.6.2 數據，散戶持股）

投資全台灣，你應該利用期貨

　　根據前面的討論，你會發現使用 0050 投資台灣的風險，就是過度集中於前五十大公司。0050 集中的大型股，可能在某些時間表現好，也可能在某些時間表現差。但目前台灣又沒有真正全市場（包含上市及上櫃公司）的指數型 ETF。那該怎麼辦呢？若要投資台灣整體市場，你目前有兩種選擇：1. 做多期貨，用一倍槓桿無限轉倉。2. 槓桿 ETF（50 正 2），用 50％的資金曝險。上面兩者都是可以利用期貨來做到 100％曝險的工具。大仁建議你以槓桿 ETF 為主，個人投資期貨可能會出現許多財務行為的誤差，我在本書 2-3 和 2-4 會再詳細講解。

　　另外，不管你是用期貨還是槓桿 ETF，都可以直接或間接吸收到期貨指數的超額報酬。看到下頁圖，你會發現報酬指數（灰色）跟 0050 指數（黑色）很貼近。但兩者都落後期貨指數（藍色）。這就是臺指期貨的超額優勢，這是你投資 0050 吸收不到的報酬。（作者註：觀察過去台股歷史，期貨長年擁有隱含逆價差，因此帶來豐厚的超額報酬。不過，逆價差有多種形成的原因。未來是否會存在也不一定，建議別將此視為保證獲利，更不要以為會永遠存在。）

最後重點整理一下：一、**持有期貨，可以吸收到隱含的超額逆價差點數**。二、0050 風險集中於大型股，沒有超額報酬存在。三、0050 集中在大型股，可能帶來超越市場，或落後市場的表現。四、0050 除息會拖累報酬，50 正 2 除息算入淨值，不用繳交股利稅金。五、依照目前的選擇，要**投資台灣最全面的標的就是 50 正 2（或是其他台股兩倍槓桿 ETF）**。

好了，看到這邊，你應該知道為什麼大仁會這麼下標題了。0050 輸給50 正 2，其實是很正常的。因為 50 正 2 持有期貨，間接吸收到期貨的超額報酬，而且還是兩倍的超額報酬。你說，50 正 2 要怎麼輸？當 50 正 2 持有期貨無限轉倉的時候，比賽就已經結束了。

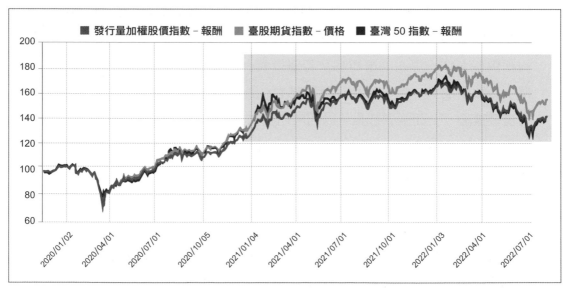

▲ 色塊區是臺股期貨和槓桿 ETF 擁有的超額優勢（長年逆價差），是 0050 吸收不到的

在未來，因為複利的關係，兩者之間的差距只會越拉越開。當然，未來肯定會有 2008 年金融海嘯等級的崩盤影響，讓兩者距離拉近。不過，長期來看（這邊講的長期是 10 年以上），50 正 2 會贏 0050 是機率很高的事情。

1-17
50 正 2 上漲的祕密，台股的逆價差有可能消失嗎？

　　最近開始有越來越多人討論 50 正 2，大仁非常感動，大家終於願意好好看待正 2 了。不過，坊間依然存在許多謬論，例如：正 2 很多人投資會不會有擦鞋童效應？會不會因為太多人知道逆價差的優勢，正 2 就漲不動了？這些疑問大仁會在這篇文章說明。如果你對台股為什麼能夠保持長年逆價差有興趣，這篇一定要看到最後（作者註：本文寫作時間點為 2023 年 2 月 14 號）。

50 正二會有擦鞋童效應嗎？

　　「擦鞋童效應」（Shoeshine Boy Theory）是指連路邊擦鞋的小孩對股票都能侃侃而談的時候，代表高點到了。平時不關心金融市場的人都在關注，代表目前市場太火太熱。大家都擠進來，把股價往不切實際的方向推高。等最後一批人都進場以後，就沒有人可以再承接當下的股票了，股市就會崩盤。

　　那麼，正 2 有沒有擦鞋童效應呢？答案是，沒有。為什麼？明明 BBS 論壇 PTT 的股票板上一堆人說：「歐印正 2」、「問就是正 2」……這樣還不算符合擦鞋童理論？是的，沒有。來看看「ETF 受益人數排行」。第一名是最紅的高股息 0056，有 88 萬人。第二名是這兩年竄起的 00878，有 84 萬人。就連 00900 為了股息頻繁換股的操作都有 23 萬人。

排名	標的	受益人數
1	0056	881,691
2	00878	841,505
6	00900	233,823
66	00631L	7,974

▲ 2023 年台灣的 ETF 受益人數排行（2023.2.10）

結果台股最強的 ETF，00631L 卻只有寥寥無幾的 7974 人。相較之下，哪邊才是人多的地方呢？哪邊才是擦鞋童呢？雖然目前正 2 討論度有起來，但大多數人還是處於無知的狀態（這邊指的不是愚昧，而是沒有試著去了解）。拿擦鞋童來講正 2 太多人買，所以要趕快逃，這絕對是誤會一場。

逆價差的由來

有些人說 50 正 2 持有期貨，因為期貨是零合遊戲，有賺就有人賠。這點說得沒錯，正 2 的逆價差就是從其他投資者手中賺到的。在討論這點之前，你得先了解為什麼會有價差。臺股期貨的價差源於兩點：除息的價差和轉倉的價差。

1. 除息的價差

大仁可以很有信心地告訴你，除息產生的逆價差是不可能消失的。為什麼我敢這麼說？因為除息必定會預先扣除點數，沒有人會傻到用原價去接你準備除息的期貨契約。

舉例來說：台積電股價 100 元，今天除息蒸發 5 元，股價變成 95 元。你還會用 100 元去買這張股票嗎？不會對吧。因為股息都被拿走了，我當然是用 95 元跟你買。如果你不會用 100 元去買，又怎麼會幻想除息的逆價差會消失？只要有除息，除息逆價差就不可能消失。

而台股是高殖利率的市場，平均每年發出 4% 的股息。為什麼會這麼高？看看 ETF 股東人數不就知道，排名前兩名的都是高股息。幾百萬人支持高股息，台股殖利率能不高嗎？大家這麼熱愛股息，上市公司當然就得配合多發點股息，不然股民不愛啊。換句話說，你覺得台股的高股息現象會消失嗎？如果不會的話，那臺股期貨的逆價差就不可能消失。只要有高股息迷思存在的一天，臺股期貨就必然會產生大量的除息逆價差。

2. 轉倉的價差

第二種是交易產生的價差，也就是臺股期貨每個月結算時的轉倉價差。這個就有可能因為交易雙方的想法，造成價差增加或消失了。目前台股長年處在逆價差情況，這是因為做空的人，比做多的人更多。空方得讓步更多才能成交，於是產生逆價差。

逆價差，代表看空的人更多。如果今天樂觀看多的人增加，那就變成「多方大於空方」，這時才會成為正價差。來，我問你，你覺得台灣什麼時候看多的人，會比看空的人更多？大仁平時光是講長期投資一堆人就不信了。你要這些人忽然願意長期做多，然後非常樂觀地看待台股？睡吧，夢裡應該能看到。

再來，台股轉倉的逆價差主要是外資帶來的。因為外資持有台股大量現貨（大約佔台股市值40%），光是台積電就有 7 到 8 成的持股是外資持有。若今天外資覺得短期有風險想做避險，直接賣掉手上的所有現貨，請問誰有能力接手？這麼大的體量如果是賣現貨，股價肯定崩盤。（你能想像台

積電或鴻海無量下跌的情境嗎？）

所以外資會怎麼做？最簡單的方式就是從期貨佈空單。現貨不能賣，怕影響行情，那我就做期貨空單避險對沖。因為外資持有大量的台指空單做為避險需求，而台股又很少人願意長期做多台指，造成「空方大於多方」的情況，這就是臺股期貨長期逆價差的由來。這一點是台灣市場的結構性問題，很難改變。

逆價差會消失嗎？不會

看到這邊你可能有疑問，會不會有一天轉倉的逆價差忽然消失了？也就是做空的人變少，做多的人變多？答案依然是，不會。你想吃到「除息」跟「轉倉」的期貨逆價差，代表你得長期轉倉才能吃到。你可能還不明白這是什麼意思，注意看下面這段話：「長期轉倉」這四個字，代表接下來不管上漲還下跌，不管世界情勢如何變化，你都得持倉不動，並且每個月保持轉倉，才能完整吸收到逆價差。

問題來了，像 2022 年台股跌個一年很多人就哇哇叫了。我問你，2023年台股會漲還是跌？大多數人都看空啊，現在你叫我做多？我傻了才做多單，現在買進有可能會下跌啊，跌了我就損失啊。你說有逆價差？但損失大於逆價差的時候，我還是損失啊。就像領到股息後填息賺 5 元，結果股價跌 10 元，我拿到股息還是吃虧。這種情況下我幹麼長期持有？當然是做波段進出。

只要開始波段進出，那完了，完整的逆價差就吃不到了。因為你一旦離開，就可能錯過當月的逆價差。來，告訴我，有多少人能夠長期持有台指期，然後不管多空一直轉倉下去的？中美貿易戰，你要轉倉嗎？全球疫情延燒，你要轉倉嗎？美國總統大選，你要轉倉嗎？台灣清零失敗疫情擴大，你要轉倉嗎？美國眾議院長裴洛西訪台，你要轉倉嗎？烏俄戰爭加上

全球通貨膨脹，你要轉倉嗎？中國軍機繞台軍演威脅台灣，你要轉倉嗎？

上面只要有任何一個時刻你因為害怕縮手了，就無法做到長期無限轉倉。你覺得容易嗎？50 正 2 股東人數剛破萬的時候，剛好遇到巴菲特買台積電，帶動台股上漲。當時就有四分之一的人出清賣掉了，也就是四個人中就有一個人放棄長期持有。你說台灣人有辦法做到長期持有期貨多單，然後人數多到足以變成正價差？還是回去睡吧，夢裡什麼都有。

日期	總股東人數	人數增減	股價
12/02	7231	-63	103.05
11/25	7294	-290	100.80
11/18	7584	-1889	97.20
11/11	9473	-652	90.65
11/04	10125	127	77.95

▲ 2022 年 11 月波克夏買進台積電的新聞就讓正 2 的股東人數減少四分之一

逆價差不太好吃

再來，你以為逆價差很好吃嗎？你未必有能力吃呢。以 2022 年為例：這年逆價差點數大約 1,018 點，你吃不吃？當然不吃，因為台股從 18,000 跌了 4,000 多點。你才補 1,000 點，我還倒虧 3,000 點，笨蛋才跟你長期持有期貨轉倉。我當然是短進短出，要做價差才能賺錢啊！

時間	2020	2022
1 月	-2	-36
2 月	-9	-3
3 月	-260	-29
4 月	-118	-65
5 月	-41	-93
6 月	-170	-500
7 月	-150	-145
8 月	-46	-74
9 月	-69	7
10 月	-41	-2
11 月	-51	-8
12 月	-125	-70
全年總逆價差	-1082	-1018

▲ 2020 年因為疫情爆發，3 月和 4 月有高達 378 點的逆價差；2022 年的逆價差點數大約 1,018 點，但台股從 1.8 萬跌了 4 千多點。

再來看另一個情況：在 2020 年疫情爆發的 3 月，逆價差高達 260 點，4 月也有 118 點。這是在幾乎沒有公司除息的 3、4 月，所以統統都是轉倉交易創造出來的。為什麼會有高達 378 點的價差？因為大家會怕啊，怕到現在期貨打折 378 點了還是沒人敢買。

　　現在你看出來為什麼大仁會認為逆價差不太可能消失了嗎？因為這種超額報酬是有條件的，不是你來就可以隨便免費吃到的。你得在大家都縮手的時候依舊堅持下來轉倉，才能吃到這些逆價差。我對人性非常有信心。多數人絕對辦不到這件事情，辦不到就是辦不到。

　　就像股票溢酬一樣，「股票溢酬」是指超過無風險利率的報酬。比方說定存 1%，長期投資股票有 8%，這中間的 7% 就是股票溢出來的報酬。明明只要長期投資股票，有很高機率會比定存賺更多，為什麼大家不要買股票就好？三歲小孩都知道，因為會跌啊。

　　以台股跟定存對比（2011 ～ 2022）：投資期間 1 年勝率是 67%，投資期間 3 到 5 年的勝率是 100%，這個數據也代表拉長投資期間，正報酬機率越高。

台股 VS 定存，勝率統計（2011 年到 2022 年）												
時間	2011	2012	2013	2014	2015	2016	2017	2018	2019	2020	2021	2022	勝率
1 年	-17.98	12.94	15.14	11.39	-6.87	15.59	19.52	-4.83	28.92	27.12	27.06	-18.68	67%
3 年	19.53	1.71	2.17	13.15	6.10	6.24	8.76	9.55	13.61	15.97	27.70	31.36	100%
5 年	1.81	1.89	17.30	6.18	2.04	9.29	10.54	6.41	9.56	16.60	18.82	61.67	100%

▲ 近十年投資台股的時間，只要拉長到 3 年以上，勝率是 100%。資料來源：台灣指數公司

　　來，我現在問你：長期持有正 2 可以賺兩倍逆價差，你為什麼不買正 2？還是那個答案，因為會跌啊。你以為正 2 長期逆價差很容易吃到是嗎？這可是面對無數逆境都能堅持下來的人，才能獲得的甜美果實。你確定自己吃得起嗎？

最後，大仁幫你重點整理：一、**「高股息」這三個字，才是台灣目前聚集最多擦鞋童的地方**。二、**價差的由來有兩種：第一種是除息的價差，第二種是轉倉的價差**。三、**除息的價差不可能消失，除非台股上市公司都不配息了**。四、**轉倉的價差有可能消失，前提是做多的人比做空的人更多**。五、**外資因為避險需求，需要持有大量的空單，這個因素目前看不出來有改變的可能**。六、**長期逆價差是無視任何情勢變化，堅持前進的人才能吃到的，這種人沒那麼多**。

台股逆價差源自許多人性偏誤。人性恰恰是最難改變的

好了，看到這邊相信你應該已經明白，台股的逆價差並不是那麼容易消失的。因為那涉及太多人性的偏誤，下面列出 5 點：1. 股息迷思。2. 大盤的定錨偏誤。3. 台灣散戶對台股長期看空。4. 外資持有大量現貨，必須做期貨空單避險。5. 長期投資才能吃到完整逆價差。

你會發現每一點幾乎都是不可能改變的。例如正 2 雖然很好，但你沒有足夠的認知就無法做到長期持有。就像這次上漲一堆人跑掉，到時候下跌也肯定一堆人跑掉。只要開始進出，就不可能吃到完整的逆價差點數。這也是大仁為什麼認為逆價差不太可能消失的原因。若真的那麼好康，法人大戶早就套利掉了，輪不到你來賺。

台股的逆價差之所以存在，正是因為一堆人性偏誤導致的。而人性，恰恰是最難改變的。既然難以改變，逆價差就可以持續下去。台灣股市是放眼全世界少數有如此得天獨厚條件的市場（加上利率超低），不去好好理解真的是可惜了。

1-18
50 正 2 沒有配息，所以不適合長期投資？

　　這是一位網友的詢問：「大仁哥，我有疑問想請教。0050 最近要除息了，00631L 會怎麼處理這個除息的部分？是直接涵蓋到股價上嗎？」關於這個問題，我在本書 1-14 和 1-15 兩篇文章已經提過，忘記的讀者可以自行複習。這篇大仁就再以近期的台股市場表現，驗證這套理論。

有配息才適合長期投資？錯

　　我們以 0050 跟 0056 為例。在 2020 年 12 月 31 號到 2022 年 7 月 18 號這段時間，大盤漲上去又跌下來，重新回到原點。0050 總報酬是負 0.66％，0056 總報酬是負 2.85％。大盤沒漲沒跌，兩檔 ETF 卻都得到負報酬。0050 跟 0056 這段時間有沒有配息？有的。0050 配息 8.4 塊，0056 配息 1.8 塊。配息這件事情，有沒有改變它們負報酬的事實？沒有。因為股息就是總報酬的一部分，總報酬是負的，你配息再多也沒用。

　　很多投資達人、老師都說 0050 有配息，就算遇到股災也能領股息。50 正 2（00631L）沒有配息，所以不適合長期投資。真的是這樣嗎？是，也不是。台灣 50 正 2 的公開說明書有寫到，收益全部併入淨值，不會分配。也就是說「沒有配息」這一點是對的。

　　但是，沒有配發股息，不代表 50 正 2 就吃不到股息的報酬。大仁必須跟讀者強調：股息就是總報酬的一部分。一塊錢的股息跟一塊錢的股價是

相同的價值。50 正 2 只是沒有將股息配發出來，不代表它吃不到股息（而是直接算在總報酬）。

50 正 2 的股息是滾入淨值

同樣的時間點，我們看到右頁圖顯示，50 正 2（00631L）在這段期間的表現是 9.22％的正報酬。為什麼大盤一年半回到原點做白工，50 正 2 還能有 9.22％？我們先看到「報酬指數」，這段時間的報酬是 5.88％。這就是台灣股市除息所蒸發的點數，你在加權指數是看不到這塊的。而 50 正 2 透過持有期貨，間接吸收到這塊表現，而且是兩倍槓桿的回報。看到這邊你可能有疑問，報酬指數是 5.88％的話，兩倍應該是 11.76％才對，怎麼只有 9.22％。原因很簡單，因為我們在本書 1-1 就提過，50 正 2 實際持有約 160％的臺股期貨，40％的 50 期貨（佔比可能會隨時改變，僅供參考）。

而 0050 這段期間報酬是負的。若不將 50 期貨算進來，單純以臺股期貨去計算的話：報酬指數（5.88％）乘以（160％曝險）＝ 9.40％。這個數字就跟 50 正 2 的 9.22％很接近了。如果直接看 200％臺股期貨的 00675L，兩倍股息是穩穩拿到的。50 正 2 是因為持有 50 期貨，所以被拖累下來的。

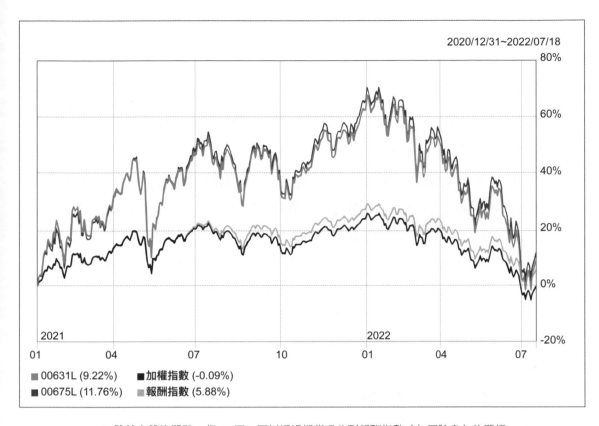

▲ 雖然大盤沒漲跌，但 50 正 2 可以透過期貨吸收到報酬指數（加回除息）的漲幅

　　所以，50 正 2 只是沒有配發股息，並不代表它沒有吸收到股息的報酬（再複習一次 1-14 和 1-15）。說個題外話，想投資 50 正 2，但又真的很想要領股息怎麼辦？很簡單，你看要領多少，自己賣掉股票就好，這叫做「自製股息」。

　　0050、0056 有發股息，結果是負報酬。50 正 2 沒發股息，結果是正報酬。從結果來看，有沒有配發股息重要嗎？根本就無關緊要。重點是總報酬是正的，還是負的。正報酬的 ETF，有沒有發股息都沒關係，想要錢自己賣掉股票就好。負報酬的 ETF，發再多股息也改變不了你虧損的事實。

得益於台股的高殖利率，50 正 2 的淨值不斷墊高

因為過去台股殖利率高，每年平均 4% 左右。兩倍槓桿的 50 正 2 就是吸收到 8%，這些會全部滾入淨值。50 正 2 的股價會隨著每年的除息不斷墊高，而且是以每年 8% 左右的幅度往上堆疊。

很多人會說 50 正 2 只適合做短期波段，不適合長期持有。是這樣嗎？讓我們來看 50 正 2 的股東人數變化。歷史高點在 2016 年 5 月 20 號，總人數來到 5987 人，歷史低點在 2019 年 10 月 18 號，總人數來到 612 人。

這 5987 人經過三年的時間，至少有 5,375 人放棄了。將近 9 成的人曾經持有 50 正 2，最終卻將它賣掉（實際上應該 9 成 9 的人都賣掉了）。如果這 5375 人不要賣掉，將股票放到寫這篇文的時間點（2022 年 7 月 18 號）的總報酬是多少？答案是 464.53%。

同一時間 0050 的總報酬只有 136.86%。50 正 2 不只給出兩倍的報酬，甚至已經來到三倍以上（若時間回到 2021 年，則是將近四倍）。這 5375 人曾經持有 50 正 2，最後將它賣掉。他們錯過的總報酬是 464%。如果他們知道最後可以拿到 464% 的報酬率，這些人肯定會死死抱著不放。但為什麼沒有做到？因為他們認為 50 正 2 只適合做短期操作，不適合長期持有！

他們忽略了 50 正 2 每年吸收到的兩倍股息，正隨著時間不斷墊高股價。持有的時間越長，50 正 2 的淨值就會隨著股息增加越多。如果你只看到表面的股價，認為高點到了就全部賣出。總有一天你會賣在地板，然後再也追不回來。

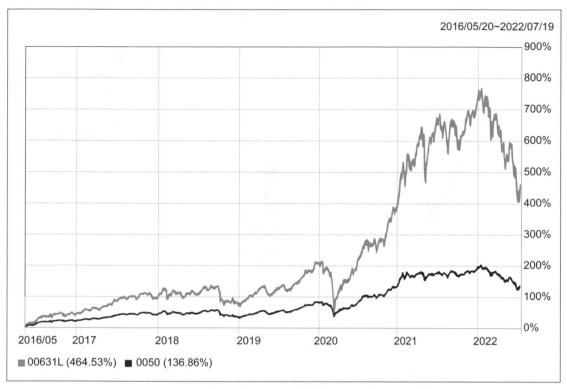

2016/05/20~2022/07/19

■ 00631L (464.53%)　■ 0050 (136.86%)

▲ 當 5375 人放棄 50 正 2 時，也放棄了 0050 的三倍以上報酬

　　最後，重點整理如下：一、股息只是總報酬的一部分，最終還是得回歸總報酬來看。二、0050、0056 這段時間都有配息，但總報酬是負的。三、50 正 2 這段時間沒有配息，但總報酬是正的。四、強調一定要領配息才能長期投資，只是你人性上的弱點而已。五、50 正 2 雖然沒有配息，但每年約 8% 的股息滾入淨值，不斷墊高股價。六、覺得沒有配息，所以不適合長期投資，這是錯誤的認知。

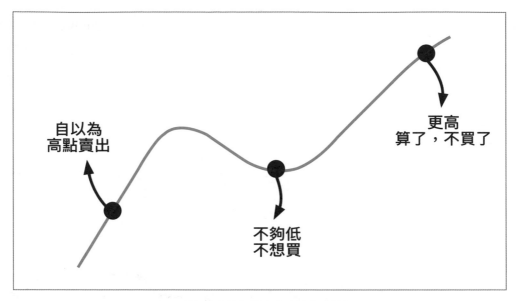

自以為
高點賣出

不夠低
不想買

更高
算了，不買了

▲ 認知不足的投資人會有的心路歷程

在 2022 年 7 月 15 號的時候，50 正 2（00631L）的總股東人數再次突破新高。現在已經來到 6,075 人了。不知道這 6,075 位朋友，有多少人能夠真正長期持有 50 正 2。希望大家都能當個聰明的長期投資者，讓時間墊高股價就好。

1-19
總盤點：上市 8 年 50 正 2 滾動報酬，遠勝 0050

　　50 正 2 從 2014 年底上市至今（2022.12）已經八年了，說短不短說長不長。本篇就是我趁著年底來檢視這段時間 0050 跟 50 正 2 的報酬比較。看完你會發現，50 正 2 真的是非常厲害！

0050 和 50 正 2 滾動報酬比較：0050 慘輸

　　先讓我們看到 2015 年到 2022 年這八年的報酬率，50 正 2 雖然有更大的下跌，但也帶來更大的上漲。尤其是 2019 年到 2021 年這三年，每年都是超過 60％的驚人漲幅。從總報酬來看。0050 是 115.50％，50 正 2 則是 346.12％──0050 完敗。50 正 2 不只給出超過兩倍，甚至是三倍的報酬。提醒你，這還是經歷 2022 年大跌的狀態。若是時間回到 2021 年底，差距會更大，將近四倍報酬。這也是本書 2-5 會提到的概念：「你去借錢投資 0050，不如直接投資 50 正 2。」因為你借錢還得負擔利息，使用 50 正 2 增加曝險不用利息，還給出更高的總報酬。

時間	0050	50 正 2
2015	-6.28%	-16.54%
2016	19.65%	39.18%
2017	18.14%	39.82%
2018	-4.94%	-10.38%
2019	33.52%	70.87%
2020	31.14%	68.07%
2021	21.92%	62.22%
2022	-21.37%	-36.44%

▲ 0050 和 50 正 2 的年報酬率比較，統計時間 2014.12.31 ～ 2022.12.31

123

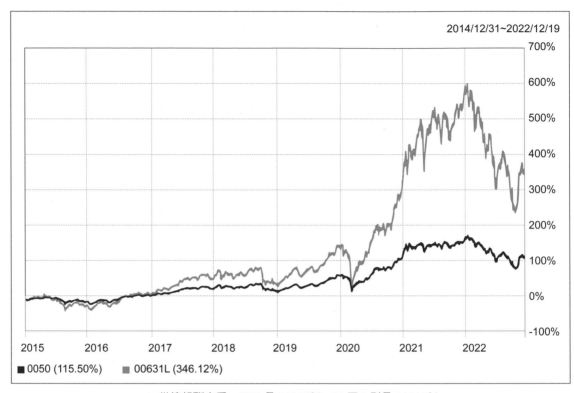

2014/12/31~2022/12/19

- 0050 (115.50%)　　　■ 00631L (346.12%)

▲ 從總報酬來看，0050 是 115.50％，50 正 2 則是 346.12％

滾動計算的方式

前面提到，50 正 2 的總報酬勝過 0050 非常多。但不是每個投資者都是從 2015 年就開始投資的，也不是每個人在這段時間都長期持有 50 正 2。因此，我們可以用「滾動計算」的方式來看看兩者的報酬。

「滾動」的意思是設定一個區間，在這個區間內持續計算。比方說，總期間五年，每次滾動兩年。我們會得到下面四個數據：第一到二年（滾動一次）、第二到三年（滾動兩次）、第三到四年（滾動三次）、第四到五年（滾動四次），這就是滾動計算，用滾動的方式可以更明確知道每個區間的表現。下面我們就要用滾動區間來看 0050 跟 50 正 2 的表現。2015 年到 2022 年總期間是八年。先看到右頁上方圖表，顯示 0050 的滾動報酬。

　　你會發現滾動兩年以上的負報酬只有一次，就是在 2021 年到 2022 年這個區間的負 2.09%。這也是為什麼單筆投入，往往比定期定額報酬更高的原因。因為在連續上漲的階段，越晚投入的資金，報酬越低。

時間	1 年	2 年	3 年	4 年	5 年	6 年	7 年	8 年
2015	-6.28%	5.89%	9.83%	5.93%	10.95%	14.09%	15.17%	9.81%
2016	19.65%	18.89%	10.35%	15.73%	18.66%	19.20%	12.32%	
2017	18.14%	5.97%	14.46%	18.42%	19.11%	11.14%		
2018	-4.94%	12.66%	18.51%	19.35%	9.80%			
2019	33.52%	32.32%	28.76%	13.82%				
2020	31.14%	26.45%	7.93%					
2021	21.92%	-2.09%						
2022	-21.37%							

▲ 0050 滾動報酬

　　看完 0050，接下來就是重頭戲 50 正 2 了。看看這個驚人的滾動報酬。滾動兩年以上，完全沒有負報酬的紀錄。

時間	1 年	2 年	3 年	4 年	5 年	6 年	7 年	8 年
2015	-16.54%	7.78%	17.55%	9.84%	19.99%	26.92%	31.45%	20.04%
2016	39.18%	39.50%	20.37%	31.39%	38.02%	41.79%	26.43%	
2017	39.82%	11.94%	28.89%	37.73%	42.31%	24.42%		
2018	-10.38%	23.75%	37.04%	42.94%	21.55%			
2019	70.87%	69.46%	67.01%	31.18%				
2020	68.07%	65.12%	20.11%					
2021	62.22%	1.54%						
2022	-36.44%							

▲ 50 正 2 滾動兩年以上，對比 0050 是完全勝利（灰底為正 2 勝，白底為 0050 勝）

對照兩者的圖表，讀者會發現在大多數的滾動區間，50 正 2 幾乎都是緊貼著兩倍報酬。這是非常驚人的數據。再來，我們看到兩者相比的勝負：滾動一年，50 正 2 偶爾還會輸幾次。但滾動兩年以上從沒輸過，勝率是百分之百。

最後重點整理：一、2015 年到 2022 年，以總報酬計算，50 正 2 給出 0050 的三倍報酬。二、用滾動計算，50 正 2 每個區間都給出穩定的兩倍報酬。三、滾動兩年以上，50 正 2 在每個區間都贏過 0050。

過去歷史不代表未來。過去 50 正 2 表現良好，不代表未來也會一樣。因為槓桿 ETF 的表現會受到許多因素影響，沒有人能保證最終的結果。每個投資者都要為自己的決策負責。我能做的只有告訴你 50 正 2 的優勢在哪，缺點在哪。剩下的，就需要你自己繼續看完這本書，獲得足夠的「認知」，再自己做決定了。

寫到這邊，總算走完一個段落。相信看到這裡的讀者，已經對槓桿 ETF 有更深入的了解。接下來，本書會繼續分享其他進階疑問、如何運用槓桿做到資產配置，以及面對大跌的風險管理。希望能藉此讓台灣更多投資者認識槓桿的優勢。讓我們繼續認識槓桿投資法。

Part 2

槓桿ETF進階疑問篇

投資 50 正 2 的進階疑問，此部分會繼續解答。包含：自行操作期貨是否更好、風險分散性的分析、長期盤整的預測、其他兩倍槓桿 ETF 的比較、借錢投資 0050 的比較等等。

2-1
用 50 正 2 買下全台灣，比 0050 更具風險分散性

　　許多人選擇 ETF 會偏向用「市值型」做為選項，也就是依照市值大小去分配比例。例如，知名的 0050 就是以台灣上市公司前 50 大市值的公司，做為指數基準。市值越大，佔比越高。我們看到元大投信的 0050 月報，光是台積電就佔據 46.98％，也就是你買一張 0050，裡面有將近一半是台積電。

　　這也是許多人對 0050 感到卻步的原因，因為太集中在台積電一家公司，萬一它表現不好怎麼辦？關於這個問題，0050 本身具有「汰弱換強」的機制。若台積電表現不好，它的佔比自然就會逐漸降低。若台積電表現持續良好，那佔比只會越來越高，來到 50％甚至 60％都是有可能的。真的很擔心台積電在 0050 的佔比太高，想要分散一點風險的朋友，其實有另外一個選擇，那就是 50 正 2。

0050 只買下台灣股市七成，無法涵蓋中小型公司的報酬

　　看到這邊你可能覺得疑惑，50 正 2 不就是追求 0050 的兩倍報酬嗎？投資它不就跟 0050 一樣，哪來的分散風險？嗯，有的。讓我們先以 0050 為例，它投資「台灣前 50 大上市公司」。在 50 大以外的上市公司不納入 ETF。但台灣目前（2022.01.26）的上市公司可是高達 935 家。以「市值佔比」來看，0050 只有買下台股 70.46％的市值。其他中小型上市公司的 29.54％市值，0050 無法涵蓋。

做為一個想要買下全台灣上市公司的 ETF 來說，0050 只能算是勉強合格。因為它少了將近三成的台股沒有納入。這點是 0050 的非戰之罪，因為至今台灣都沒有推出真正涵蓋「全市場」的 ETF，這是台灣金融制度落後的問題。但 0050 只有台股七成市值的問題，依然要去面對。

讀者可能還是看不出來哪裡有問題，這邊就用 2021 年為例。這一年，剛好可以看出 0050 只佔七成市值的缺點在哪裡。首先，讓我們來看另外一檔 ETF，0051。0051 是投資台灣中型上市公司的 ETF。篩選標準為台灣上市公司市值落在 51 名到 150 名的中型公司。簡單判別：0050 是投資前 50 家的上市公司；0051 是投資前 51 到 150 家的上市公司。那這兩檔 ETF 在 2021 年的表現如何呢？0050 報酬 21.92%；0051 報酬 42.20%。

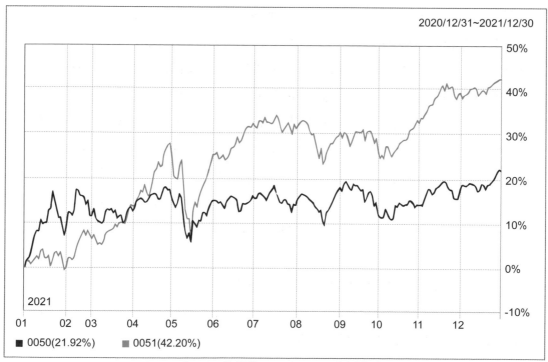

▲ 2021 年 0050 的報酬 21.92%；0051 的報酬 42.20%

為什麼 0051 表現這麼好？你一定對於航運股在 2021 年的奇蹟表現有印象吧，當時人人一張航運股，搶當航海王。原本「長榮、陽明、萬海」這些航運股都在 0051 裡面。隨著航運股飆漲，0051 的表現也超乎預期。這就是 0051 為什麼會贏過 0050 的原因。在這一年中小上市公司的表現更優秀，帶來更高的回報。

同時，這也反映出 0050 的缺陷。0050 只買入大盤七成市值，剩下三成市值的上市公司無法取得。若那三成市值表現良好，0050 就無法取得這份市場報酬。就像 2021 年沒辦法完全吸收到航運股飆漲的報酬。

50 正 2 才是買下整個台灣

0050 無法買下整個大盤，那有什麼替代方案呢？有的。我在本書 1-2 已經說過：「50 正 2 實際上是投資臺股期貨」。台股期貨的交易標的，正是以台灣加權指數做為交易基準。也就是由「所有上市公司」組成的指數。換句話說，50 正 2 因為持有的是「台股期貨」，反而間接投資到整個台灣大盤（935 家上市公司）。比起 0050 的七成市值，來得廣泛太多了。

前面提到，台積電在 0050 的佔比來到 46.98％。但若將台積電放到整個大盤之上，它的佔比會降到 30.52％。為什麼會這樣？因為 0050 只用 50 家上市公司去計算比例，所以市值最大的台積電佔比會非常高。用 935 家上市公司來計算的話，台積電的佔比就會變低了。0050 持有 50 家上市公司，台積電佔比 46.98％。50 正 2 間接持有 935 家上市公司，台積電佔比 30.52％。

哪個風險更為集中，哪個風險更為分散，不言而喻。這也是為什麼大仁會說，50 正 2 才是買下整個台灣的 ETF。就現階段而言，你用各種 ETF 搭配組合，都很難將台灣整個大盤的市值含入。持有台股期貨的 50 正 2，反而是可以有效投資整個台灣大盤的 ETF。不相信嗎？讓我們來看下圖中

0050 跟 50 正 2 在 2021 年的表現：0050 的報酬 21.92％；50 正 2 的報酬 62.22％。

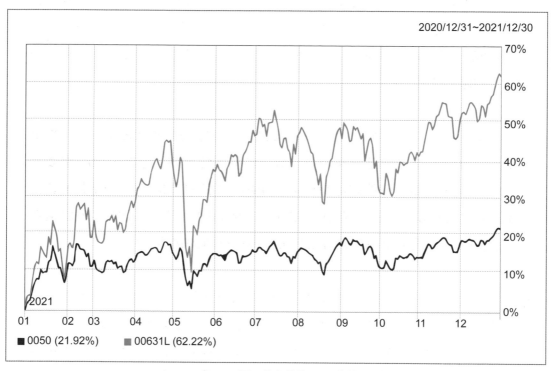

2020/12/31~2021/12/30

▲ 2021 年，50 正 2 的表現是 0050 的將近 3 倍

　　看到這邊你可能覺得很奇怪，為什麼 50 正 2 可以超越 0050 將近三倍的報酬？原因在於，50 正 2 持有的期貨可以吸收到 935 家上市公司的報酬。所以當長榮、陽明、萬海這些航運股在飆漲的時候，一起帶動台股點數，讓 50 正 2 也得以獲益。

　　在航運飆漲的這一年，0050 無法吸收到中小型上市公司的缺點非常明顯。如果從整個市場的層面來看，持有期貨，反而比 0050 更能有效投資台灣大盤。這就是 1-8 說過的，為什麼在 2021 年，50 正 2 可以達到 0050 將

近三倍報酬的主要原因。因為它不只吸收大型公司的成長，連帶中小型公司的成長也吸收了。

　　備註：50 正 2 投資內容有部分投資在 0050 期貨（複習 1-1），所以也不能夠說它是百分之百買下整個大盤。另外，想要「全部都投資台股期貨」，可參考像「富邦台灣加權正 2（00675L）」。這種就是純台股期貨，不會分散到其他地方。

　　最後，回顧一下本篇重點：**一、0050 只有取得台股大盤 70.46% 的市值。二、0050 集中前五十家公司，造成台積電佔比將近五成，風險過度集中。三、0050 無法取得其餘 29.54% 的中小型公司市值。四、若中小型上市公司表現良好，0050 將無緣取得這份市場報酬。五、從風險分散跟涵蓋公司來看，50 正 2 反而是更有效取得全市場報酬的選擇。**

　　由於台灣金融制度落後的關係，導致目前市場上缺少能真正涵蓋全市場（935 家上市公司）的 ETF。0050 取得七成的市值已經算是不錯的選擇了，但少了三成市值這個缺點還是不能無視。從指數來看會更明顯：2021 年度報酬指數 27.06%；50 指數 22.42%（落後 4.64%）。

　　「用期貨取得全市場報酬」這個想法不是大仁首創。有很多人早就靠著持有台股期貨無限轉倉，進而達到投資台灣全市場的作法。這種做法的優點是可以彌補 0050 僅有七成市值的缺陷。缺點則是要每個月轉倉，而且期貨會有斷頭風險，操作起來更為麻煩。如今，有 50 正 2 這種槓桿型 ETF 直接幫你做好這些事情。你不必每個月注意轉倉，也不用擔心會不會斷頭，投資起來相對輕鬆。這也是槓桿型 ETF 少有人提到的優點之一。

2-2
為何不推其他槓桿型 ETF，只偏心 00631L ？

　　大仁在前一篇寫到用 50 正 2 可以買下全台灣的「分散優勢」，有兩位讀者看完後提出了類似的疑問。以下為留言內容：「已將您的 00631L 相關文章閱讀完畢，想請教您為何不投資其他費用較低的正 2 呢？」「請問這次實測選了 00631L，而不是選 00675L 或 00685L，有什麼特別的原因嗎？文中講到的好處後兩者豈不是都有？分散度更高，內扣費用也較低。有什麼我思慮不周之處，尚祈賜教。」

00631L 的優勢：分散度、內扣費用、交易量

　　本文就是我針對這個問題的回答。我們可以針對下列四點來討論：一、分散程度。二、內扣費用。三、交易量。四、為什麼偏心 50 正 2。先從第一點，分散程度談起。

一、分散程度

　　目前關於台灣大盤的槓桿型 ETF，主要是這四個：元大台灣 50 正 2（00631L）、國泰台灣加權正 2（00663L）、富邦台灣加權正 2（00675L）和群益台灣加權正 2（00685L）。在談分散性之前，我們先來看看這四檔 ETF 的表現如何。從 2018 年起算到 2022 年 1 月，你會發現 00631L 領先其他三家，表現分別是元大 00631L（266.98%）、國泰 00663L（256.78%）、

富邦00675L（254.7%）和群益00685L（258.05%）。為什麼會有這樣的差距？答案是，因為00631L並非全都投資臺股期貨，還含有部分的50期貨。

代號	名稱	追蹤內容	內扣費用	基金規模	交易量（張）
00631L	元大台灣50正2	50期貨、臺股期貨	1.15%	130億	5292
00663L	國泰台灣加權正2	臺股期貨	0.96%	8.2億	350
00675L	富邦台灣加權正2	臺股期貨	0.71%	12億	686
00685L	群益台灣加權正2	臺股期貨	1.02%	1.5億	65

▲ 台灣目前四家槓桿型ETF整理，數據時間2022.12.30（若有誤差，以基金公司資料為準）

再看到最近四年的數據（2018.01.02到2022.03.11），0050指數報酬為93.96%；台股報酬指數86.64%。最近四年0050指數剛好超越大盤（台積電、聯發科等大型股發威）。正是因為這個原因，才讓00631L的報酬超越其他三家。但是，投資不能光看報酬。00631L報酬比較高，是因為大型股這幾年表現比較好。萬一接下來輪到中小型股發威，那00631L就有很高的機率會輸給其他三家。例如2021年的年度報酬率，00631L是落後的（元大00631L為62.22%；國泰00663L為64.53%；富邦00675L為65.03%；群益00685L為65.53%）。

如果你想拿到「全市場」（所有上市公司）的報酬，還是應該選擇純臺股期貨的槓桿型ETF才對。接下來就要談到我們在1-10提到的「內扣費用」。

二、內扣費用

目前四家槓桿型ETF的內扣費用，富邦（00675L）成本最低，為0.71%。元大（00631L）成本最高：1.15%。單純以內扣費用來看，似乎應該要選擇富邦才對。那為什麼大仁會選擇用00631L做分享呢？這就要看四

檔 ETF 的基金規模。最高的是元大 00631L，基金規模有 130 億。最小的群益只有 1.5 億。為什麼要談到基金規模？大仁在 1-4 有提到「ETF 下市」的條件。其中一個下市條件，就是「基金淨值低於一億元」。按照這個規定來看，群益（00685L）最危險，只有 1.5 億……這是一個不小心，就可能面臨下市的數字。

　　現在，你知道為什麼我要推薦元大 50 正 2（00631L）了吧。因為它的基金規模最大，至少有破百億。以長期持有來說，元大 50 正 2 的規模是這四家最不可能下市的那一個。你當然可以為了省一點點的內扣費用，而選擇其他家。但就下市風險來講，還是選擇規模最大的比較好。我在 1-10 已經分析過內扣費用沒你想得可怕，你都投資槓桿，每天兩倍波動就不只這個數字了。不必為了那零點幾趴的內扣費用，而承擔多餘的風險。

三、交易量（流動性）

　　再來，除了內扣費用，還有另外一點需要特別注意，那就是交易量（流動性）。從交易量來看：元大（00631L）完全不用擔心，富邦（00675L）則是暫時不用擔心。但國泰跟群益就很容易陷入流動性風險（買賣的交易量太少）。

　　流動性風險，是指你想賣卻賣不掉（或是沒辦法用正常的價格售出）。以房子為例，為什麼我們會說房子的流動性很差？因為房子不是說賣就能馬上賣掉的。假設你急需用錢，又要快速賣掉怎麼辦？你可能就得賤價拋售，以低於市價的價格，才能吸引到買家快速成交。這個賤價拋售，就會形成所謂的「價差」。

　　什麼是「價差」？東西價值 100 元，你用 101 元去買，多花的 1 元就叫做溢價（買貴了）。東西價值 100 元，你用 99 元買到，少花的 1 元就叫做折價（買便宜了）。為什麼會出現這種情況？原因在於，ETF 跟個股不

同，它有一個「淨值」可以參考。比淨值高，就會變成溢價；比淨值低，就會變成折價。如果你是賣家，當然會希望溢價多一點（相對買家吃虧）；如果你是買家，當然會希望折價多一點（相對賣家吃虧）。

當 ETF 每日成交量太低，流動性出現問題，就可能會擴大價差（你就想像成沒人要買房，但你又要賣房，那很高機率你得降價拋售才行）。所以，在投資槓桿型 ETF 時得考慮到「成交量」，也就是「流動性」。補充說明：ETF 會有造市商提供掛單，所以即使成交量低，也不用擔心賣不出去（只是可能會產生較大的折價）。

代碼	名稱	淨值	市價	折溢價	折溢 %
更新時間：2022/03/11 17:02:25					
00631L	元大台灣 50 正 2	130.21	129.8	-0.41	-0.31%
00663L	國泰臺灣加權正 2	118.98	118.2	-0.78	-0.66%
00675L	富邦臺灣加權正 2	51.04	50.90	-0.14	-0.27%
00685L	群益臺灣加權正 2	45.01	44.90	-0.11	-0.24%

▲ 當 ETF 的市價比淨值高是溢價；市價比淨值低則為折價

四、為什麼偏心 50 正 2 ？我想用 0050 吸引投資人目光

最後，我會寫元大的 50 正 2 還有另外一個主要原因。這就得談到我為什麼要寫槓桿系列文章。首先，在網路上你搜尋槓桿型 ETF，幾乎看不到較為深入的討論。不是停留在槓桿只能短期持有，就是說槓桿很危險不要碰。你很難找到幾篇真的深入討論細節的文章。

剛開始研究的時候，我對槓桿型 ETF 相當有興趣，但看來看去都找不到有人分享。於是我只能自己花時間慢慢鑽研，就像是挖井那樣，一鎚一鎚地敲打前進。深入了解後，才終於確定槓桿型 ETF 是可以做為投資配置的一部分。開始投資以後，也幸運從這幾年的大牛市中有所斬獲。槓桿是雙面

刃，跌的時候跌更多，但牛市會帶你飛更高，讓我深刻地感受到槓桿帶來的威力。但在這段時間，台灣投資者對槓桿型 ETF 的成見還是沒有改變。

看看 0050 跟 50 正 2 的股東人數就能知道。0050 的股東人數是 43.9 萬人；50 正 2 的股東人數是 2476 人（截至 2022 年 2 月 28 號）。根本是天與地的差別。就算槓桿 ETF 真的爛到谷底，股東人數也不至於少成這樣。這是一種嚴重的資訊不對稱。大多數人不是不知道有槓桿型 ETF 這種東西，就是被市場上流傳的扭曲資訊給勸退。

當然，槓桿有其危險之處，並非每個人都適合。但身為一檔七年來報酬超過 500％的超強 ETF，居然只有兩千多人持有，這種資訊落差未免太嚴重了。難道你要說台灣只有兩千多人適合槓桿？怎麼可能。我相信更多的是被不完整，或是偏頗立場的資訊給勸退，因而不敢投資。於是，我想說可以做一點什麼來改變這種情況。

雖然我不是投資達人，但至少對寫作還算略懂。我善於將複雜的問題拆解，讓不懂的人可以更輕易地吸收。於是我決定把自己知道的槓桿知識透過文章分享出來。一來可以幫助那些想了解槓桿型 ETF 的人。二來也是幫助自己更加深入了解。

但槓桿型 ETF 已經夠冷門了（看看那可憐的股東人數）。我該怎麼做才能吸引別人關注到這個議題呢？答案就是，跟最火紅的 0050 扯上邊。就像三線藝人會跟在大牌藝人身邊一樣。既然沒有多少人認真看待，我就換種方式用 0050 來做連結。這也是為什麼我比較少寫出 00631L，反而多是用 50 正 2 來表示。即使對槓桿沒興趣的人，看到 0050 這個字眼多少也會留意一下。只要多一個人願意看，願意去研究槓桿型 ETF，這就足夠了。

於是，我在投入 100 萬的實驗組合裡面，加入了 0050。沒有別的原因，單純是擴大可能關注的人數。只是想讓大家知道槓桿型 ETF 沒有那麼

不堪，是可以考慮投資的。「藉由 0050 的名氣，多吸引一些人關注槓桿型 ETF。」這就是我偏心於 00631L 的主要原因。

最後，重點整理本篇：**一、以風險分散性來說，純臺股期貨的更好。二、以內扣費用來說，有更低成本的選擇。三、但論下市條件，元大投信（00631L）破百億的規模最讓人放心。四、綜合考量，即使分散性更差、成本更高，還是應該優先選擇 50 正 2。**

你可能認為我寫這些是不是有什麼好處？答案是，完全沒有任何好處。我既沒有收元大投信的任何費用（沒有這種影響力啦），也不會因為任何人投資 50 正 2 而有什麼收益。利害關係完全是零，只是純粹的分享，沒有任何利益存在。我只是單純覺得槓桿型 ETF 被抹黑扭曲得太嚴重，因而想出來為它講點什麼而已。唯一會賺錢的地方，可能是因為出這本書而獲得的版稅。

若此系列文章能讓你從中學到一些知識，那我由衷感到安慰。如果讀者願意讓我知道我寫的東西對你是有幫助的，我會非常開心。倘若你不認同我寫的東西，我也予以尊重，是我能力不足，非常抱歉。就像我看到一堆達人老師在鬼扯的時候，我也會在內心翻白眼。

關於槓桿型 ETF 的系列文章，我還會繼續寫下去。沒賺錢也無妨，我一開始分享保險也沒打算賺錢，能幫助到人就算贏得獎賞了。關於槓桿，我們還有很多東西可以談，前面的文章只是基礎開胃菜而已。真正重要的是本書第三部分的內容，是如何運用槓桿做資產配置，這才是槓桿型 ETF 最有優勢的地方。

2-3
槓桿 ETF 持有期貨，那何不直接買期貨？

　　看了這麼多槓桿 ETF 的文章，讀者可能想問：「既然槓桿 ETF 持有期貨，為什麼不要直接買期貨就好？」這個問題很好，既然槓桿型 ETF 是通過持有期貨，來達到兩倍曝險的控制，那我們直接買期貨，而不是透過 ETF 不是更好嗎？關於這個問題，大仁的看法完全相反。我認為持有槓桿 ETF，反而比你直接買期貨來得更好。至於原因，讓我們看下去。這篇涉及會一些數學計算，不複雜，但建議慢慢閱讀。

直接買期貨，勝過 ETF 的兩個優勢：低手續費＋無內扣費用

　　先講單純持有期貨的優勢，主要有兩點：一、手續費更低。二、沒有內扣費用。首先，期貨的手續費更低。假設，大盤 18,000 點。買進一口大台＝價值 360 萬的契約。手續費：（60×2）＝ 120 元；交易稅：（360 萬 ×0.00002）×2 ＝ 144 元，合計 ＝ 264 元。再來是第二點，「期貨沒有內扣費用」。ETF 需要支付所謂的「內扣費用」（忘記的讀者請複習 1-10）。期貨沒有這筆費用需要支出，較為節省。但期貨有一個缺點，要長期持有必須每個月轉倉一次。以轉倉一次 264 元計算，一年十二次的費用是 3,168 元。以本書主角 50 正 2 為例，在 2022 年的內扣費用是 1.15%。如果依照 180 萬的市值計算，等於一年要支付 20,700 元。最後，兩者比較，期貨全年支付費用只要 3,168 元，而 50 正 2 卻要 20,700 元。兩者相差 6.5 倍。

	50 正 2
手續費	0.09%
交易稅	0.12%
申購費	-0.14%
經理費	1%
保管費	0.04%
其他費用	0.05%
總費用	1.15%

▲ 50 正 2 在 2022 年的全年內扣費用是 1.15%，期貨則是沒有內扣費用。

	期貨	50 正 2
一口大台	360 萬	180 萬（兩倍槓桿）
內扣費用	無	20,700 元（1.15%）
轉倉費用	3,168 元	包含在內扣費用
合計	3,168 元	20,700 元

▲ 期貨跟 50 正 2 的總費用比較，差 6.5 倍

桿型 ETF 勝過期貨的四個優勢

照這樣看來，槓桿型 ETF 真的超級糟糕，費用貴太多了。直接持有期貨省下超多成本，根本不需要買槓桿型 ETF。嗯……真的是這樣嗎？前面講了很多「成本」，看起來槓桿型 ETF 都輸非常多。只有笨蛋才會買槓桿型 ETF，聰明人都直接選擇期貨就好。是的，如果單純從「成本」來說，直接持有期貨可以省去非常多的費用（包含手續費跟內扣費用）。

　　BUT，最重要的 BUT 來了！槓桿型 ETF 在支付較高的成本下，其實也提供了另外的保障跟優勢，只是大多數人沒看出來而已。現在，我要跟你介紹槓桿型 ETF 勝過期貨的四個重點：一、保證金風險。二、期貨到期風險。三、槓桿比例不固定。四、投資要考慮人性。看懂這四點，讀者就知道為什麼我認為槓桿型 ETF 才是更好的選擇。

一、保證金風險

　　個人持有期貨，會面臨保證金的問題。如果跌幅太大，你的保證金又不足夠，那就可能會面臨「斷頭」的風險（就是證券公司直接將你的部位賣出）。當你的保證金不足，即使你想長期投資也沒辦法。持有槓桿 ETF 則不會面臨保證金的問題。這樣講有點不太對，因為槓桿型 ETF 持有的是期貨，還是會有保證金的問題要處理。但那是基金經理要做的事情，不是你。你不必煩惱現在保證金夠不夠，有專業人士會幫你調整好。少了保證金這個壓力，你在長期投資時就可以有比較好的心態。

二、期貨到期風險

　　以台股期貨來說，每個月都會到期，到期時你得轉換合約（就是前面提到的轉倉）。依照一口大台來算，轉倉一次只要 264 元，一年十二次也只要 3168 元。但是，你得去注意每個月轉倉的時間。雖然轉個倉不麻煩，但這也會在無形中造成一種「時間壓力」。尤其當整個大盤情勢開始下跌的時候，你會心想：「我還要繼續持倉下去嗎？」

　　槓桿型 ETF 就沒這個問題。只要基金本身沒下市，而持有者也不賣出，理論上可以持有到永久。不會有時間壓力，更不需要自己轉倉。一切還是交給基金經理處理就好。

三、槓桿比例不固定

接下來這段須涉及一些數學，但請放心，都只是加減乘除而已，放慢速度一定能看懂。首先，假設大盤是 1 萬點，一口大台是 200 萬（複習 1-2，1 點是 200 元）。如果你想擁有兩倍曝險（200％），你就得拿 100 萬保證金出來買一口大台。

如果大盤接下來漲 10％ 會怎樣？大盤從 1 萬點，變成 1.1 萬點。這時一口大台會是 220 萬（11000×200）。因為一開始槓桿比例是 200％，所以漲 10％，等於賺 20％。保證金 100 萬，會賺到 20 萬，變成 120 萬。

但這個時候問題來了，你的保證金變成 120 萬，但一口大台卻只有 220 萬。你的槓桿比例會從 200％，降低變成 183％（一口大台 220 萬 ÷ 保證金 120 萬）。這時，你的槓桿比例就無法維持在 200％，除非你再增加曝險。不然大盤漲越多，你的槓桿比例就會越低。

再來，如果大盤跌 10％ 會怎樣？大盤從 1 萬點，變成 9 千點。這時一口大台會是 180 萬（9000×200）。因為一開始槓桿比例是 200％，所以跌 10％，等於虧 20％。保證金 100 萬，會虧損 20 萬，變成 80 萬。

	大盤 1 萬點	漲 10%	跌 10%
一口大台	200 萬	220 萬	180 萬
保證金	100 萬	120 萬	80 萬
槓桿比例	200%	183%	225%

▲ 期貨槓桿比例和保證金會隨著漲跌而改變

這個時候問題又來了，你的保證金變成 80 萬，但一口大台卻有 180 萬。你的槓桿比例會從 200％，增加變成 225％（一口大台 180 萬 ÷ 保證金 80

萬）。這時，你的槓桿比例就無法維持在 200％，除非你減少曝險。不然大盤跌越多，你的槓桿比例就會越高（我知道這段有點複雜，建議多看幾次）。

　　你自己人為操作期貨，就是會碰到這種問題。大盤漲上去，你的本金獲利兩倍，造成你的曝險變低。大盤跌下來，你的本金虧損兩倍，造成你的曝險變高。漲的時候曝險會下降，除非你加倉；跌的時候曝險會上升，除非你減倉。

漲跌	曝險比例
-30%	350%
-20%	266%
-10%	225%
0%	200%
10%	183%
20%	171%
30%	162%

▲ 期貨漲跌會造成曝險比例浮動，需要人工加減倉

　　那麼，槓桿型 ETF 不會碰到這種問題嗎？答案是，不會。因為槓桿型 ETF 內建的「每日平衡」（複習 1-6），就是負責做這件事情。當大盤上漲，因為曝險下降，基金經理會增加曝險，把曝險拉上去 200％。

　　當大盤下跌，因為曝險上升，基金經理會減少曝險，把曝險降下來 200％。也就是不管漲跌，你不必自己動手，會有人幫你把曝險控制在每日 200％。這個看似會造成摩擦成本的「每日平衡」，才是能夠讓曝險維持在 200％的絕佳作法。沒想到對吧，你以為的高買低賣，反而是控制曝險在 200％，將槓桿控制在兩倍的好方法。加倉減倉，都交給基金經理處理，

而且是每天處理，這樣輕鬆多了。你能夠想像自己每天在那邊計算 200％曝險，然後每個交易日都一直轉換期貨倉位嗎？光想到就頭痛對吧。每年付出 1.15％多的成本，交給別人處理會方便很多。

四、投資要考慮人性

從成本來看，期貨各方面都贏過槓桿型 ETF，可以省下非常多錢。但投資這件事，尤其是長期投資，需要考量的不只是成本，更要將人性算進去。不考量人性，策略再好都沒用。為什麼宣導長期投資，都要提醒散戶不要過度交易？因為每一次交易，會帶來一次選擇。期貨的成本確實節省很多，但每年你得經歷 12 次的轉倉，等於多出十二次的選擇。

選擇的次數多了，你就會加入「人性」。「現在跌很多了，我還要轉倉嗎？還是先平倉等等，看情勢如何再買進？」「現在漲很多了，我還要轉倉嗎？先賣掉，等低點再買回來會不會比較好？」每個月要轉倉時，你都會問自己這些問題。然後天使惡魔又開始打架了，你可能會在某一次的轉倉中，停止原本堅持的策略。

市場看空的時候，你會感到害怕。就像最近俄羅斯跟烏克蘭戰爭，我們是不是應該先停下來，別再持有期貨了？先等戰爭結束再投入市場不是更好嗎？而且美國聯準會又要升息，還可能會縮表，看起來情勢好可怕，先等等好了。然後呢？然後你可能就會錯過接下來市場反彈的時機，最終永遠都回不來。

而市場看漲的時候，你會想加倉，把槓桿比例拉大。原本兩倍槓桿，賺太慢了，何不開三倍呢？等到三倍槓桿的時候，你又覺得三倍太少，不如五倍吧。

就這樣一直拗下去，直到某一次的黑天鵝事件帶來大跌，你就會因為保證金不足被抬出場。這就是很多人認為期貨危險的原因。

　　漲的時候你想要賺更多，會不停加槓桿。跌的時候你又會害怕不敢買，而錯過反彈的機會。投資永遠要考量人性，特別是涉及槓桿。這就是大仁認為持有槓桿型 ETF，會比你用期貨更好的原因。雖然槓桿 ETF 成本比較高，但你只需要買入就好。不必擔心保證金夠不夠的問題。不必擔心每個月轉倉時間又到了，要記得轉倉。不必擔心期貨漲了，你得加倉，才不會讓曝險低於 200％。不必擔心期貨跌了，你得減倉，才不會讓曝險高於200％。持有槓桿 ETF，你就不必擔心這些雜七雜八的問題。因為這些交給專業的基金經理人處理就好，你要做的就是長期投資（依個人需求搭配策略使用）。

　　最後，重點整理如下：**一、持有期貨的成本，比槓桿 ETF 低非常多。二、但持有期貨會面臨更多風險及人性的考驗。三、持有期貨，得擔心保證金足不足夠的問題。四、持有期貨，得擔心每月要記得轉倉。五、持有期貨，得每天控制曝險在 200％，才不會讓槓桿比例跑掉。六、持有期貨，你得考慮到人性的弱點。七、槓桿 ETF 簡單多了，一切交給基金經理。**

槓桿 ETF 擁有期貨的優點，又不必承擔期貨的缺點

　　很多人會覺得買槓桿 ETF 的都是笨蛋，不如買期貨就好。這點我不認同，因為自己買期貨就會涉及到更多次的交易。更多次的交易，就會帶來更多選擇錯誤的風險。而且自己持有期貨，很容易不小心將槓桿開太大，最後爆掉。

　　關於這一點，槓桿 ETF 就不會有這個問題。最多就是 200％曝險，兩倍槓桿，你想用三倍也沒辦法。槓桿 ETF 可以鎖住你貪婪的人性，不會盲目加倉。簡單來說：持有槓桿 ETF，你可以擁有期貨的優點（槓桿曝險固定，交給專人處理），又不必承擔期貨的缺點（保證金壓力和時間壓力）。

	期貨	槓桿 ETF	影響
保證金追繳	有	無 （勝）	斷頭風險
到期風險	有	無 （勝）	時間壓力
槓桿比例固定	無	有 （勝）	曝險不穩定
人為因素	有	無 （勝）	人性弱點

▲ 自己操作期貨和槓桿 ETF 的優缺點比較

自己操作期貨比槓桿 ETF 更好？事情沒那麼簡單

上一篇文章說到，有許多人認為既然槓桿 ETF 持有期貨，我倒不如自己操作期貨，還可以不必被基金公司抽管理費，成本更低，不是更有優勢嗎？你想操作期貨達到兩倍槓桿，這個方法沒問題。但你得知道這麼做的風險是什麼，以及你可能需要面對的問題，本篇就繼續探討這個話題。

自己操作期貨，曝險會偏移

我們在 2-3 已經講過，自己操作期貨最大的問題就是「曝險會偏移」。假設，你持有「相同倉位」的期貨。臺股期貨一直上漲，你的保證金會增加。但保證金增加的同時，你又維持相同的倉位，這時你的槓桿比例就會下降（保證金增加＝槓桿變低）。反過來說，像 2022 年那樣，一直下跌，你的保證金會減少。保證金減少的同時，你又維持相同的倉位，這時你的槓桿比例就會上升（保證金減少＝槓桿變高）。除非，你每個月轉倉都讓槓桿比例回到原來的倍數，不然長期肯定會產生偏移。你會發現下跌越多，槓桿比例變得越高。上漲越多，槓桿比例反而降低（複習 143 頁的圖）。

如果你自己操作期貨，沒有在轉倉時平衡你的槓桿比例，你可能很快就畢業了。以 2020 年跟 2022 年來講，你滿倉期貨，三倍槓桿。大約下跌 30％你的保證金就不夠了。但對槓桿 ETF 來講就不同了。因為每日平衡機制，下跌波段會不斷減少曝險。如下頁圖示，當 QQQ（Invesco 納斯達克

100 指數 ETF）下跌 32％的時候，三倍槓桿的 TQQQ 只有下跌 76％。你可能覺得下跌 76％還可以說「只有」？對，只有。因為你都用三倍槓桿了，原型指數下跌 32％，你應該要賠 96％的。現在只讓你賠 76％而已，要心懷感恩了。

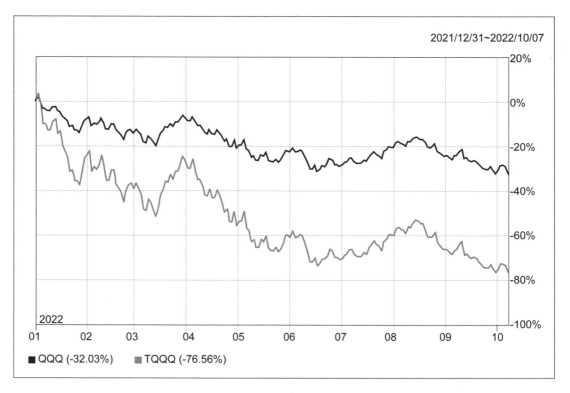

2021/12/31~2022/10/07

■ QQQ (-32.03%) ■ TQQQ (-76.56%)

▲ 每日平衡機制在下跌時會不斷減少曝險，當 QQQ 跌 32％時，三倍槓桿的 TQQQ 只跌 76％

沒調整槓桿比例會怎樣？如果你持有期貨，假設一開始設定兩倍之後就都不動，長期下來會怎樣？下例參考 PTT 論壇（Foreign_Inv 板）上 daze 網友的文章：

以前有一組產品，在 2009 年依照設定的槓桿倍數發行，之後不再平

衡槓桿比例。到期日是 2014 年，到期時 ETN（Exchange Traded Note，指數投資證券）會按標普 500 指數表現加計利息清算。BXUB（三倍做多）；BXUC（兩倍做多）；BXDB（一倍做空）；BXDC（兩倍做空）；BXDD（三倍做空）。

在 2009 年後，股市一路上漲。BXDD（三倍做空）在 2011 年因槓桿爆掉清算。BXDC（兩倍做空）在 2013 年因槓桿爆掉清算。BXDB（一倍做空）在 2014 年因槓桿爆掉清算。因為股市上漲，做空等於會下跌。而下跌時你沒有做平衡將槓桿比例拉回來，你的槓桿倍數就會持續增加。最終上述三者，都是在槓桿倍數偏移到 20 倍的時候遭到清算。而 BXUB（三倍做多）雖然受益於股市上漲。但在沒有加倉的前提下，會造成槓桿倍數下降。最終，在 2014 年到期之前，槓桿倍數只剩約 1.5 倍。

這種設定好槓桿都不動的結果，就是你無法控制槓桿倍數的偏移。因此你勢必得自己去調整槓桿比例，重新回到原來的倍數。這就是槓桿 ETF 每日平衡在做的事情。你自己操作期貨，當然不必每日重新平衡，只需要每個月轉倉的時候把槓桿比例拉回來就好。上漲，你就要加倉；下跌，你就要減倉。這樣才能夠維持住你原本設定的槓桿倍數。

自己轉倉，會增加交易次數，次數多了容易犯錯

「自己轉倉期貨，每個月平衡槓桿倍數。」這種做法本身沒問題，有問題的部分一樣在「人」。每個月轉倉一次，你就會面臨一次雜訊。為什麼講長期投資的文章，都要提醒散戶不要過度交易？因為每多一次交易，會帶來多一次的選擇。選擇多了，犯錯的可能性就會增加。美國有一份研究數據，觀察 78,000 個家庭的投資帳戶。結果發現，交易次數越頻繁，報酬率越低。越多的交易次數，代表越低的報酬率。

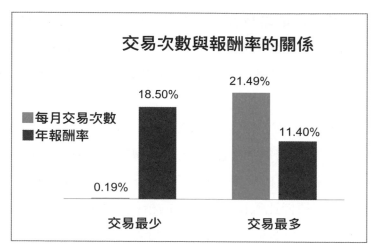

交易次數與報酬率的關係

18.50%

21.49%

11.40%

0.19%

■ 每月交易次數
■ 年報酬率

交易最少　　　　交易最多

▲ 越多的交易次數，代表越低的報酬率。資料來源：B. Barber, Terrance Odean（The Courage of Misguided Convictions）

　　我們已經在 144 頁提過，使用期貨的成本確實節省很多。但每年你得經歷 12 次的轉倉，等於多出 12 次的選擇。選擇的次數多了，你就會加入「人性」。現在跌很多了，我還要轉倉嗎？還是先平倉等等，看情勢如何再買進？現在漲很多了，我還要轉倉嗎？先賣掉，等低點再買回來會不會比較好？每個月要轉倉時，你都會問自己這些問題。然後天使惡魔又開始打架了。你可能會在某一次的轉倉中，停止原本堅持的策略。

　　最糟糕的策略，並不是你選擇槓桿 ETF 或自己轉倉。而是你中途放棄原有的投資方法，這才要命。如果你確定自己能做到機械式的調整，不會受到外在及內在的雜訊干擾，那樣不必非得選擇槓桿 ETF。大仁對於自己面對交易時的雜訊沒有信心，所以選擇槓桿 ETF。優點是不必自己轉倉。缺點是成本較高，波動耗損較高。而自己操作期貨：優點是成本低，波動耗損低，操作較為靈活。缺點是操作越靈活，你的人性就會越搞事。

　　我相信會願意用槓桿 ETF 的人，通常都是比較偏向長期投資的。而期貨因為成本太低，太方便了，比較偏向短期操作。你把一個短期操作的東西拿

來長期投資，必然得面對你的人性考驗。你覺得自己可以處理得來就沒問題。

自己持有期貨轉倉的實例模擬

在你決定自己操作期貨轉倉之前，大仁得提醒你可能會遇到什麼樣的情況。你想像的投資策略應該是：自己持有期貨，除了省下槓桿 ETF 的管理費，還可以減少波動耗損。每個月只需要轉倉一次，到時候再看槓桿比例偏移多少，平衡回來就好。每個月 1 次，一年也才 12 次，難度不高……這就是你幻想中的情況。

接下來，大仁帶你看看實際中的情況會是怎樣：比較可能的是，遇到股市連續上漲，你頓時信心大增。期貨用兩倍都可以賺幾百萬了，那用三倍我不就賺千萬嗎？我還浪費時間用什麼兩倍，用三倍甚至四倍不是賺更多？然後就一路把槓桿加上去，最後在某一次的黑天鵝大跌中爆炸。

再來，另外一種情況是下跌的時候遇到需要轉倉，你心中會想說：「先等等，目前看起來局勢不明。」就像 2020 年 3 月疫情那波上漲，在你看起來就是假反彈。接下來，肯定有第二隻腳，我先空手留得青山在，魚尾留給別人吃。我先不轉倉，後面再逢低接手，股神是我。然後，你就被後面不斷上漲的魚尾打臉了。等到你認為「局勢穩定了」，剛好買在高點，接著就遇到 2022 年的大跌。於是乎，你開始懷疑自己的投資策略是不是哪裡有問題。開始覺得槓桿都是騙人的，根本不可能長期投資。

自己操作期貨，很高機率會變成上面這樣。如果你有自信不被這樣雙巴，很自律，設定好規則就能完全照著走。很好，你用期貨絕對會比槓桿 ETF 來得更好。只是，倘若你真那麼厲害，區區兩倍槓桿應該是滿足不了你的。能夠長期自律轉倉兩倍期貨的人，應該看不上這種策略。而會看上這種策略的人，通常又沒有能力做到自律轉倉。結論就是大多數人會死在半路，能做到的少數高手會去找更好的方式。有能力的人，不想做。沒能力的人，做不來。

這就是我認為對大多數人而言，選擇期貨，不如持有槓桿 ETF 的原因。

每月平衡的優缺點

如果你覺得每日平衡實在太多次，目前也有「每月平衡」的槓桿基金。以那斯達克指數為例，每月平衡基金 RMQAX（費用率 2.46％），拿它跟每日平衡的 QLD 比較（費用率 0.95％）。看到下圖，即使 RMQAX 具有較高的成本，報酬還是比 QLD 好。從這邊可以看出來，每月平衡確實具有其優勢。

BUT，最重要的 BUT 來了！每月平衡或每日平衡哪個好，其實不一定，得看市場的走勢。每日平衡的優點是，連續上漲，每日平衡會不斷加倉，可以吃到最多上漲報酬。連續下跌，每日平衡會不斷減倉，讓整體虧損減少。而缺點是反覆盤整會增加波動耗損。

每月平衡的優點是平衡次數較少，可降低波動耗損。缺點：連續上漲，在剛平衡後才瞬間上漲，這塊報酬就吃不完整。連續下跌，跌幅集中在一個月內，每月平衡就失去減倉的機會。比較下來哪個好，還真不一定。

投資組合	初始餘額	最終餘額	複合年增長率	標準差	最佳年份	最糟糕的一年	最大限度・回撤	夏普比率
QLD	1,000,000 美元	4,315,689 美元	22.77%	38.82%	88.90%	-58.82%	-58.82%	0.66
RMQAX	1,000,000 美元	4,948,888 美元	22.92%	37.82%	100.99%	-58.72%	-58.72%	0.72

▲ 那斯達克的每月平衡基金 RMQAX 跟每日平衡的 QLD 比較

平衡機制是為了確保永不出局，但要承擔波動耗損

不過，平衡這種機制，本身就是一種控制風險的方式。只要有做，而且時間別拉太長就好。比方說「年平衡」就是時間拉太寬，很高機率會在某次大跌中爆掉。例如 2008 年，如果採用年平衡。當原型指數跌超過 50％之前還沒啟動再平衡，那就爆掉了。平衡，就是確保你永遠不會出局的方式。

很多人把槓桿 ETF 的平衡機制，視為追高殺低的愚蠢策略。但追高殺低，反而是控制下跌風險的方式。而槓桿 ETF 平衡的缺點，就是要承擔波動耗損。有好就有壞，這點就看個人了。

最後，重點整理如下：**一、自己操作期貨，轉倉時得將曝險拉回來，否則槓桿比例會偏移。二、不調整槓桿比例，結果將會非常兩極（不是槓桿變太低，就是槓桿變太高）。三、自己轉倉會增加交易次數，交易次數多了就容易出錯。四、能自律轉倉的人看不上這種策略，看得上這種策略的通常又做不來。五、每日平衡或每月平衡，兩者各有優缺點。**

你想要自己操作期貨轉倉，就得面對你的人性。你不想調整槓桿比例，那就準備在某次大跌爆掉。而這一點，正好是槓桿 ETF 的優勢。幫你克服人性，順便避免在某次大漲大跌爆炸。

如果你看到這邊，還是想自己轉倉期貨，不妨把錢分成兩個帳戶。一個帳戶買入槓桿 ETF，另一個帳戶自己持有期貨轉倉。觀察個一年看看，如果你自己轉倉的表現比槓桿 ETF 好，那就可行。倘若你搞了一年，結果還落後槓桿 ETF，那還是乖乖付管理費給基金公司處理就好。

借錢投資 0050，還是直接買 50 正 2 ？

　　如果你手邊有 100 萬的資金，你想開兩倍槓桿投資 0050，也就是投資 200 萬。你應該去借 100 萬，用 200 萬的資金投資。還是用 100 萬投資 50 正 2，直接開啟兩倍槓桿。哪一種比較好呢？大仁用這篇文章分析給你看。

　　槓桿主要分成兩種：一是借貸（向別人借錢，例如房貸、車貸、信貸、親友借貸），二是內建槓桿的衍生性商品（期貨、選擇權、槓桿 ETF）。選擇貸款，用更多的錢去投資，這就是第一種的「借貸」。選擇槓桿 ETF，用更少的錢去投資，這就是第二種的「內建槓桿的商品」。假設，本金為 100 萬，你想開啟兩倍槓桿（200％曝險），你有兩種選擇，列舉如下：

　　一、借貸 100 萬。假設你可以借到 100 萬的資金，這邊條件大仁設定很寬鬆，就以理財型房貸為例。借貸 100 萬，不必償還本金，只須償還利息。每年利率 2％，這樣條件夠寬鬆了吧。

　　二、用兩倍槓桿 ETF。這個選擇更簡單，不必借錢。直接投資內建兩倍槓桿的 ETF，也就是 50 正 2（00631L）。這個方式的好處是不用承擔債務，也不用支付額外的利息。

2015 年～ 2021 年的組合比較

　　所以，我們可以看到這兩種組合：一、200 萬的 0050（含 100 萬貸款）。二、100 萬的 50 正 2。時間就設定在 2015 年到 2021 年，這七年的

時間。讓我們直接看到結果，0050 的總報酬 168.85％，50 正 2 的總報酬 578.12％。

　　對照兩個組合：一、200 萬的 0050，最終市值約 537 萬。二、100 萬的 50 正 2，最終市值約 678 萬。看起來勝負很明顯了。只用 100 萬投資 50 正 2，最終還多賺了 141 萬。另外，這邊還沒計算借貸 100 萬，每年需要支付的 2％利息。若將利息扣除，借貸組合獲利 323 萬，槓桿組合獲利 578 萬，這個差距又拉得更大了。

標的	2014/12/31	2021/12/31	獲利
0050	200 萬 （借貸 100 萬）	537 萬	323 萬 （扣除利息 14 萬）
50 正 2	100 萬	678 萬	578 萬

▲ 只用 100 萬投資 50 正 2，最終還比 200 萬投 0050 多賺了 141 萬

　　可能有人質疑，大仁你計算的期間怎麼故意錯過 2022 年不算？其實不是我故意，是因為 2022 年還沒結束，用一個不完整的年度去算我覺得不合理。但沒關係，我們就拉到寫文這天（2022 年 7 月 11 號）來計算（0050 報酬率 111.96％；50 正 2 報酬率 333.58％）。對照下頁表格的兩個組合：一、200 萬的 0050，最終市值約 424 萬。二、100 萬的 50 正 2，最終市值約 434 萬。即使遇到槓桿最不利的大跌，勝負一樣很明顯。再來，同樣還沒計算借貸每年需要支付的 2％利息。若將利息扣除，借貸組合純獲利 209 萬；槓桿組合純獲利 334 萬，這個差距也是非常明顯的。

標的	2014/12/31	2022/07/11	獲利
0050	200 萬 (借貸 100 萬)	424 萬	209 萬 (扣除利息 15 萬)
50 正 2	100 萬	434 萬	334 萬

▲ 2014 年底 50 正 2 開始投資 200 萬的 0050，在 2022 年 7 月最終市值約 424 萬；100 萬的 50 正 2，最終市值約 434 萬

2022 年開始投資的組合比較

看到這邊，相信你已經深刻地感受到，借錢投資 0050，有很高機率輸給 50 正 2。我們再設定另外一種情況。如果從 2022 年開始投資，遇到大跌時會怎樣？2022 年初到 7 月 11 號為止，0050 下跌 21.16％，50 正 2 下跌 36.06％。

標的	2021/12/31	2022/07/11	虧損
0050	200 萬 (借貸 100 萬)	157.6 萬	-42 萬
50 正 2	100 萬	63.9 萬	-36 萬

▲ 從 2022 年初到 7 月 11 號，0050 借貸組合虧損 42 萬，50 正 2 槓桿組合虧損 36 萬

看起來好像是 50 正 2 跌比較慘？不過，兩者的資金量不同，雖然 0050 跌比較少，但它可是持有 200 萬的部位。而 50 正 2 雖然跌更多，但它只有 100 萬的部位。所以，最終結果看起來是這樣：一、200 萬的 0050，遇到大跌剩下 157.68 萬（虧損 42.32 萬）。二、100 萬的 50 正 2，遇到大跌剩下 63.94 萬（虧損 36.06 萬）。借貸組合虧損 42 萬，槓桿組合虧損 36 萬。誰

比較抗跌，我想答案很清楚了。

每日平衡的好處：漲多跌少

看這邊你可能會感到疑惑。為什麼 2015 年到 2021 年這種牛市，50 正 2 可以漲更多；但遇到 2022 年這種熊市，50 正 2 卻可以賠更少？哪有這種漲就漲更多，跌又跌更少的情況？答案很簡單，這是因為之前提過的「複利的偏移」，加上槓桿 ETF「每日平衡」的結果。遇到連續上漲，槓桿 ETF 為了要將曝險控制在 200％，會一直把期貨的部位拉上去。這就會變成漲越多，它的部位就越大（但還是維持曝險 200％）。遇到連續上漲，部位更大，自然就能吸收到更多的正向複利。

反過來說，如果遇到 2022 年這種連續大跌，槓桿 ETF 就會一直縮減期貨部位。這就會變成跌越多，它的部位就越小（但還是維持曝險 200％）。遇到連續下跌，部位更少，自然就會跌更少一些。漲的時候，一直追高，漲更多；跌的時候，一直殺低，跌更少。

這就是為什麼上漲的時候 0050 上漲 168％，50 正 2 卻上漲 578％；這就是為什麼下跌的時候 0050 下跌 21％，50 正 2 只下跌 36％。你以為追高殺低，是韭菜才會做的事？不，從 50 正 2 的表現看起來，這個策略完全碾壓 0050。（作者註：追高殺低當然也是有缺點，遇到盤整時期的耗損會加大。不過，股市通常連漲連跌居多，這些正向複利通常會抹平盤整的耗損。不然，你也不會看到 50 正 2 可以超越 0050 那麼多。）

借貸來投資的壓力更大

談完冰冷的數字，接下來我們來聊聊心理層面。借貸 100 萬，需要背負扛債的壓力。成熟的投資者都知道，心理壓力是長期投資最大的敵人。為什麼很多人都警告不要「借錢投資」？因為只要你借錢，就得承受債務的壓

力。要是賺錢還好，那如果遇到熊市呢？這時投資者很容易產生自我質疑。結果往往就砍在最低點，看著股市反彈回去也不敢追，造成永久性的損失。

　　你貸款 100 萬去投資 0050，需要背負壓力。但我拿自己的 100 萬投資 50 正 2，完全不需要借錢。因為 50 正 2 內建的槓桿，就自動幫我變出 100 萬的曝險了。我不需要借錢開槓桿，50 正 2 就是我的槓桿。你面對大跌，是以 200 萬的部位去承受。我同樣面對大跌，是以 100 萬的部位去承受。真的遇到股市崩盤，你說，誰的心態會更好？我遇到崩盤，還可以去借 100 萬來生活。你遇到崩盤，原本可以借的 100 萬已經用掉了，接下來怎麼辦？雖然我們同樣都是開槓桿，但我用的槓桿是更安全的。

標的	資金	貸款	利息	壓力
0050	200 萬	100 萬	2%	有
50 正 2	100 萬（勝）	無（勝）	無（勝）	無（勝）

▲ 50 正 2 內建槓桿的優勢在各方面都碾壓借錢去買 0050

　　要比獲利？50 正 2 比你借錢去投資 0050 還要來得更高。要比安全？我投入的資金更少，承受的壓力更低。再來，誰願意借錢給你？這是最後一點了。你想借 100 萬，也許沒問題。但當資金成長到 1000 萬的等級時，你去哪裡找人借你 1,000 萬？信貸嗎？那你的月收入可能要 50 萬，才有銀行願意借你 1,000 萬（信貸額度最高為月收入 22 倍）。房貸嗎？你也得有一間價值 1,200 萬以上的房子（貸款完全清償），才有可能借到 1000 萬。在資金幾十萬，或 1、200 萬的時候，你要靠借貸去開槓桿很簡單。但當資金已經是 500 萬以上，甚至是 1,000 萬。你去哪裡找到人，願意借給你這麼多錢？當本金變大，你連想借錢都有難度。

　　但這個問題，槓桿 ETF 就不必擔心了。想開 1000 萬的槓桿？你直接買 1000 萬的 50 正 2 就好。唰的一下，1000 萬就這樣變出來了，直接幫你創造出 2000 萬的曝險。不用求人，不用借錢，不用承擔債務壓力。透過 50 正 2，直接創造出兩倍槓桿。這是不是比你到處借錢，還得支付利息，來得輕鬆多了？

投資 50 正 2 ＞＞＞借錢買 0050

　　最後，重點整理：**一、槓桿有兩種，第一種是借錢，第二種是內建槓桿商品。二、經回測，借錢投資 0050，報酬落後 50 正 2。三、遇到連續上漲的牛市，50 正 2 會漲更多。四、遇到連續下跌的熊市，50 正 2 會跌更少。五、借貸投資需要背負更大的時間壓力及金錢壓力，投資槓桿 ETF 則不用。六、等金額變大時，你想借大筆金額難度很高，借 100 萬跟借 1000 萬是完全不同的難度。七、透過槓桿 ETF 不必跟人借錢，直接內建槓桿，省事方便。**

　　好了，相信你看到這邊已經明白，與其借錢投資 0050，不如直接投資 50 正 2 更好。報酬更高這點就不提了。不必跟人借錢，不必有還款壓力，不必看別人臉色。光這點，50 正 2 的優勢就已經完全碾壓你去借貸投資了。大仁經常看到許多人用融資或質押，我內心都覺得也太麻煩了。你直接投資 50 正 2 這種內建槓桿的 ETF 不是省事多了？融資還要支付利息，還要注意維持率，還要有時間的壓力。

　　投資就是打心理戰，講求的就是輕鬆舒服。你沒事把自己搞得精神壓力這麼重，何必呢？想槓桿，你直接投資 50 正 2，方便又簡單。買進持有，耐心等待市場長期向上，不是很舒服嗎？如果你有投資 0050 的朋友，想透過「借錢、貸款、融資、質押」這些選擇來開槓桿。拜託，別幹這種蠢事。直接用 50 正 2 就好，輕鬆省事。

投資組合的曝險配置：以 00631L 與 00878 為例

槓桿投資法最重要的就是「曝險比例」的配置。但許多人還是搞不清楚怎麼看，例如我收到的這封讀者來信：「我打算這二天把全倉 0050 的 50％換過去 50 正 2。另外，50％不想留現金，想買 00878 收季配股利，創造現金流。不知道這樣的想法是否有盲點？是否沒有真正理解槓桿 ETF？麻煩大仁哥撥空指點。」我想問本書讀者，知道他的問題出在哪裡嗎？如果不知道，這篇就讓我們看下去。

曝險，就是你要承擔多少風險

大仁曾寫過：真正的風險並不是槓桿，而是太大的槓桿。用槓桿可能有些人不清楚，我簡化為「曝險」比較好理解。「曝險」的意思，就是你願意讓資金承受多少的風險。比方說，你有 100 萬。你拿 10 萬出來投資，曝險比例就是 10％。你拿 20 萬出來投資，曝險比例就

資金	曝險	槓桿
10 萬	10%	0.1
20 萬	20%	0.2
30 萬	30%	0.3
40 萬	40%	0.4
50 萬	50%	0.5
60 萬	60%	0.6
70 萬	70%	0.7
80 萬	80%	0.8
90 萬	90%	0.9
100 萬	100%	1

▲ 低於 1 倍以下的槓桿，也是在使用槓桿

是 20%。依照你拿出來投資的資金，決定你的曝險比例。

很多人都說槓桿不好，其實是把槓桿妖魔化了。你如果有 100 萬，拿 100 萬出來投資，你也是在用槓桿，這個槓桿是 1 倍（曝險 100%）；拿 80 萬出來投資，還是存在槓桿，這個槓桿是 0.8 倍（曝險 80%）。

2 倍槓桿的曝險計算方法

與其說槓桿，我們不如直接用「曝險比例」來替代。用多少的曝險比例，來決定自己要承擔多少風險。這比粗暴地指責「你開槓桿就是不對」來得好多了。那曝險比例怎麼看？以 50 正 2 為例，因為它是兩倍槓桿，所以曝險要用兩倍計算：投入 10 萬，等於是 20 萬的曝險。投入 20 萬，等於是 40 萬的曝險。可以參考下面表格，以此類推。

投入資金	曝險比例
10 萬	20%
20 萬	40%
30 萬	60%
40 萬	80%
50 萬	100%
60 萬	120%
70 萬	140%
80 萬	160%
90 萬	180%
100 萬	200%

▲ 使用 50 正 2 的槓桿會讓曝險有兩倍的效果

我們回到開頭這封來信的提問：「我目前的問題是打算這二天把全倉 0050 的 50％換過去 50 正 2。50％不想留現金，想買 00878 收季配股利，創造現金流。」他原本的曝險比例是全倉（100％）的 0050，現在想要轉換 50％的資金到 50 正 2，另外 50％的資金想放在 00878 收股息。來，讓我們算一下他的曝險比例是多少。50％的 50 正 2，曝險是 100％，50％的 00878，曝險是 50％，兩者加起來的總曝險為 150％。

項目	投入	曝險	槓桿
50 正 2	50 萬	100%	1
00878	50 萬	50%	0.5
合計	100 萬	150%	1.5

▲ 50％的 50 正 2 的曝險是 100％，50％的 00878 的曝險是 50％，總曝險為 150％

我回答他：「這樣的曝險比例是 150％，等於 1.5 倍的槓桿。要用 150％的曝險沒問題，不過這代表你得承受 1.5 倍的風險。如果你願意接受的話就可以。最怕你不知道自己的曝險是 150％，結果遇到大跌後發現損失太多。嚇到砍出去，這就不對了。」經過說明，他發現自己搞錯曝險比例。最後決定的投資組合為：現金 25％，50 正 2 為 25％，00878 為 50％，合計曝險 100％。如果他想追求的曝險是 100％，這樣組合起來就沒問題。

有些人會將現金部位也視為曝險，但我覺得不必，因為現金不會有波動。不會隨市場漲跌而變化，所以我不會將現金視為曝險（但現金會因為通貨膨脹貶值，還是得盡量投資）。

項目	投入	曝險	槓桿
現金	25 萬	0%	0
50 正 2	25 萬	50%	0.5
00878	50 萬	50%	0.5
合計	100 萬	100%	1

▲ 正確的 100%曝險分配

想領股息只是人性的弱點，投資只該關注「總報酬」

最後，大仁要提一下這位朋友提到的「現金流」。他會配置 50％的資金在 00878，主要是因為 00878 是採取季配息的 ETF。每一季都會配發股息，依照過去一年的殖利率有超過 5％。但大仁要告訴你，股息並不是特別重要的東西，投資應該關注的是總報酬（股息＋資本利得）。股息就只是總報酬的一部分而已，它並非特殊的存在。讓我們以 0050、50 正 2、00878 三者做比較：從 00878 上市計算，至 2023 年 3 月 13 號。0050 總報酬 34.08％，00878 總報酬 27.53％，50 正 2 總報酬 93.68％（皆包含股息）。以上三者中，00878 的報酬最低。

你會想要領股息，其實就是你人性的弱點而已。人性天生需要「控制感」，想要凡事都在自己的掌控之中。而股息，看起來就是這麼回事。每一季都會配發給我一筆錢，好穩定，好安心。這也是大多數人投資 00878（或 0056）的原因。

你想領股息沒問題，但如果為了股息犧牲掉太多總報酬，這就不理性了。00878 的總報酬是 27.53％。50 正 2 的總報酬是 93.68％，兩者相差66.15％。這 66.15％ 就是你為了「控制感、安全感」所付出的代價。

你可能會說 50 正 2 是兩倍槓桿這樣比不公平。好的，我們用一半報酬來計算也有 46.84％，還是碾壓 00878。這就是大仁為什麼建議你要用「總報酬」來看投資的原因。你可能會有疑問，如果不領股息，我怎麼會有現金流？答案很簡單，想要股息，你自己賣股票就好。自己賣出股票的這個行為，可以稱作是「自製股息」。想要領多少，自己配（反正股息也是從股價扣除的，跟你賣掉的意思相同）。看是要季領、月領、週領都隨你高興。股息真的不是很重要，總報酬才是我們應該關注的。

槓桿不危險，過高的槓桿才危險

最後，重點整理：**一、槓桿不危險，過高的槓桿才危險。二、曝險比例，就是找出你願意承擔多少的風險。三、先設定好自己的曝險比例，再去做投資組合的配置。四、現金流不一定要靠股息，賣出股票也是一種發放股息的表現。五、投資要看總報酬，股息只是總報酬的一部分而已。**

讓我們回過頭檢視本篇 163 頁這份投資組合：雖然裡面有 50 正 2，是兩倍槓桿的 ETF。但你會發現加總起來的曝險最高只有 100％，等於沒開槓桿（1 倍槓桿）。這就是大仁一直強調的，槓桿 ETF 並非邪魔歪道，它是可以做為投資組合一部分的。

我常說槓桿不危險，危險的是無知。當我們清楚了解槓桿後，反而可以利用槓桿讓自己的投資更安全。雖然這個組合是 100％ 的曝險，但因為利用 50 正 2 的兩倍槓桿特性，讓自己手邊多出 25％ 的現金部位。多出現金，投資起來就安心。這就是利用槓桿所創造出來的財務彈性。將曝險比例搞

懂,才能真正理解槓桿投資法。好了,看到這邊希望你對槓桿投資法的配置有多了解一點。

2-7
如何用 50 正 2 槓桿 ETF 增加現金流？

關於 50 正 2 這類槓桿 ETF，在台灣可說是被抹黑到了極點。彷彿只有缺點，完全沒有優點一樣。這篇想跟讀者聊聊「如何運用 50 正 2 創造出現金流的兩種方法」。首先，在本書的開頭就詳細說明過槓桿 ETF 的原理就是透過「期貨」增加曝險。當曝險增加到 200％的同時，才有機會取得兩倍的報酬。所以，想投資槓桿 ETF 的第一步，就是要了解「曝險比例」這個概念。搞懂這個概念以後，你才會知道為什麼槓桿 ETF 可以增加現金。因為曝險的多寡，將決定你手上可以有多少現金。

用槓桿 ETF 增加現金流的兩種方法

那麼，要如何運用槓桿 ETF 取得現金呢？很簡單，有兩種方法：一是「減少投入的資金」，二是「需要用錢，轉換成槓桿」。這兩種都是透過槓桿型 ETF 取得現金的方法。看不懂沒關係，下面我會逐一說明。

一、減少投入的資金

你投入的資金越少，你手上的資金就越多。舉個例子，你每個月有一萬元可以投資。只要投資五千元，手上不就多出五千元現金了。看到這邊你可能覺得，大仁是不是當我傻子？投入的資金越少，當然就有越多的現金。但問題是我投入資金少，就賺得少啊。同樣的標的，人家每個月投入

一萬元，跟我每個月投入五千元，最終賺到的報酬能比嗎？我只投入五千元，肯定輸人家。

　　等等，先別著急。我們來看一個實際的回測案例：假設，投資期間為 2015 年到 2021 年，總共七年的時間。小明每個月投入一萬元投資 0050；小美每個月投入五千元投資 50 正 2。看到這邊你可能心想，小美只投入五千元，怎麼跟小明的一萬元比呢。真的是這樣嗎？讓我們看看實測的結果如下：小明每個月投入一萬元，總共投入 84 萬的本金，最終賺到 84 萬。小美每個月投入五千元，總共投入 42 萬的本金，最終賺到 141 萬。

ETF 定期定額報酬率試算結果		ETF 定期定額報酬率試算結果	
投資標的：	0050.TW	投資標的：	00631L.TW
每月投資金額：	10,000 台幣	每月投資金額：	5000 台幣
投資時間：	2015/01/05-2021/12/30	投資時間：	2015/01/05-2021/12/30
累積投資金額：	840,000 台幣	累積投資金額：	420,000 台幣
股利金額：	123,230 台幣	總持有股數：	12,596.5688 股
總持有股數：	11,602.6325 股	手續費支出：	3,219 台幣
手續費支出：	3,603 台幣	總投資成本：	423,219 台幣
總投資成本：	843,603 台幣	資產終值：	1,839,099 台幣
資產終值：	1,688,183 台幣	損益金額：	1,415,880 台幣
損益金額：	844,580 台幣	總報酬率：	334.55%
總報酬率：	100.12%	年化報酬率：	23.38%
年化報酬率：	10.43%		

▲ 2015 年到 2021 年，月投 1 萬元到 0050 會賺到 84 萬（左）；月投 5 千到 50 正 2 會賺到 141 萬（右）

　　咦，這是怎麼回事。為什麼小美只投入一半的資金，卻能勝過小明？答案在本書前面講過很多次了，有興趣的讀者再複習一次，大仁就不贅述了。回到主題。你以為小美只投入五千元，但她的實際曝險比例為一萬元（因為兩倍槓桿）。在兩倍槓桿的前提下，投入五千元，就等同投入一萬元。這只是一個簡單的數字比例換算而已。

　　那這跟變出現金有什麼關係呢？有的。假設，小明跟小美都有一萬元。

小明選擇每個月投入一萬元在 0050。小美選擇每個月投入一半資金，也就是五千元在 50 正 2，然後另外五千元存起來。結果會變成下圖這樣。

	投資標的	定期定額	結果	現金
小明	0050	每月 1 萬	獲利 84 萬	無
小美	50 正 2	每月 5 千	獲利 141 萬	42 萬

▲ 小美用更少的資金投資 50 正 2，獲利更多的同時，手上還有 42 萬的現金

　　小美投入更少的資金，賺到更多的獲利，同時手上還有 42 萬的現金。你看到重點了嗎？多出 42 萬的現金。這筆錢，就是透過槓桿 ETF 可以多出來的現金流。你用一半的資金，用兩倍槓桿變成 100％曝險。然後將另外 50％的錢留在手上，這時你就會有更多的現金。只要控制好曝險比例，就能夠知道你能有多少的錢留在手上。曝險越高，現金越少；曝險越低，現金越多。這點可以依照個人的情況去做調整。這邊的重點是，可以透過槓桿比例的調整，去增加你手上的現金！

投入資金	曝險比例	多出現金
1000	20%	9000
2000	40%	8000
3000	60%	7000
4000	80%	6000
5000	100%	5000
6000	120%	4000
7000	140%	3000
8000	160%	2000
9000	180%	1000
10000	200%	0

▲ 投資 50 正 2，可以透過槓桿比例的調整，增加手上的現金

二、需要用錢，轉換成槓桿

　　第一種方法是減少投入資金，讓自己手上多出現金。而第二種方法，採用的則是「轉換槓桿」的方式。不懂沒關係，下面簡單說明。比方說，小明有 100 萬，他全部拿去投資 0050。這個時候，他的情況會是這樣：100 萬全部拿去投資，曝險比例 100％，手上沒有多餘的現金。

　　如果，臨時需要用到 10 萬元的資金怎麼辦？一般人可能選擇賣出 10 萬的股票，把股票換成現金。但是，你可以有更聰明的選擇。讓我們同樣從曝險比例去思考：假設你要維持 100％的曝險，但又需要 10 萬的現金。你可以怎麼做？一、先賣掉 20 萬的 0050。二、多出 20 萬的現金。三、買 10 萬的 50 正 2，曝險比例就會回到 100％。四、手上多出 10 萬的應急現金。

　　這就是槓桿 ETF 可以使用的轉換策略。當你以 100％曝險為目標，如果需要多少現金，就是轉換買多少的 50 正 2 即可。只要抓好比例，就能夠透過轉換成槓桿 ETF 變出現金。如果你是只投資 0050 的朋友，在急需要用錢的時候，不必降低曝險。可以直接透過槓桿 ETF 轉換出現金，同時還不會減少曝險，可說是最方便的現金流策略。

0050	50 正 2	曝險比例	手上現金
100 萬	0	100%	0
90 萬	5 萬	100%	5 萬
80 萬	10 萬	100%	10 萬
70 萬	15 萬	100%	15 萬
60 萬	20 萬	100%	20 萬
50 萬	25 萬	100%	25 萬
40 萬	30 萬	100%	30 萬
30 萬	35 萬	100%	35 萬
20 萬	40 萬	100%	40 萬
10 萬	45 萬	100%	45 萬

▲ 直接透過槓桿 ETF 轉換出現金，同時還不會減少曝險

最後，重點整理一下：**一、槓桿 ETF 可以透過調整曝險比例，增加手上現金。二、用槓桿 ETF 維持曝險，減少投入資金，手上就能多出現金。三、急需用錢時，賣出部分股票，轉換部分到槓桿 ETF，手上就能多出現金。四、曝險越高，現金越少。曝險越低，現金越多。五、相同曝險為前提，使用槓桿就能變出更多的現金。**

好了，希望看到這邊你能夠對於「曝險比例」的運用有更深刻的了解。槓桿就是借錢，可以讓你手上的資金增加。很多人投資不用槓桿，等於就是自廢雙手在戰鬥。你以為自己不用槓桿叫做保守，那只是不去深入了解的藉口而已。

你用一萬元定期定額 0050，還輸給人家用五千元定期定額 50 正 2。你手上零現金，人家手上現金多多，擁有更強大的現金流，更有能力應付風險。這就是透過槓桿可以帶來的強大現金優勢。我想不到有任何定期定額 0050，而不用一半資金定期定額 50 正 2 的理由。唯一的可能，大概只有排斥槓桿的投資偏見吧。

2-8
如果台股長期盤整，50 正 2 會怎樣？

　　你可能有疑問，50 正 2 之前表現那麼好是因為台股這幾年報酬很高。萬一接下來台股開始盤整好幾年，台積電又表現不佳，這樣 50 正 2 還會上漲嗎？這樣的問題看過太多次了，大仁決定寫一篇來說明為何「時間，比時機重要」。

台股大盤盤整兩年，正 2 卻能上漲 19.23% 的原因

　　台股加權指數從 1990 年達到 12,682 這個歷史高點。經過 30 年的時間，才終於在 2020 年 7 月 30 號這天重新回到 12,682 點。補充，若看報酬指數在 2011 年就已經超越了（見本書 1-12）。接下來，台股一路上漲，從 12,682 漲到 18,619。然後又跌回 12,682。在 2020 年 7 月 30 號到 2022 年 10 月 24 號這段期間，台股大盤跟 0050 幾乎回到原點，沒有任何進展。

　　看到這邊，你可能好奇 50 正 2 的表現如何。既然 0050 都沒賺錢，正 2 應該更慘吧？答案可能讓你跌破眼鏡。台股盤整兩年，大盤幾乎沒有成長。但正 2 的報酬率是 19.23%。為什麼會這樣？因為台股是殖利率很高的市場，這三年也發了非常多的股息。2020 年到 2022 年，加起來總共有 1,565 點的股息點數。

　　若看到報酬指數（含息），你會看到 9.72% 的報酬。這就是加進股息的真正表現。雖然台股大盤看起來重新回到 12,682，但這段時間的股息已

171

經默默填息了。也因此，50 正 2 取得兩倍股息的回報。所以，你問我 50 正 2 在經歷大盤盤整兩年，重新回到 12,682 會怎樣？答案就是上漲 19.23％。

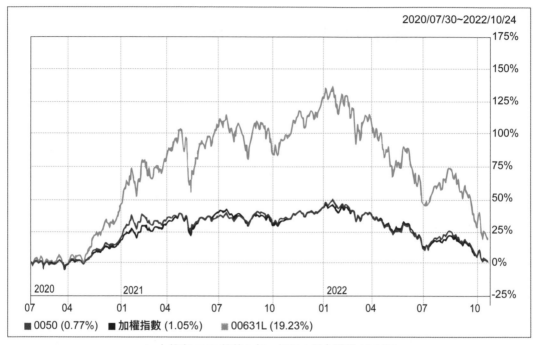

▲ 大盤和 0050 盤整 2 年，但正 2 卻上漲了 19.23％

0050 的問題，過於集中大型股

你可能覺得疑惑，0050 不是代表台股嗎？怎麼會在報酬指數上漲 9.72％的時候，0050 幾乎沒有上漲？因為 0050 是台股市值前 50 大的上市公司。而目前（2022 年）台股的所有上市公司總共有 971 家。也就是說 0050 排除掉了其他九百多家公司。若以總市值來看，0050 只佔據大盤 67.61％的比重，其他 32.39％是沒有包含在內的。

這項缺點在過去看不太出來，因為台積電表現很好。但 2022 年台積電開始熄火，連帶將 0050 的表現拉下來。這個時候就能看出 0050 過於集中

大型股的缺點了。台積電目前佔據 0050 約 45％，遠遠超過大盤的 26％。這也導致 0050 有很大程度都得看台積電的表現。過於集中大型股（台積電）就是 0050 的問題。

用純臺股期貨 200% 的 00675L 來比較

讓我們看到另外一檔槓桿 ETF，富邦投信的 00675L 是持有 200％臺股期貨曝險，因此可以完整反應出臺股期貨的表現。在 2020.7.30 ～ 2022.10.24 這段期間，你會發現 00631L 只上漲 19.23％，而 00675L 卻上漲 25.99％，為什麼會這樣？這就是前面提到的 0050 問題。50 正 2 因為持有少部分的 0050 期貨（50 期貨的權重並非固定，通常在 25%～ 50%左右），因此績效被拖累約四分之一。不然 00631L 應該跟 00675L 差不多才對。

連配置部分期貨的 00631L 都被台積電影響了，那 0050 更不用講。這也是台股從 12,682 漲到 18,000，又從 18,000 跌回 12,682，0050 卻停滯不前的主要原因。雖然 0050 內建汰弱換強的機制，台積電表現太差比重自然會下降。但 0050 會因為過於集中的原因，將承受更長的陣痛期。這是投資 0050 逃不開的宿命。若你擔心這點，00631L 或是 00675L 反而是更為分散的選擇。接下來十年，倘若台積電表現不佳，0050 將迎來更長的磨合期。而 00631L 或 00675L，則有其他 970 家上市公司可以撐場，不會過度押注台積電。

大盤長期盤整＝ 50 正 2 吸收兩倍除息，慢慢墊高淨值

回到主題，有人疑問如果 50 正 2 遇到長期盤整會怎樣？答案是不會怎樣。就是每年隨著台股大盤走，吸收兩倍的除息點數。隨著時間增加，慢慢墊高淨值。除了前面提到的，在 2020 年 7 月 30 號到 2022 年 10 月 24 號這段期間，台股大盤跟 0050 幾乎回到原點，但 50 正 2 卻漲了 19.23％。還

有下面這個區間，2017 年 7 月 5 號到 2020 年 4 月 16 號，台股回到原點。50 正 2 卻上漲 21.33%（參考 98 頁圖）。

在這兩個時間點，大盤都回到原本的位置。而 50 正 2 卻以每年約 8% 的速度，不斷墊高股價，這就是它每年吸收到的兩倍股息。如果你在 2020 年 7 月 30 號，台股突破 12,682 的時候覺得 50 正 2 股價太高了。當時股價 63.95。你開始空手等待，等了兩年，台股終於從 18,000 跌回來 12,682。你心想可以投資了。2022 年 10 月 24 號你決定出手。咦，台股明明都在 12,682，結果股價變成 76.25？我空手等了兩年，反而還買更貴？

是的，這就是你忽略股息對台股的影響。假設一直在 12,682 盤整，漲上去又跌下來。你每多等一年，台股淨值就可能因為股息墊高約 4%，正 2 是兩倍 8%。你打算空手多久？

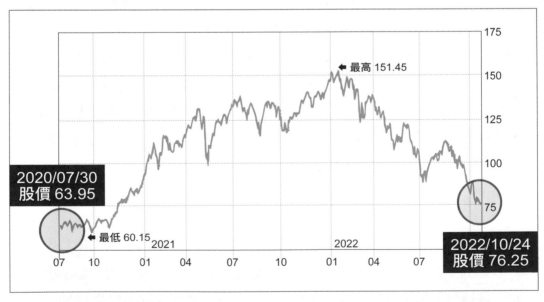

▲ 兩年過去台股回到 12682，正 2 股價卻從 63.95 變成 76.25，是因為吸收到 8% 的除息紅利

　　最後，重點整理：**一、台股即使遇到盤整，還是會發出非常多的股息。二、正 2 可以吸收兩倍股息，不斷墊高淨值。三、0050 的問題是集中在大型股，特別是集中在台積電。四、從分散性的角度來看，持有臺股期貨才是目前最分散的選擇。五、長期盤整會怎樣？會因為股息長期墊高淨值。**

　　好了，希望看到這邊有釐清你對「盤整」這件事情的看法。在看台股的時候，一定不要忽略台灣股市是股息非常高的市場。近年出現非常多「高股息」的 ETF，也讓台灣公司對股息有更多重視。這對持有 50 正 2 的朋友來說是好事。因為股息越高，50 正 2 能取得的優勢就更多。投資 50 正 2 不用擔心盤整，因為盤整代表填息。只要大盤沒繼續往下掉，長期盤整就是長期填息（而且是填兩倍股息）。投資的時間，比時機重要。你可以繼續等，等幾年後台股再次回到 12,682 看看。到時候大仁會再跟你分享 50 正 2 到底又墊高了多少淨值。

台股特別適合投資槓桿型 ETF 的三個原因

台灣股市是一個非常適合使用槓桿 ETF 的市場。為什麼？台灣股市有什麼特別之處嗎？有的，台灣股市真的非常厲害。看完這篇，你就會明白這句話的意思了。還有，看到最後你會知道 50 正 2 真正可怕的地方在哪裡。這篇涉及較為複雜的細節，建議放慢閱讀速度。

台灣適合槓桿 ETF 的三個原因

為什麼台灣適合槓桿 ETF？主要有下列三點原因：一、台股不能看加權指數，要看報酬指數。二、期貨每年吸收到約 4％ 的逆價差點數。三、期貨每年賺到約 1％ 的隱含利率。以上看不懂很正常，因為大多數人不知道這些事情。本篇，大仁會根據 2010 年至 2019 年的數據，跟你說明上面三點。準備更新你看待台股跟槓桿 ETF 的觀念了！

一、台股要看加上除息「報酬指數」

1-12 已經解釋過，台灣股市有兩個指數，一個叫做加權指數，另外一個叫做報酬指數。這兩者區別在哪？「加權指數」不包含每年的除息點數，「報酬指數」包含除息點數。如果我們只看「加權指數」，你會發現台股表現超爛。十年總報酬才 38.39％，換算年化報酬率也才 3.36％。但我們看報酬指數就不同了，這時總報酬率變成 100.82％，年化報酬率來到 7.35％。

為什麼兩者相差這麼多？因為放眼全球，台灣股市算是一個殖利率非常高的市場。過去十年平均殖利率約 4.1％。這些公司除息之後，受影響的點數都會在台股的「加權指數」上消失。加權指數跟報酬指數比較，報酬率差距為 3.99％。剛好跟台灣近十年殖利率 4.1％接近，這些是你看加權指數看不出來的。因此，在談台灣股市的時候請看「報酬指數」，這才是台灣真正的實力。

二、期貨每年吸收約 4％的逆價差點數

我們已經在本書的第一部分，講解過期貨的原理、50 正 2 持有期貨、台股期貨，每年可以吸收到約 4％的逆價差點數和 50 正 2 每年隱含超過 8％的殖利率這幾個重要概念。還搞不太清楚的讀者，一定要重看到搞懂為止。沒錯，50 正 2 的厲害之處就是每年能夠吸收到兩倍的除息點數（約 8％），這根本就是超級大補丸。按照 72 法則（本書 2-12）來看，平均九年就會翻倍一次（備註：在每年皆填息的前提下）。

三、期貨每年賺到約 1％的隱含利率

什麼是隱含利率？在談這點之前，先讓我們看到「報酬指數」跟「台股期貨」兩者的比較：照理來說，指數會跟期貨差不多，兩者都能吸收到除息的逆價差。不過，你可以從下方表格中看到，期貨硬是比報酬指數多了 1.49％的年化報酬率。這是怎麼回事？

項目	報酬指數	台股期貨	差距
總報酬（％）	100.82	129.97	29.15
年化報酬（％）	7.35	8.84	1.49

▲ 期貨比報酬指數多了 1.49％的年化報酬率（2010.01.04 至 2019.10.31）

原因有一種可能：台股期貨會吸收到逆價差，這點沒錯。但是，台股期貨涉及人為轉倉，在計算除息蒸發的點數時可能出錯。比方說，台積電在下個月除息，預計蒸發 30 點。不過，投資者可能誤判，認為影響到 40 點。於是本來應該逆價差 30 點的交易，變成了 40 點。每一間公司影響一點點，所有公司累積起來就會形成可觀的逆價差點數。

逆價差主要包含兩項：一、因為除息，產生逆價差點數（約 4%）。二、因為人們預期除息的影響，產生逆價差點數（約 1%）。這兩者相輔相成之下，造就台股期貨每年高達約 5% 的隱含利率。

項目	加權指數	台股期貨	差距
總報酬（%）	38.39	129.97	91.58
年化報酬（%）	3.36	8.84	5.48

▲ 台股期貨相對加權指數，過去有每年高達約 5% 的隱含利率（2010.01.04 至 2019.10.31）

現在，你知道為什麼大仁會說台股非常適合槓桿 ETF 了吧。每年除息產生的逆價差 4%，加上每年期貨隱含的逆價差 1%，持有台股期貨等於吃到 5% 的逆價差。這還是沒有開槓桿的情況，若是依照 50 正 2 持有期貨 200% 曝險，就是吸收兩倍逆價差。那是多少？隱含逆價差為 10%。現在，你終於知道為什麼 50 正 2 可以創造出 0050 的 2 倍以上，甚至 3 倍報酬的原因了。

現在，你終於知道為什麼 50 正 2 用一半的資金定期定額，就能打敗 0050 的原因了（複習 2-7）。現在，你終於知道為什麼大仁會說與其投資 0050，不如投資 50 正 2 的原因了。因為，在台灣持有期貨的槓桿 ETF 就是這麼強勢。靠著每年隱含的逆價差點數，不斷向上攀升。特別是每年 7 月到 8 月的除息季節，那個逆價差點數更是驚人（複習 90 頁圖）。只要台股

持續保持這麼高的逆價差，每年吸收除息點數，以及因為除息影響的點數，光這兩點就吸飽了。

台股逆價差，未來可能還有的三個原因

看到這邊，你是否心花怒放想要趕緊投資了？先等等，我要提醒你，逆價差是因為除息點數而來的，除息可能會變高，也可能會變低。若是台股之後殖利率下降，就可能會低於 4%。所以，不要把過去的歷史當作未來，未來可能會改變。再來，隱含的 1% 影響，是因為人們高估蒸發的點數所產生的。能夠高估，當然也可能低估。倘若人們開始把除息影響的點數抓得更精準，這隱含的 1% 點數可能就吃不到了。

未來能不能持續 5% 的隱含利率？我不知道。但我願意為此押注，賭上我的籌碼。我願意相信，在未來，台股依然可能每年吸收 5% 的隱含利率。為什麼我會如此堅信？主要有三個原因：

一、台灣人愛配息。像 0056 報酬比 0050 更低，但還是很多人喜歡高股息。為什麼？因為領股息就是爽，就算報酬更低，還是要股息。這種熱愛股息的人性，是不太可能在短期間內改變的。

二、台灣人對台股看法較為悲觀。期貨產生的價差，源自於樂觀與悲觀。對未來越樂觀，就會出更高的點數，造成正價差。對未來越悲觀，就會出更低的點數，造成逆價差。台灣投資者對台股的看法，普遍就是看衰。所以看衰台灣的 ETF「50 反 1」還一度成為全世界規模最大的做空 ETF（更多關於 50 反 1，請見本書 2-21）。

三、機構法人利用期貨避險。機構法人因為持有大量現貨，不可能一夕之間賣出。因此得持大量的期貨空單，做為避險對沖。這種情況短期間內不太可能改變。

根據上述三點：我相信在未來期貨所擁有的逆價差優勢，不會差到哪裡去。當然，這只是我個人的看法，不保證正確，過去歷史也不能保證未來，請切記。

最後，重點整理：一、台股別看「加權指數」，要看「報酬指數」。二、「報酬指數」才會計算每年 4% 的除息。三、期貨每年吸收到約 4% 的逆價差點數。四、期貨每年吸收到約 1% 逆價差點數。五、50 正 2 持有兩倍槓桿，每年就是吸收到兩倍的逆價差點數。

看到這邊，你是否對台灣股市已經完全改觀了？你以為台灣股市表現很差嗎？不對，台股世界強。在殖利率高達 4% 的除息影響下（加上台灣長期低利率），更是為台股期貨帶來強盛的隱含點數。這就是大仁說台股非常適合持有槓桿 ETF 的原因。只要你認知足夠強大，對 50 正 2 了解夠深入。用閒錢加時間好好投資，你一定能夠體會它的優勢在哪裡。

2-10
台灣股市連續下跌十年，50 正 2 還能上漲嗎？

我已經在本書的 1-14 和 1-15 強調過這個重點，那就是台灣股市殖利率非常高，以每年平均約為 4% 左右。這也讓 50 正 2 每年可以吸收到兩倍的逆價差，以大約 8% 的速度墊高淨值。不過，大仁發現有許多朋友對這個 8% 有所誤會。因此，這篇我要再次針對這個主題做說明。讓你知道即使台股大盤每年下跌，50 正 2 依然有可能上漲的原因。（作者註：槓桿 ETF 因為有複利偏移的關係，最終報酬並不穩定。雖然 50 正 2 過去表現非常良好，但依然無法保證未來報酬，更詳細的原因解析可以參考本書 4-2。）

台股是高殖利率的市場

複習一下，台灣股市的殖利率很高，平均每年約 4%。假設以 14,000 點來計算，殖利率 4%，加權指數將會蒸發 560 點。如果發完股息後，加權指數依舊回到 14,000 點，那就代表這 560 點已經漲回來了（填息）。表面上看起來是維持平盤，但股市已經上漲 4% 了，這些蒸發後的股息會反應在「報酬指數」裡頭。

讓我們參考下面這份表格：加權指數每年發出 4% 的股息，點數本身理應跟著蒸發 4%。但如果沒有蒸發，就代表指數有上漲（填息）。這些點數藏在報酬指數之中，你會發現報酬指數逐年增加。

時間	加權指數 (每年蒸發 4%)	報酬指數 (每年填息 4%)
2022	14000	14000
2023	14000	14560
2024	14000	15142
2025	14000	15748
2026	14000	16378
2027	14000	17033
2028	14000	17714
2029	14000	18423
2030	14000	19160
2031	14000	19926
2032	14000	20273

▲ 除息點數藏在報酬指數之中，報酬指數逐年增加

實際案例

看到這邊你不相信沒關係，大仁直接讓讀者看真實的數字。台股加權指數在 2017 年 5 月 11 號重新突破萬點，收盤是 10,001 點。後來一路向上，最高還一度達到 1.2 萬點以上。直到 2020 年的全球疫情影響下，才從萬點之上跌下來。於 2020 年 4 月 7 號回到 9,996 點。

你光看加權指數，可能覺得台灣股市這三年做了白工。從 10,001 點變成 9,996 點，怎麼一點長進都沒有。但這種看法，忽略了台股每年蒸發的許多股息點數。假設，報酬指數一樣從 10,001 點出發。在 3 年後，它的實際點數會是 11,335 點。也就是說，這段時期台股其實是上漲 13.34％。

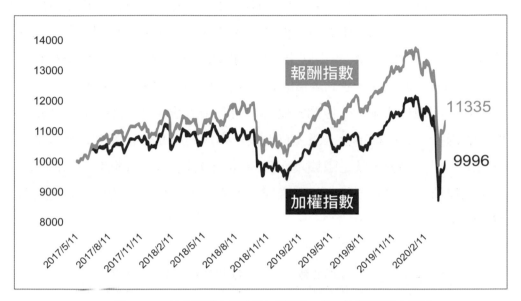

▲ 2017.5.11 到 2020.4.7 這段期間台股雖然加權指數一樣，但報酬指數上漲了 13.34%

　　如果你只看加權指數，永遠會忽略內含股息的影響。大仁拿 0050 跟 50 正 2 兩者出來對比，你會看到更明顯的差異。加權指數在這段時間下跌約 0.05％（平盤），報酬指數上漲 13.34％（吃到 3 年股息），0050 上漲 14.93％（吃到 3 年股息），50 正 2 上漲 23.87％（吃到 3 年兩倍逆價差）。你會發現，報酬指數跟 0050 是以一年 4％在增加漲幅。而 50 正 2 因為有兩倍的股息逆價差，以一年 8％的速度在增加。因為 50 正 2 沒有配息，所以這 8％直接算入淨值，墊高股價。

假設計算

　　上面是實際案例的計算，接下來大仁就將這個公式簡化為四點，讓你更容易理解。一、台股每年殖利率 4％，代表會蒸發 4％的點數。二、如果加權指數的點數沒有減少，代表填息成功。三、報酬指數吸收到 4％的含息

報酬。四、50 正 2 因為是兩倍槓桿，吸收到 8% 的含息報酬，墊高淨值。

看起來會像下面這張表格：加權指數一直停留在 14,000 點，代表每年蒸發的 4% 股息點數都已經漲回來。報酬指數持續上漲，代表每年增加 4% 的股息報酬。50 正 2 吸收到兩倍的股息逆價差，每年墊高 8% 的淨值。

在不明白的人眼中，他們會覺得台灣股市怎麼十年來都一直在 14,000 點。爛透了，怎麼都不會上漲，有人投資賺錢的嗎？但在我們這些人的眼中看來，只要平盤，就是賺錢。而且 50 正 2 還是以每年兩倍，8% 的速度在墊高淨值。你以為平盤十年沒賺錢？不對，那時候正 2 的股價可能已經翻倍成長了。

時間	加權指數 (每年蒸發 4%)	報酬指數 (每年填息 4%)	50 正 2 (每年墊高 8%)
2022	14000	14000	100
2023	14000	14560	108
2024	14000	15142	117
2025	14000	15748	126
2026	14000	16378	136
2027	14000	17033	147
2028	14000	17714	159
2029	14000	18423	171
2030	14000	19160	185
2031	14000	19926	200
2032	14000	20723	216

▲ 加權指數停留在 14,000 點，代表蒸發的 4% 股息點數漲回。50 正 2 每年墊高 8% 的淨值

加權指數每年跌 1%，正 2 很高機率還是會漲

　　看到這邊你可能會心想，還不是靠填息才賺錢。如果一直下跌，連平盤都沒辦法維持，50 正 2 還有可能上漲嗎？嗯，還真的有可能。繼續沿用上面公式：假設加權指數每年下跌 1%，你覺得是真的下跌嗎？當然不是，你現在知道要看報酬指數了。加權指數在殖利率 4% 的前提下，每年下跌 1%。換句話說，就是報酬指數上漲 3%（股息 4% 扣掉下跌 1%），而 50 正 2 就是兩倍 6%。你會看到下面這種情況：加權指數從 14,000 點，跌到 12,661 點，這十年看起來絕對是下跌的。但報酬指數每年其實墊高 3%，而正 2 則是墊高 6%。

時間	加權指數 （每年下跌 1%）	報酬指數 （每年填息 3%）	50 正 2 （每年墊高 6%）
2022	14000	14000	100
2023	13860	14420	106
2024	13721	14853	112
2025	13584	15298	119
2026	13448	15757	126
2027	13314	16230	134
2028	13181	16717	142
2029	13049	17218	150
2030	12918	17735	159
2031	12789	18267	169
2032	12661	18815	179

▲ 台股加權指數每年下跌 1%，正 2 很高機率還是上漲的

獲利的前提是，報酬指數要上漲

你以為這十年投資股市的人都賠錢了，正 2 還會賠兩倍？不對，在台股每年下跌 1% 的情況下，正 2 很高機率還是上漲的。看到上面的說明，你可能覺得這樣不就穩賺不賠？如果你的理解是這樣，那是錯的。讓大仁算給你看：台股殖利率 4%，加權指數下跌 3%，這樣報酬指數是上漲 1%，這種情況下你會獲利（報酬指數上漲）。台股殖利率 4%，加權指數下跌 20%，這樣報酬指數是下跌 16%，這種情況下你會虧損（報酬指數下跌）。獲利的前提是「報酬指數」要上漲。投資界有句話叫做：「不要賺了股息，賠了價差。」講的就是這麼回事。

<hr>

TIPS

你想要每年賺台股的 4% 股息，50 正 2 的 8% 逆價差。沒問題。但你得承受報酬指數下跌的可能性（例如 2022 年）。這就是你應該承受的風險。

<hr>

如果你認為台股在十年後，會連一萬點都不到。那建議你別投資台股，因為股息絕對補不回來這種跌幅（這代表連報酬指數都沒成長）。反過來說，若你認為台股在萬點之上是鐵打的地板，而且十年後還有可能突破 18,000 高點，再創新高。那麼，你現在應該做的事情就是堅持長期投資。

最後，大仁幫你重點整理：**一、台股每年殖利率約 4%，代表每年可能蒸發 4% 的點數。二、加權指數在一年後維持平盤，代表報酬指數已經吸收到這 4% 的股息報酬。三、50 正 2 因為是兩倍曝險，可以吸收到兩倍的股息報酬（約 8%）。四、只看加權指數，你永遠無法理解為什麼正 2 可以持續上漲。**

　　好了，希望這篇有讓你更理解加權指數與報酬指數之間的關係。台股殖利率大約 4%，以現在 14,000 來看，一年蒸發至少 560 點的點數（2022年實際蒸發是 706 點）。假設，台股十年後還在 14,000，台灣公司每年持續賺錢發股息，那就是蒸發 5,600 點。這些點數跑去哪裡？跑到報酬指數裡頭。50 正 2 就是吸收到兩倍，代表這十年將可能吸收超過一萬點的逆價差。

　　下一篇會講到一個行為心理學的謬誤：定錨偏誤。許多人只會看「加權指數」，他們判斷股市表現好壞是看大盤，而非報酬指數。這就會造成這些人低估了台股的實際表現。讓我們繼續看下去。

2-11
台股加權指數帶來的定錨偏誤，比你想像還可怕

　　很多人認為台灣股市表現很差，無法長期投資。最常講的就是 1990 年的 12,682 歷史高點，套牢 30 年才突破新高。人生有幾個 30 年可以這樣浪費？不過，這種說法完全是小看台灣股市。這篇，大仁將從定錨偏誤告訴你，為什麼你不該小看台股的長期報酬。

只看加權指數（台股大盤），會陷入定錨偏誤

　　在講台股之前，我們先來聊聊「定錨」。定錨指的是一個參考點，例如船隻停留在港口時，會丟下一根重重的船錨。藉此將船隻固定住，不會隨著海水漂流。這根重錨，就是船隻固定的參考點。定錨會產生什麼影響呢？舉個例來說，大仁家附近有一間賣臭豆腐的攤販（很臭很好吃），總共有兩種尺寸：小份 50 元，大份 60 元。請問你會選擇那個？我猜猜看，你應該會選擇大的。為什麼？因為小份 50 元，只要再多 10 元就能吃大份的，當然是選擇大的。

　　這個老闆肯定是懂得定錨，才能設計出這種價位。因為他把客人的參考點設定在小份的 50 元，原本想買小份的看到價格，可能就改買大份的了。大家都買大份的，他的銷量就越多，賺越多錢。

　　如果小份 40 元，大份 60 元。這樣買大份的人可能就會比較少，老闆的營收也會下降。懂得用定錨的人，就能夠用數字去影響別人（我承認自

己被影響了，每次都買大份的）。你可能感到好奇，定錨跟台灣股市又有什麼關係呢？接下來，就讓我們拆解台股祕密。

報酬指數（加回股息）才是台股真正的表現

在本書 1-12，我們說過台股加權指數又稱為大盤。大多數人都是以加權指數做為判斷台灣股市表現的參考點（錨點）。但這麼做會有個嚴重的偏誤，因為台灣股市殖利率非常高，每年發出很多的股息，平均殖利率約為 4%。這些發出去的股息點數會蒸發，在加權指數上消失。你只有在「報酬指數」才能看到這些股息的存在，也就是含息報酬，這才是台股真正的表現。

但是，大多數人還是習慣以「加權指數」做為參考點。為什麼？因為每天都能看到啊，網路會寫，新聞會播，APP 也有顯示。但你想看到含息的報酬指數，得自己去查詢才能知道。由於報酬指數不太透明，因此大家不會以報酬指數來做判斷，而是以更容易看到的加權指數做為定錨。這對台灣的投資者會產生什麼影響？

當你只看台股加權指數，代表你看到的是「沒有包含股息」的報酬。這會讓你錯估台灣股市真正的能力。以最有名的 12,682 點為例：1990 年 2 月 12 號，台股創下 12,682 的歷史高點。之後因為泡沫破裂，一路下跌。直到 2020 年 7 月 30 號，才再度突破新高，來到 12,722 點。從 12,682 到 12,722 點這短短的距離，台灣股市整整走了 30 年。

12,682 的歷史跟日本衰退 30 年有得比，都是非常有名的超級泡沫。套牢 30 年，你的人生有多少 30 年可以等待？這也是許多人認為台灣股市不能長期投資的原因。不過，這種看法忽略了股息的存在。前面提到，如果你將定錨點設定在加權指數，你是看不到股息報酬的。現在，讓我們來看看加入股息以後，台灣股市的真正表現。

同樣以 12,682 這天為起點：在 2020 年 7 月 30 號這天，包含股息的報酬指數應該是 27,967 點。12682 成長為 27,967，總共上漲了 120％。若只看加權指數，你將看不到這 120％的上漲。這就是錯誤的定錨點帶來的影響，你會嚴重低估台股真正的實力。備註：12,682 是一個在現代不可能再現的超級泡沫。在這種極端的泡沫破裂後都能再創新高，已經足以證明台股強悍的市場能力。另外，你也不可能在 12682 當天投入所有資金，然後從此不再投資。這只是你的 YOLO（You Only Live Once，你只會活一次）幻想。補充：你後續一定會有新的資金可以持續進場，不用幻想自己只投資一筆錢，然後永遠套牢在最高點。

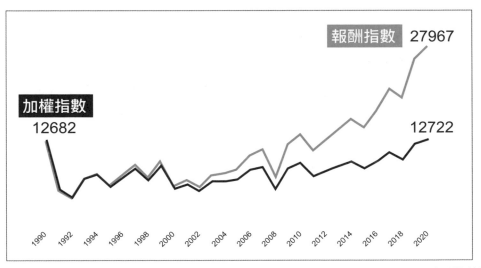

▲ 1990.2.12 ～ 2020.7.30 台股加權指數從 12682 → 12722 之間，其實上漲了 120％（報酬指數）

定錨偏誤的影響，會讓人低估台股表現

　　前面提到，台股加權指數從 12682 → 12722 之間，其實上漲了 120％。這些漲幅經由股息藏在報酬指數，多數投資者無法輕易察覺。台灣投資者將定錨的參考點設定在加權指數，這會讓報酬指數有非常大的定錨偏誤空

間。大家會覺得跌很多（但其實跌不多）或漲很少（但其實漲很多）。這樣反而有利於報酬指數的填息行情，讓每年的股息報酬藏在不知不覺中。例如，2022 年台股大盤下跌 22.4％，但報酬指數只跌 18.68％，兩者差距是 3.72％，這 3.72％就躲在大盤後面，那些以大盤做為定錨參考點的人會忽略這些差異。

定錨偏誤對台股的影響，比你想像中還要嚴重。台灣股市就躲在「加權指數」跟「高殖利率」這兩張保護傘下。每年都默默經由報酬指數吸收股息報酬。上漲的時候，藉由股息墊高淨值（你看不出來）。下跌的時候，藉由股息降低虧損（你看不出來），你以為台股只是個店小二，但其實人家是深藏不露的高手。

最後重點整理：**一、定錨的參考點，會影響你的決策判斷（例如臭豆腐大份還是小份）。二、加權指數並不包含股息，含息的報酬指數才是台股真正的實力。三、12,682 並非套牢三十年，從報酬指數來看是上漲 120％。四、台股躲在「加權指數」跟「高殖利率」這兩張保護傘下，暗自成長。五、錯誤的定錨點，將會讓你做出錯誤的決策，千萬別小看台灣股市。**

這篇大仁講述了定錨偏誤是如何對台灣股市造成影響。而 50 正 2 不只沒有受到傷害，反而得益於此。大多數人看不起台股，當然就更看不起兩倍槓桿的 50 正 2。認為它無法長期投資，沒有股息很爛。但這種看法就跟只看加權指數，而不看報酬指數的人一樣，陷入定錨偏誤。

讓我們看看台股在 2020 年 12 月 31 號到 2023 年 1 月 9 號的表現：加權指數幾乎沒有任何表現（0.13％），0050 則是因為台積電佔比太高被拖累，只上漲 0.73％。但報酬指數上漲了 7.82％，剛好符合本書 1-14 和 1-15 說的一年 4％股息，兩年接近 8％。你得看報酬指數，那才是台股真正的報

酬表現。

接著，讓我們看看兩倍槓桿的正 2 表現。00631L 被台積電拖累還上漲 12.44％，00675L 才是台股真正的兩倍實力，上漲 16.99％。

投資標的	加權指數	報酬指數	元大 0050	元大 00631L	富邦 00675L
漲幅	0.13%	7.82%	0.73%	12.44%	16.99%

▲ 在 2020.12.31 ～ 2023.1.9 這段期間，加權指數（大盤）平盤，但報酬指數帶動的 00631L 和 00675L 卻表現亮眼

請讀者看看這個數據再告訴我，台股的正 2 是真的不適合長期投資？或者這只是多數投資者對台股的定錨偏誤，加上認知不足所產生的偏見？不管你的答案如何，我都尊重你的決定。願你不要被錯誤的參考點影響決策，做出正確的判斷。

2-12
複利的 72 法則，如何運用在槓桿 ETF？

很多人都知道複利的可怕。這篇大仁會介紹 72 法則，讓你明白複利要如何運用在 50 正 2（00631L）身上。先介紹「72 法則」跟「115 法則」。這兩個法則在計算報酬率的時候很方便，可以輕鬆地計算出投資多久可以翻倍。

72 法則（翻倍）和 115 法則（翻 3 倍）

假設，年均報酬率是 2%，我們用 72 除以 2 等於 36，在年均報酬率 2% 的前提下，要投資 36 年才能翻倍。你會發現，當報酬率越高的時候，資產翻倍的速度就會越快。再來，還有一個 115 法則。72 法則是計算翻倍，那 115 法則就是計算翻成三倍的時間。比方說，年均報酬率 2%，115 除以 2，等於 57。在年均報酬率 2% 的前提下，要投資 57 年才能翻三倍。

運用 72 法則跟 115 法則，只要你會基本數學就能算出翻倍跟翻三倍的時間。但這只是複利的開胃菜，接下來才是重點。我們可以運用這兩個法則，來看看槓桿 ETF 需要增加多少的報酬率才能翻倍。

槓桿的 72 法則

最多人對 50 正 2 的質疑，就是這個問題：「50 正 2 到底能不能夠給出兩倍的報酬」？關於這點，大仁先簡單說一下答案：「短期不一定，但

72 法則 / 115 法則		
複利 (年均報酬率)	翻倍（年）	翻三倍（年）
1%	72	115
2%	36	57
3%	24	38
4%	18	28
5%	14	23
6%	12	19
7%	10	16
8%	9	14
9%	8	12
10%	7	11

▲ 72 除以年均報酬率＝翻倍年數，115 除以年均報酬率則是翻三倍的年數

投資時間拉長，兩倍報酬的機率非常高。」那，什麼叫做長期？以我的認知來看，至少要超過 10 年以上才叫做長期。不過，基於方便計算，接下來的試算我所設定的投資期間為 35 年。為什麼會設定 35 年？因為一般人從 25 歲出社會工作，到 60 歲退休，差不多就是 35 年。我們可以透過 35 年這個期間來觀察，看看 50 正 2 到底能不能夠給出兩倍的報酬。讓我們直接看到右頁表：你會發現複利 7％變成 9％，雖然只多了 2％，但總報酬卻增加 100％（翻倍成功）。

為什麼複利多 2％，就可以增加 100％的報酬？這就是複利厲害的地方，想要達到兩倍報酬，你不一定需要兩倍的複利。只要時間拉得夠長，

就算只多 2%，依然能帶來翻倍的成果。這也是為什麼大仁要提到 72 法則的原因。

　　用 72 除以 2，得出 36 這個數字。有沒有發現跟我設定的 35 年很貼近？72 法則除了可以用來算資產翻倍的時間，也可以運用在槓桿 ETF 的報酬計算。比方說，你的本金是 100 萬，投資 35 年，原本投資報酬率是 7%。想要讓最終的報酬變成兩倍，你不需要將報酬率從 7% 變成 14%。只要你能夠利用 50 正 2 多創造出 2% 的報酬率，35 年後你將會得到兩倍的成果（72÷2 ＝ 36，接近 72 法則）。

時間（年）	複利		
	7%	**9%**	**11%**
0	100	100	100
1	107	109	111
5	140	154	169
10	197	237	284
15	276	364	478
20	387	560	806
25	543	862	1359
30	761	1327	2289
35	1068	2041	3857
增加總報酬		100%	288%

▲ 利用 50 正 2 多創造出 2% 的報酬率，35 年後你將會得到兩倍的成果

在 35 年的投資期間，只要增加 2%，總報酬就會變兩倍！7% 變成 9%，總報酬就從 1068 變成 2041。9% 變成 11%，總報酬就是 2041 變成 3857，大仁將這稱為「槓桿 72 法則」。可以運用 72 法則，來計算看看你投資兩倍槓桿的 ETF，需要多出多少的報酬率才能真的達到兩倍報酬（有些微落差是正常的，因為 72 法則只是初步的計算）。不過要特別注意，這只適用於增加 3% 以內的數字。若超過 3%，複利就會產生偏移，無法精準算出翻倍或三倍的時間。下面將告訴你，為什麼超過 3% 的複利算起來會不準確。

複利越高，每 1% 就越重要

大仁看過有人這麼說：「如果 0050 的年均報酬率 8%，而 50 正 2 只有 14%（兩倍應該要 16%），那不就沒辦法達到兩倍報酬了？」兩倍複利才能兩倍報酬，聽起來很有道理。但，真的是這樣嗎？會這樣思考，是因為我們人類真的難以理解複利。右表是大仁整理出複利 7%～14% 的表格（台灣股市的報酬率區間），先看 8%，再去看 14%，你發現了什麼？

運用前面「槓桿 72 法則」來看：每年多出 6% 的報酬率，72 除以 6，等於 12。12 年就可以翻成兩倍報酬了。但，你會發現第 5 年的時候：複利 8% 是 147（扣除本金，獲利 47）。複利 14% 是 193（扣除本金，獲利 93），每年多出 6% 複利，居然在短短五年就追上兩倍報酬了（大多數人會以為要複利兩倍，才能追上兩倍，結果不然）。

為什麼會這樣？這是因為複利的偏移，當複利的「基底」越高，每增加 1% 的複利效果就會越強。讓我們以 7% 複利當作基底：增加 1%，總報酬多 42%；增加 2%，總報酬多 100%；增加 3%，總報酬多 179%；增加 4%，總報酬多 288%；增加 5%，總報酬多 435%；增加 6%，總報酬多 634%；增加 7%（兩倍複利），總報酬多 903%。

時間 (年)	複利							
	7%	8%	9%	10%	11%	12%	13%	14%
0	100	100	100	100	100	100	100	100
1	107	108	109	110	111	112	113	114
5	140	147	154	161	169	176	184	193
10	197	216	237	259	284	311	339	371
15	276	317	364	418	478	547	625	714
20	387	466	560	673	806	965	1152	1374
25	543	685	862	1083	1359	1700	2123	2646
30	761	1006	1327	1745	2289	2996	3912	5095
35	1068	1479	2041	2810	3857	5280	7207	9810
增加總報酬	42%	100%	179%	288%	435%	634%	903%	

▲ 複利 7%～ 14%的表格（台灣股市的報酬率區間）

　　你會發現在 7%複利的基底下，每增加 1%帶來的報酬會更高。7%變成 8%，總報酬多 42%（淨獲利多 411 萬）。13%變成 14%，總報酬多 269%（淨獲利多 2,603 萬），這不起眼的 1%，放在 7%跟 13%兩個不同基底下，結果天差地遠。當你的基底複利越高，你每增加 1%帶來的總回報就越驚人。這也是為什麼你應該在基底複利夠高的時候，適度增加一點曝險，就能讓最終報酬達到更理想的數字。想要兩倍報酬，你真的不需要擁有兩倍複利。或許，你只需要每年多個 1%，就能讓退休金翻倍了。

　　最後，重點整理：**一、72 法則：用 72 除以複利，可以算出翻倍的時間。二、115 法則：用複利除以 115，可以算出三倍的時間。三、只要讓基底複**

利增加 2%，在 35 年後就能翻倍。四、當基底複利增加超過 3%時，72 法則跟 115 法則會失效（複利的偏移太大）。五、基底複利越高，每增加 1% 帶來的總報酬就越大。六、投資期間夠長的前提下，你不需要兩倍複利才能擁有兩倍報酬。

好了，看到這邊你應該更了解複利一點點了。看完你也會知道，50 正 2 明明就是兩倍槓桿，為什麼可以創造將近四倍的報酬？原因就是複利。0050 近年來的複利夠高，而 50 正 2 增加的複利又建立在前者的基底之上。因此，創造出將近四倍的報酬也不足為奇。如果 0050 繼續維持這麼高的基底複利，未來 50 正 2 想達到四倍甚至五倍，都是非常有可能的。不信的話，就讓我們繼續觀察下去。複利本身就是威力很強大的武器。當我們在安全的範圍內（曝險比例控制好），透過槓桿進一步加強複利（利上加利），你會看到不一樣的世界。

2-13
最強大的槓桿，就是複利的槓桿

「你知道什麼是最強的槓桿嗎？」有些人認為要開槓桿，最好就是用借錢的方式，例如信貸或房貸。而 50 正 2 這種槓桿 ETF 不適合，因為會有每日平衡，最終結果會偏移。這個說法是否正確呢？把這篇看到最後，相信你會得到屬於自己的答案。

兩倍本金還是兩倍複利？ 4 種投資組合實測

大仁曾提過，槓桿分成兩種，第一種是借貸的槓桿，例如你有 100 萬，再借貸 100 萬，變成 200 萬。我把這稱為「本金槓桿」。第二種是使用衍生性商品的槓桿，例如正 2 用期貨複製 200％的曝險，我把這稱為「複利槓桿」。你認為用哪種方式開槓桿會比較好？是兩倍本金比較厲害，還是兩倍複利？先把答案保留在心中，下面大仁將為你揭曉。

實例討論，時間是 2014.10.31 ～ 2022.12.30，投入本金為 100 萬。總共會有四個標的，分別是：一、報酬指數。二、兩倍本金。三、兩倍報酬指數。四、50 正 2。

1. 報酬指數

台灣股市每年會因為配息蒸發很多點數，這些你在加權指數看不到。因此，包含配息點數的報酬指數可以說是代表台灣股市的指數。在 2014 年

底投入 100 萬，於 2022 年底會變成 215 萬，獲利為 115 萬，年複利約為 9.83%。

2. 兩倍本金

對大多數人來講，要開槓桿最好的方式就是借錢。這邊我們設定是 100 萬本金，那就借貸 100 萬，總共投入 200 萬本金（兩倍本金）。以下先不計算利息，就當你這 100 萬是免費使用的。兩倍本金的 200 萬，會變成 430 萬。獲利為 230 萬，年複利約為 9.83%。

3. 兩倍報酬指數

這邊我們完美複製報酬指數的兩倍漲跌，創造出兩倍報酬指數。漲 1%，兩倍報酬指數漲 2%。跌 1%，兩倍報酬指數跌 2%。完美的漲跌複製，沒有任何偏差（可以稱為兩倍複利）。讓我們看看兩倍複利的結果如何：兩倍報酬指數的 100 萬，會變成 379 萬獲利為 279 萬，年複利約為 17.73%。

4. 50 正 2 ETF

最後重頭戲，50 正 2 的實際表現到底如何呢？依照前面兩倍報酬指數來看，50 正 2 的獲利應該也會在 279 萬左右。如果你這樣想就太小看 50 正 2 了。50 正 2 的 100 萬，會變成 459 萬。獲利為 359 萬，年複利約為 20.53%。

兩倍複利的祕密

讓我們將上面數據整理成右頁表，你可以發現，報酬指數跟兩倍本金的年複利是相同的（9.83%），兩倍本金會賺比較多，單純是因為本金更多而已。這邊也看得出來，兩倍本金是完美的槓桿，絕對是兩倍報酬（但複利不會改

變）。而兩倍報酬指數的年複利是 17.73%。你會發現兩倍報酬指數的年複利並沒有真的達到兩倍。完美的兩倍複利應該是 19.66%（9.83%×2）。

2014.10.31 ～ 2022.12.31			
標的	本金	獲利	年複利
報酬指數	100 萬	115 萬	9.83%
兩倍本金	200 萬	230 萬	9.83%
兩倍報酬指數	100 萬	279 萬	17.73%
50 正 2	100 萬	359 萬	20.53%

▲ 四種複利組合的比較，50 正 2 最強

　　這邊大仁要說明兩個問題：一、為什麼兩倍報酬指數的年複利，沒有真的兩倍複利？完美的兩倍複利是 19.66%（9.83%×2），但這是不可能做到的，還記得複利會偏移嗎？即使兩倍報酬指數是採取「每天完美的兩倍複利」，但那終究是「單日複製」而已。當時間累積越長，複利就會開始累積造成偏移。從這個例子來看，兩倍報酬指數的 17.73% 就是最終偏移的結果。

　　第二個問題是，為什麼複利沒有兩倍，卻能超越兩倍本金？因為兩倍本金的漲跌，都是完美的兩倍報酬。但它的複利並沒有兩倍。報酬指數的年複利是 9.83%，但兩倍本金的年複利也是 9.83%。兩倍本金並沒有改變複利，它是屬於本金槓桿。每天用兩倍本金去計算漲跌。但兩倍報酬指數就不同了。它是用一倍的本金，但每天用兩倍複利去計算漲跌（這句話有點難懂，建議慢下來思考一下）。

　　參考下頁表格：你會發現一倍本金跟兩倍本金都是 10% 漲跌。雖然兩倍本金賺更多，但它的複利沒有改變。而兩倍複利是本金維持一倍，但複利變成兩倍。

漲跌	本金	兩倍本金	兩倍漲跌	兩倍複利
0%	100	200	0%	100
10%	110	220	20%	120
10%	121	242	20%	144
10%	133	266	20%	173
10%	146	293	20%	207
10%	161	322	20%	249
10%	177	354	20%	299
10%	195	390	20%	358
10%	214	429	20%	430
10%	236	472	20%	516
10%	259	519	20%	619
獲利	159	319		519

▲ 兩倍本金的複利不會偏移，但兩倍複利會造成偏移

　　長久累積下來，複利會造成偏移。當上漲比下跌多，形成正向偏移，你就會看見兩倍複利的報酬大於兩倍本金的結果。這就是為什麼兩倍報酬指數的複利只有 17.73％，最終報酬卻能超越兩倍本金的原因。

你真的太低估 50 正 2 了

　　最後，我們來看 50 正 2 的數據。我知道你現在心中的想法一定是：「不可能，怎麼可能會這樣？」嗯，我剛開始研究的時候也是這麼想。50 正 2 是有什麼魔法嗎？怎麼可能那麼厲害。

　　前面提到，完美的兩倍複利應該是 19.66％。連完全零誤差的兩倍報酬指數都無法辦到了（只有 17.73％），為什麼 50 正 2 不只達到兩倍複利，甚至還超越兩倍複利？（這是非常可怕的數據，看到這邊你應該要下巴合不起來才對。）

　　為什麼 50 正 2 能給出超額報酬？答案我在本書的 1-16 和 2-9 有詳細討論過，這邊就不重複講了。最可怕的槓桿，是複利的槓桿，從數字來看：報酬指數跟兩倍本金的年複利都是 9.83%，兩倍報酬指數是 17.73%，50 正 2 是 20.53%。

　　假設，這個數字一直維持到 2030 年會怎樣？報酬指數的獲利是 348 萬，兩倍本金的獲利是 697 萬（維持兩倍）。兩倍報酬指數的獲利是 1262 萬（3.6 倍報酬）。50 正 2 的獲利是 1884 萬（5.4 倍報酬）。

時間	漲跌	報酬指數	兩倍本金	兩倍漲跌	兩倍報酬指數	正 2 漲跌	50 正 2
2014	0%	100	200	0%	100	0%	100
2015	9.83%	110	220	17.73%	118	20.53%	121
2016	9.83%	121	241	17.73%	139	20.53%	145
2017	9.83%	132	265	17.73%	163	20.53%	175
2018	9.83%	146	291	17.73%	192	20.53%	211
2019	9.83%	160	320	17.73%	226	20.53%	254
2020	9.83%	176	351	17.73%	266	20.53%	307
2021	9.83%	193	386	17.73%	313	20.53%	370
2022	9.83%	212	423	17.73%	369	20.53%	445
2023	9.83%	233	465	17.73%	434	20.53%	537
2024	9.83%	255	511	17.73%	512	20.53%	647
2025	9.83%	280	561	17.73%	602	20.53%	780
2026	9.83%	308	616	17.73%	709	20.53%	940
2027	9.83%	338	677	17.73%	835	20.53%	1133
2028	9.83%	372	743	17.73%	983	20.53%	1366
2029	9.83%	408	816	17.73%	1157	20.53%	1646
2030	9.83%	448	897	17.73%	1362	20.53%	1984
獲利		348	697		1262		1884

▲ 假設四個組合都維持過去的報酬率，延續到 2030 年的預估獲利（以上僅為舉例，並不代表未來報酬保證）

為什麼會有如此大的差距？原因還是兩個字，複利。我知道多數人都覺得自己理解複利了，但相信我，你真的不了解。很多人在談投資 ETF 的內扣成本時，連 0.1％都斤斤計較。但相同的數字換到報酬率……咦，複利就忽然變得不重要了。

　　你知道為什麼兩倍報酬指數，可以贏過兩倍本金嗎？因為複利。因為兩倍報酬指數的複利是 17.73％，即使你有兩倍本金，但你的複利終究只是 9.83％，這兩者每年相差 7.9％。只用八年的時間，兩倍報酬指數（獲利 279 萬）就超越你用兩倍本金（獲利 230 萬）的回報了。更別說擁有超額報酬的 50 正 2 還給出（獲利 359 萬）這種極大的差距。現在你知道什麼是最強的槓桿了，答案是複利槓桿。

　　最後，大仁幫你重點整理：**一、槓桿有兩種：借錢的本金槓桿，跟正 2 的複利槓桿。二、以總報酬來看：50 正 2＞兩倍報酬指數 ＞ 兩倍本金 ＞ 報酬指數。三、兩倍本金的複利，並沒有兩倍。四、在長期向上的市場，兩倍複利只要每年多一點，最終就會產生正向偏移。五、最強大的槓桿，就是複利槓桿。**

　　讓我們複習一下：2014 年 10 月 31 號到 2022 年 12 月 30 號，報酬指數的年複利 9.83％。即使用兩倍本金，年複利還是 9.83％。兩倍報酬指數的 17.73％，輕鬆超越你用兩倍本金。這邊還沒提到 50 正 2，是以 20.53％的複利在碾壓眾生。如果看到這樣的數字，你還是認為 50 正 2 很糟糕。那我尊重你的決定。你可以繼續忽略 50 正 2 那可怕的兩倍複利，時間會告訴你答案。

2-14
想投資 50 正 2，得擁有更強大的「認知」

看完了前面的文章，你可能正在考慮該不該投資 50 正 2，如果你有這個疑問，這篇可以給你做為參考。在談主題之前，這篇文章想先跟你說兩件事情，第一個是「認知」，第二則是「能力圈」。你得先思考過這兩件事，才會知道自己是否適合投資 50 正 2。如果你認知不足，能力圈不夠，最好還是別碰槓桿型 ETF。

「認知」不足，遇到機會也無法把握

首先，什麼是「認知」？認知的定義有很多，對我而言「認知」就是認識事情本質。當你了解的事情越多，你的認知就越強大。假設你是一位木匠，手上只有一把鎚子（擁有的認知）。因為你沒有其他的工具可以使用，所以看到什麼問題都認為是釘子，都想去鎚個幾下。這些拿著鎚子就想解決所有問題的人，就是認知不足的人。認知不足的時候，很多事情你看不見。

讓我講個故事，幫助你更深刻理解認知帶來的侷限有多可怕。古時候有個乞丐遇到神仙，神仙說可實現他的一個願望。乞丐說：「我要像皇帝一樣享受，我要在宮殿外面擺一排市集，整天吃燒餅、油條和肉包。」對乞丐來說，因為他不知道皇帝每天吃什麼，他對於享受的認知就是燒餅油條吃到飽。他沒見過世面、認知範圍很小。而大多數人就像這個乞丐一樣，倚靠自己的想像去面對世界，還不認為自己的認知不足。這種人即使遇到

機會也無法把握。

　　認知不足的人，會把手上的鎚子當成是唯一解答。要怎麼做才能避免這種問題？很簡單，你得先加強自己的認知。你的認知範圍越廣，你能看到的選擇越多，你手上的工具就越多。這時你不再是個木匠，你還是個鐵匠，水泥工，甚至是建築師。當你的認知足夠，你就能看到更好的解決方案。認知強大的人，會意識到這個世界還有其他更多的可能性。

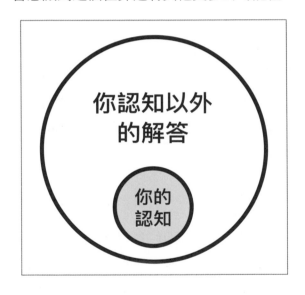

能力圈以外的投資，千萬別做

　　再來，什麼是能力圈？能力圈是指你可以掌握，可以控制的範圍。在這個領域裡面，你會知道哪些事情可以做，哪些事情不行。如果你對一件事情感到懷疑、不確定、疑惑……千萬別做，那就是你能力圈外的東西，你沒有能力碰。想辨別是否在能力圈，有一個很簡單的判斷方式：任何你詢問「我可不可以……」的問題，答案都是，不可以。我可不可以買房？不可以；我可不可以投資股票？不可以；我可不可以投資 0050 ？不可以；我可不可以借錢投資？不可以；我可不可以跟他結婚？不可以。

任何你詢問「可不可以」的事情，都代表你不確定。確定，你不需要問。不確定，問了也沒用，因為那是你能力圈以外的事。就像雷神索爾的鎚子，你不是雷神也不是美國隊長。你的能力就是舉不起來，不用花時間去拿你舉不起來的鎚子。你應該把時間花在鍛鍊自己，讓自己可以舉起來再說。當你能把鎚子舉起來，你不用問自己「可不可以」。可以，你就舉起來。不行，你問了也沒用。所以，不要再問別人「我可不可以」，因為答案都是不可以。

回到前面的第一件事情，什麼是「認知」？從能力圈來看，認知就是你對自己了解有多少，知道自己能做什麼。你的問題，就是你搞不清楚自己的能力圈到哪裡，就這個問題而已。你應該問的不是「我可不可以」，而是「我的能力圈到哪裡，我可以做什麼事情？」

你永遠賺不到認知範圍以外的錢

這邊再討論一下：以投資為例，很多人的認知範圍狹隘，只敢把錢放在銀行定存。你跟他說可以投資股票、基金、ETF、房地產。他會跟你說：「我不敢，投資好可怕。」但當你叫他去研究投資的相關知識時，他又會跟你說：「好麻煩喔，我工作都快累死了，沒時間去管那麼多。」瞧，這就是認知侷限的人。對一個只敢把錢放在定存的人來說，他的認知就是「定存最安全」。他的腦中沒有其他可以使用的工具，因為其他工具對他來講都不安心。

這邊請留意一個重點，那就是「安心」。很多人談到投資都會用「安心」這兩個字來欺騙自己。當你告訴他有更好的投資選擇時，他不要，他只要安心。為什麼？因為他把自己的認知鎖在一個小小的範圍，然後覺得外面的世界都好可怕。當你叫他踏出去一步看看，他又會跟你說我很懶，我在這小圈圈裡就好。然後以「安心最重要」安慰並欺騙自己，錯過更多報酬。

有句話是這樣說的：「你永遠賺不到認知範圍以外的錢。」意思很簡單，

當你的認知不足，你看不到其他賺錢的機會。那些錢，不是你能夠賺到的錢。舉個例子，很多人投資虛擬貨幣賺大錢。但對我而言，我對虛擬貨幣的認知不足，所以沒辦法投資任何一塊錢在虛擬貨幣上，我對這項投資無法安心。無法安心的投資，就是認知範圍以外的錢。這些機會，再多都不屬於我。就像對只敢銀行定存的人來說，投資股票也是在他認知以外的事物。每個人都只會在自己認知範圍裡面行動，賺自己認知範圍以內的錢。

你的認知，決定你能看到多少機會；你的認知，決定你的能力圈可以做到多少事情。認知越強大，選擇越多，機會越多。我知道虛擬貨幣在我認知範圍以外，所以我不會投資。我知道 50 正 2 在我的認知範圍以內，所以我能夠長期投資。清楚自己的「認知與能力圈」到哪裡，是每個投資者務必要意識到的重要功課。

50 正 2 遇到崩盤，不是每個人都可以承受

言歸正傳，讓我們回到 50 正 2 身上。為什麼要繞這麼大的圈子談「認知與能力圈」？因為 50 正 2 是兩倍槓桿，所以跌幅會比原型 ETF 來得更大。這應該是任何一個持有 50 正 2 的投資者，都要有的基本概念。如果你是抱持著「可以賺到 0050 的兩倍報酬」，然後對於下跌風險完全沒有思考過的朋友。建議你千萬別碰 50 正 2，因為這不是你的認知與能力圈能夠駕馭的。

下面這個例子，你會看到認知與能力圈是如何影響一個人的投資決策。有位朋友在大仁的臉書留言：「我之前曾持有 50 正 2，在 2020 年 3 月最多攤平到 25 張。最後回本 46.7 元後換到台積電，我想，我個人的能力就爾爾，能夠抱得住的才能賺大錢。」

下面就來聊聊我的看法。首先，這位朋友留言的第一個重點是「投資 50 正 2 不安心，所以回本後就賣出，改買台積電」。在 2020 年 3 月因為疫情的關係，50 正 2 從高點到最低點，總共下跌 52.13％。這對任何持有 50

正 2 的人而言，都不是一個容易承受的下跌。幸好，三月底台股開始反彈，從谷底反攻向上。這位朋友在 46.7 元的價格賣出 25 張的 50 正 2，將這筆錢改買台積電。

　　這個決定是否正確呢？從現在這個時間點來看（2022.01.26）：若當時沒有賣出這 25 張的 50 正 2，現在市值大約是 344 萬。而改買台積電，現在市值大約是 253 萬。從結果來看，持有 50 正 2 報酬高許多。你可能覺得怎麼那麼笨，好好持有 50 正 2 現在多賺快一百萬。是的，從事後來看每個人都知道該怎麼做，但在當下並不是那麼容易的事情。特別是遇到崩盤大跌的時候，50 正 2 因為是兩倍槓桿，所以勢必得承受更猛烈的向下波動。

　　想知道當時下跌的情況有多可怕嗎？大仁當時也持有 50 正 2，遇到下跌我也是一直攤平。可以好好看看下方圖片，每天跌個 5% 算是小意思了，連續來個十幾天。在跌最兇的時候，一天下跌 12.40%。

時間	正 2 股價	漲跌幅
2020/03/19	26.2900	-12.40%
2020/03/18	30.0100	-6.57%
2020/03/17	32.1200	-7.25%
2020/03/16	34.6300	-7.48%
2020/03/13	37.4300	-5.93%
2020/03/12	39.7900	-8.21%
2020/03/11	43.3500	-2.91%
2020/03/10	44.6500	+0.59%
2020/03/09	44.3900	-5.59%
2020/03/06	47.0200	-4.00%

▲ 50 正 2 的投資者請先問自己遇到這種跌幅，可以堅持下去嗎？

當 50 正 2 從最高點 55 塊，跌到最低點 25 塊的時候，我的股票市值已經砍半了。就算是閒錢投資，面對這樣的虧損我想也沒幾個人能夠撐下去。所以這位朋友在股價回彈時趕緊賣出，這點我可以理解，這種下跌實在不是常人可以忍受的。這邊要延伸到留言第二個重點：「能夠抱住，才能賺大錢。」其實這句話我非常認同，如果你的投資組合無法讓你安心，你就無法堅持到底。不管這支股票再好，任何無法堅持到底的投資策略都只會有一個結局：失敗。

所以，這位朋友從 50 正 2 轉為能夠讓自己安心的台積電，這是正確的做法。因為 50 正 2 已經無法讓他安心持有。與其如此，不如投資自己能夠相信的股票還比較能夠堅持下去。雖然台積電漲幅低了許多，但至少是他能夠抱住的投資標的。如果持有 50 正 2 會感到擔憂，不管後面漲再多，都不是他能夠賺到的錢（但也別因為想要安心，而錯過更多可能性）。

投資 50 正 2 需要更強大的認知

為什麼大仁一直強調「認知」與「能力圈」？因為認知不足的人遇到崩盤大跌容易陷入恐慌，無法確定自己的決定是否正確。你會一直質疑自己：我是不是做錯了？我買 50 正 2 是不是錯誤的決定？我是不是應該早在下跌之前就賣出？早知道我就應該選擇 0050 才對？

遇到 2020 年 3 月那種疫情崩跌時，很多人會感到無法安心，覺得害怕。重點來了，會覺得不安就是因為「認知不足」。當你的認知足夠強大的時候，面對如此大跌，你也能夠承受下來。你得堅持相信未來。你得相信台灣所有公司會努力走出泥沼，創造越來越高的營收。你得相信台灣長期以來的發展，不會停止在這一刻。你得相信台灣會持續進步，持續成長。

當你能夠如此相信，你就不會放棄 50 正 2（因為它代表整個台灣），如果你沒辦法做到這樣，遇到下跌的時候會感到恐慌害怕。那麼，50 正 2

就不是適合你的投資選擇。因為它沒辦法讓你感到安心，它是在你認知範圍以外的機會。這個機會不屬於你，這不是你該賺的錢。

這也是為什麼大仁會強調投資 50 正 2，需要有更強大的認知。因為兩倍槓桿得承受比原型 ETF 更猛烈的下跌攻勢。如果你沒有準備好，可能會在某一次的大跌中嚇到賣出，造成無可挽回的損失。當你的認知不足以駕馭 50 正 2 的時候，請別投資它。這不是你能力圈該做的事情。

這篇有點長，讓我幫你做個重點整理：**一、認知越強大，能看到的答案就越多。二、能力圈越廣泛，能夠選擇的機會就越多。三、認知不足的人，賺不到認知範圍以外的錢。四、對 50 正 2 的認知不足，難以承受兩倍槓桿的劇烈下跌。五、任何無法讓你感到安心的投資決策，註定失敗。六、想投資 50 正 2，你得確認自己的認知與能力圈足夠強大。**

先問自己，遇到這種跌幅，我是否可以堅持下去？

任何想投資 50 正 2 的朋友，請再看一下 209 頁這張圖片的下跌幅度。問問自己：如果遇到這種跌幅，我是否可以堅持下去？如果不行，就代表你的認知尚未能夠接受這項投資，50 正 2 不在你的能力圈，你無法駕馭。認知強大的人，不會去質疑自己的選擇。因為他知道自己在做什麼，他只需要慢慢前進就好，時間會給予他答案。這就是長期投資者可以堅持下來的原因，認知強大。

如果你想問大仁：「我可不可以投資 50 正 2 ？」我的答案只有一個，不可以。任何你感到不確定，不安的投資決定，答案都是不可以。請先加強你自身的認知（把這本書多看幾次），等到認知足夠的時候，你就不必再問「可不可以」。你的認知，將會告訴你答案。它會告訴你這個決定，是在你的能力圈以內，還是你的能力圈之外。

2-15
兩倍槓桿大漲大跌很可怕？認知決定風險承受力

　　有位網友問我：「請問 00631L 除了波動大以外，還有什麼缺點？」這個問題很有趣，因為波動不一定是缺點。大多數人會害怕波動的原因有兩個：一、認知不足。二、風險承受力不足。這兩項同時符合，你就會對波動感到恐懼。反之，認知足夠，風險承受力足夠，波動就只是日常而已。這篇讓我們來聊聊：「為什麼有些人的風險承受力特別高？」

認知不足的人會做什麼事？

　　談投資時除了看報酬，我們一定得看風險如何。雖然風險可以分成很多態樣，但對大多數人來說風險通常是指「下跌的程度」。下跌的幅度越大，風險就越高。因此，很多人會認為 50 正 2 的風險很大。畢竟是兩倍槓桿，存在 200％ 的曝險。雖然有可能上漲更多，但下跌的幅度也更可怕。

　　投資者最害怕資金碰到虧損。雖然知道下跌是正常的短期現象，但還是有很多人無法忍受這段期間。他們會開始想像自己的錢不見了，消失了，永遠拿不回來了。隨著股市下跌，跌掉一天薪水，一週薪水，一個月薪水……什麼，已經一年的薪水不見了？我不要玩了，把錢還我。

　　這些人對於「投資有可能虧損」的認知嚴重不足。他們完全不明白虧損就是投資的必經之路，對過去歷史也沒有研究。例如下面這則在臉書上的留言這麼說：「請問 0056 套在 32.99，是否多買幾張來攤平，放著賺股息，謝

謝（本來想說 0056 比放在銀行利息高才買，結果現在跌到 23（哭臉）。」

先不說投資 0056 這個決定是否正確，是誰說領股息就一定會比銀行利息高的？有句話叫做「賺了股息，賠了價差」沒聽過嗎？投資可能虧損，這是在投資以前就該想到的事情。而不是等到下跌以後才驚慌失措，問別人現在下跌了怎麼辦。沒想到風險，只看到報酬。這就是認知不足的人會幹的事情。

短期下跌是很正常的。避開下跌風險，也等於放棄上漲的機會

如果你在 2002 年單筆投資台股 100 萬，直到 2021 年會變成 661 萬；而你將錢放在定存，只能變成 131 萬。為什麼要投資股票？股票不是比定存更危險，還有可能下跌，為什麼你依然會選擇投資？因為你知道風險的另一面是報酬，我們得透過承擔適當的風險才能取得報酬。爬樹可能摔下來，但不爬你就摘不到果實。

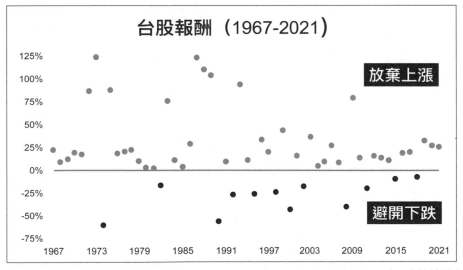

▲ 此表中的點和對應的漲跌幅，代表台股經歷過的大漲和大跌，當你避開下跌，也等於放棄上漲的機會

台灣股市在 1967 年到 2021 年，經歷過很多次的大漲大跌。但許多人不知道的是，當你避開下跌的風險，同時也代表你放棄上漲的機會。明白歷史的人就會知道，下跌是很正常的。我們要穿越這些反覆循環的牛熊，才能取得最後的長期報酬。真正的長期投資者，對下跌是不會害怕的。他們的認知足夠，願意接受短期的波動以換取長期的回報。

認知越強大的人，風險承受力就越高

談完認知，接下來要進入第二個重點，風險承受力。認知越強大的人，風險承受力就越高。讓我們看看巴菲特的歷史。巴菲特的投資生涯經歷過許多下跌事件，例如黑色星期一（-31.28％）、亞洲金融危機（-12.08％）、俄羅斯債務違約（-23.89％）、網路泡沫（-11.64％）、金融海嘯（-44.49％）、COVID-19（-19.90％）、2022 通貨膨脹（-23.15％）。每一次的股災看起來世界都要毀滅，不可能恢復了。提醒你，這可是股神的表現。連股神都曾經遭受這些虧損，你覺得損失是有辦法避開的嗎？

既然無法避開下跌，那我們唯一能做的就是增加自己的風險承受力。也就是認知到，波動是再正常不過的事情。當你能夠理解下跌並不是「有可能」發生，而是「必然」會發生時，你的風險耐受度就會增加了。這是期待落差的問題。

當你期待股市只漲不跌，那你肯定會被現實狠狠打臉（就像前面那位買 0056 的朋友）。當你知道股市必然下跌，提前做好準備的人更能接受虧損的不適感。認知越強大，風險承受力就越高。

這跟 50 正 2 有什麼關係呢？當你投資 0050，你對股市下跌的想像大概會停留在 -50％左右。而那已經是 14 年前的事情了。近幾年投資的朋友若真的遇到 -50％的跌幅，可能會嚇到把股票砍光光說「我不要玩了」。

那投資兩倍槓桿會怎樣？以標普（SPY）跟兩倍槓桿（SSO）為例，

在 2008 年最慘的時候，SPY 下跌約 50 ％，SSO 下跌約 81 ％。2020 年的 COVID-19，SPY 下跌約 19％，SSO 下跌約 40％。2022 年的烏俄戰爭，SPY 下跌約 23％，SSO 下跌約 45％。圖示化來看是下圖這樣：你會發現兩倍槓桿需要承受更大的下跌波動。

　　正 2 是透過更大的曝險來讓報酬放大，不管是上漲還是下跌，都會倍數放大結果。因此，在投資兩倍槓桿的過程中，你一定會經歷過比原型 ETF 更大的下跌考驗。這個考驗，可以做為你的風險承受力測試。

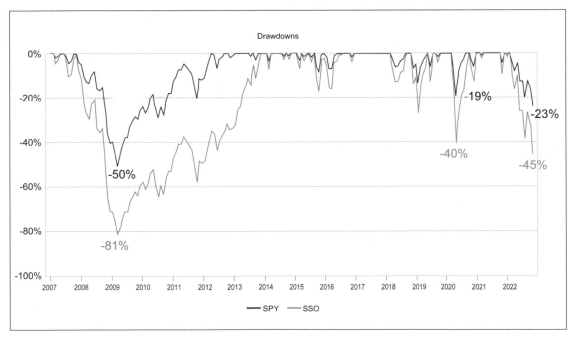

▲ 2008 年、2020 年和 2022 年三次大跌，兩倍槓桿 SSO 都需要承受比原型 SPY 更大的下跌波動

短期下跌是必然會遇到的，不用害怕

　　能夠做到長期投資的人，必然是有能力穿越短期漲跌的人。而兩倍槓桿的波動程度，更是放大這個考驗。這邊要注意，大仁並不是說每個人都有辦法忍受這種波動。就連 0050 這種原型指數的漲跌都有人受不了，更何

況是兩倍的正 2 ？

但這剛好是正 2 的優勢。投資者會知道股市漲跌是必然的，而且還有可能跌到負 80％。當你接受這種波動，原型指數跌 50％就變成稀鬆平常的事情。經歷過 50 正 2 的跌幅，你再回頭看 0050 就只是小打小鬧而已。以 2022 年來看，0050 最深下跌約 33.96％，50 正 2 下跌約 51.3％，相較於兩倍槓桿的跌幅，0050 的下跌就變得還好了。

在你投資正 2 的過程，你會不斷增加自己的風險承受力。每一次的下跌，都是一次的磨練，都會讓你的耐受度增加。因為你會知道那只是短暫的過程，而不是長期的結果。如果你投資兩倍槓桿，遇到大跌嚇到賣出。很好，你找到自己的風險承受力在哪了。同時你會意識到自己在投資前沒有準備好，認知不足這件事情。你可以趁這個機會思考資產配置的意義，重新來過。

如果你投資兩倍槓桿，最後發現自己能接受。很好，你的風險承受力增加了。你現在回頭看 0050 那種漲跌沒有什麼感覺了，就是正常的波動而已（你擔心的大跌風險，應該由曝險比例去控制，請參考 4-9 和 4-10）。

在我成立的臉書社團「台灣 50 正 2（00631L）槓桿投資法研究社」中有人提到，害怕波動怎麼辦？有個留言雖然我不能認同，但可以理解背後的意思。他說：「去投資一點加密貨幣你就沒感覺了。」是啊，見過真正的大風大浪。日常股市的波動就會變成毛毛雨而已。你會像個水手說：「風雨中，這點痛算什麼！」

股票的長期報酬率，遠勝過債券

100％股票很危險？這點也可以延伸到「股債配置」的問題。股票長期是勝過債券的。只要把時間拉長，債券完全比不上股票。根據《長線獲利之道》的資料，股票對上債券，1 年股票勝率為 61.3％、5 年勝率為 69%、

10 年勝率為 78.2%、20 年勝率為 95.8%、30 年勝率則高達 99.3％。但為什麼還是很多人配置債券？一個字，怕。投資者擔心自己的風險承受力，所以需要將部分資金配置在債券上。雖然長期來看，債券會成為拖累報酬的存在。但這是必要的，就像是平時用不到覺得買了浪費的滅火器。遇到火災時，就會慶幸有它的存在。

TIPS

關於債券（BONDS）的概念，就像欠條。我跟你借 100 元，約定每年給你 2 元利息。20 年後，我會還你 100 元（你除了拿到本金，還有拿到每年利息）。債券就是一種固定收益（固定收利息，時間到取回本金）。

　　不過，先排除急須用錢賣股票的情況。大多數人是因為擔心遇到下跌心態受不了，為了維持整個投資組合才配置債券的。你也是這麼想的嗎？是的話，我們來思考一個問題：假設，你現在吃下一顆安眠藥，可以直接睡 20 年。你手上有 1,000 萬，你會如何配置這筆錢？先想好答案，再接著往下看。

　　參考《華爾街傳奇基金經理人肯恩・費雪，教你破除 50 個投資迷思》一書資料顯示，美國股票跟債券，從 1926 年到 2012 年以 20 年一個區間滾動比較，總共有 67 個 20 年。股票贏了 65 次，平均報酬是 909％；債券贏了兩次，平均報酬是 247％，股票平均贏債券 2.7 倍。看到這個數據，你的答案有改變嗎？先等等，有人會說：「債券還是有贏兩次啊，還是需要配置債券」。嗯，這兩次的結果：債券只贏兩次，平均贏 0.1 倍。

　　67 次的對決中，債券贏 2 次，平均贏 0.1 倍。債券輸 65 次，平均輸 2.7 倍。你會想賭只能贏 0.1 倍，然後可能輸 2.7 倍的賭局嗎？來，現在告訴我，你要選擇投資股票 20 年，還是債券 20 年？當你意識到股票長期勝過債券，股票自然會是優先選擇。從終身資產的角度來看，100％的股票反而是非常保守的做法。大多數人過度保守，因為害怕波動而配置太少股票了。

20 年連續滾動比較（67 個週期，1926 年～ 2012 年）		
項目	勝率	平均報酬
股票	65 次	909%
債券	2 次	247%

▲ 67 個滾動區間，股票贏了 65 次，平均報酬是 909%。

債券勝過股票的兩次結果		
時間	美股	美債
1929 ～ 1948	74%	91%
1989 ～ 2008	404%	433%

▲ 債券贏的這兩次，平均只贏 0.1 倍。

最後，重點整理：一、**害怕波動的原因有兩個：「認知不足＋風險承受力不足」**。二、**下跌虧損時感到驚慌，代表你對股市的認知不足**。三、**長期投資必定承受短期虧損，連股神巴菲特都避不掉**。四、**習慣兩倍槓桿的波動以後，回頭看 0050 你就沒感覺了**。五、**100%股票是很正常的事情，增加你的風險承受力就好**。

好了，希望看到這邊有稍微改變你對「波動」的看法。很多人投資失敗就是因為認知不足，沒意識到投資本身就是一件可能帶來虧損的事情。然而又因為認知不足，進而導致風險承受力不足。才會將一堆資產放在保守性的商品上，進而降低長期的回報。

長期投資，讓你看到未來與家族

你認為 100% 股票很激進嗎？那你覺得 84 歲的老年人，應該持有多少比例的股票才對？如果我告訴你有一位 84 歲的老人打算持有 100% 的股票，你會不會覺得他瘋了？這個老人叫做查爾斯・艾利斯（Charles D. Ellis），他是《投資終極戰》、《指數革命》和《投資的奧義》這三本書的作者，他在一篇文章（No Bonds for Me, Oct 30, 2021) 寫道：「我沒有債券。我 84 歲的今天沒有債券，當然也沒有 84% 的債券。我從未擁有過債券，更沒有期望債券。」一位 84 歲的老年人，人生已經走到盡頭的階段。為什麼他還要持有 100% 的股票？不會擔心風險太大嗎？完全不會。你看到的是 84 歲，人家看到的是 12 歲的孫子，看到的是整個家族。這些錢都是要準備留給後代的。從 12 歲的角度來看，持有 100% 的股票風險很高嗎？一點也不。

這就是你跟長期投資者的差別。你只看到眼前，你只看到自己，你只看到幾年。人家看到未來，看到孫子，看到家族，看到百年的長度。當你的認知越強大，投資期間越長遠。波動，就是再正常不過的事情。真正的問題不是波動太大，而是你的認知太弱。保守配置只是治標的做法，提高認知才是治本。當你的認知提升，你的風險承受力自然就會提升。記住，認知決定風險承受力。

2-16
50 正 2 只能做短期價差？不，它更適合長期投資

　　大仁在上一篇，談到長期投資 50 正 2 需要面對什麼樣的風險和認知。有些人誤會我的意思，以為討論大跌是建議你做短期波段。不，50 正 2 真正適合的是長期持有，握住不放。要做短期波段，你反而可能錯過獲利最大的那一段。

下跌，是投資的必經之路

　　因為下跌是投資的必經之路，所以投資槓桿型 ETF 需要更強大的認知。以 0050 為例，從 2022 年初最高 152.08，到 5 月最低的 120.64，一堆人稍微碰到一點下跌就唉唉叫。但對我來說，這不就是個 20％ 的波動而已，有什麼好大驚小怪的（後來正 2 最低跌到 74 元，負 50％ 的跌幅我依然持有）。

　　為什麼我不害怕？因為我的認知建立得更完整，早就將這種程度的下跌視為「必經過程」。下跌不奇怪，不跌才奇怪。但很多人心態錯誤，認為投資最好不要承受任何損失。一旦下跌他們就心想：完了，我的錢不見了，早知道就不要投資了。現在已經跌掉我三個月的薪水了，怎麼辦？如果不投資，我現在就還有那些錢，都是投資害我虧錢的。

　　人生真的可以「好的都要，壞的都不要」嗎？只想享受投資的好處，不想承擔投資的過程。我把這種思維叫做「韭菜思維」。因為只有韭菜才會想要逃過每一次的下跌，然後享受每一次的上漲。如果你不想為長期投

資支付門票，拜託不要加入這場遊戲，因為很高機率最終你只會敗興而
歸。

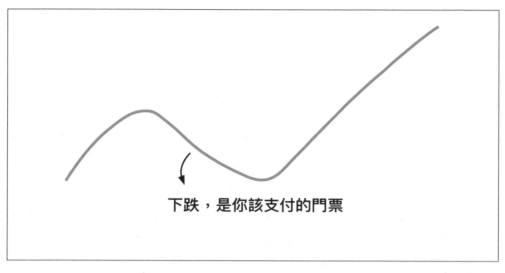

▲ 只有韭菜才會幻想可以逃過每一次的下跌，同時享受每一次的上漲

　　當你連長期投資 0050 這麼簡單的事情都辦不到，就不要妄想你能夠投
資 50 正 2 了。因為有很高的機率你會在某一次的大跌中離場，然後再也追
不回來。不信的話，讓我們看到下面的例子。你能預知未來嗎？先看到 50
正 2 這幾年的大跌幅度，分別是 2015 年負 41.73％，2018 年負 28.56％，
2020 年負 52.13％，2022 年負 49.32％。

　　看起來很可怕對吧，動不動就負 30％的跌幅。於是很多人認為 50 正 2
漲得快，跌得也快，所以應該要做短線波段。上漲了賣掉，等下跌時再撿
回來。股市賺錢真的很簡單，高賣低買，你找到投資聖經了。嗯，如果這
麼簡單還有人會賠錢嗎？

「上漲賣掉，等下跌撿回來」與「持有不動」的比較

來，假設你是超級神人，永遠可以賣在高點，然後買在低點。從 2014 年上市第一天你就開始持有 50 正 2（股價 20 元）。直到 2015 年 4 月 27 日，你發現高點到了，全部在 24.91 元賣出，獲利 22.67％。在你賣出以後，果然開始大跌。當時最深跌幅來到負 41.73％，於是你在最低點 14.57 元買回來，又在 2016 年以 25 元賣出，獲利 72.92％。賣出後，你開始等下一次大跌。

等著等著，直到 2018 年的時候美中貿易戰。50 正 2 下跌 28.56％，從高點 41.3 元，下跌到最低點 29.37 元。咦，29.37 元？你不是在 25 元賣掉嗎？怎麼現在最低點才 29.37 元？很多人在這個時候依然不會買，因為距離賣出的 25 元還有一大段距離（25 元跟 30 元的差距可是 20％的漲幅）。

好，先不管，假設你還是在 29.37 元的時候全部買進了。直到 2020 年發現大跌要來了，於是在最高點 55.17 元賣出。賺取 87.78％的獲利。接著大跌真的來了，從高點跌到剩下 26.29 元。這次你又猜到最低點，於是在 26.29 元的時候全部買進（巴菲特都沒你這麼神）。

同年 7 月，50 正 2 漲超過當初的高點。於是你在 56.08 元的時候賣出，獲利 111.93％。又開始等待下一次的大跌。終於，在 2022 年迎來負 29.68％的跌幅。不過，這次最低點是 106.85 元。距離你賣出的 56.08，差距非常大。你願意認錯買回來嗎？不，很高機率不會。56 元賣掉的東西，怎麼可能用 106 元買回來。不可能的。失誤一次，代價巨大。

上面有如神助的一番操作績效如下，第一次 22.67％，第二次 72.92％，第三次 87.78％，第四次 111.93％，總報酬 744％。這個績效真是太強了。不過，你冷靜地思考一下，你能辦到這種神蹟嗎？不是每個人都有辦法預知未來，但我們能夠輕易做到買入持有。如果你從上市第一天買入 50 正 2，持有不動。總報酬是 450％。

看到這邊你可能心想，看吧，50 正 2 還是要做波段操作比較好。嗯，

我同意。如果你「每一次都能買在最低點」，然後在「相對高點」都能夠賣出。那我就認同你做波段會比較好。

　　來，上面的 744% 報酬率，是經過這四次有如神助般的買賣才完成的。這四次波段，你每一次都得成功，不能失誤。失誤在第一次，剩下 588%。失誤在第二次，剩下 388%（已經落後買進持有了）。失誤在第三次，剩下 349%。失誤在第四次，剩下 298%。從上面的數據來看，只要失誤一次就可能落後買進持有。失誤兩次，報酬更是難看。更何況你每一次都要能預知未來。來，用你的腦袋好好想一下，可能嗎？

最大的損失，是離開市場

　　偉大的投資者彼得・林區說過：投資最大的風險，就是被市場嚇跑。你以為做波段，最糟糕的情況是落後買進持有嗎？不，最糟糕的不是落後。而是你在自以為的高點賣出以後，就永遠追不回來的損失。這四次的買賣，總共帶來了 744% 的回報。但是，在最後一次，你在高點 56 元賣出以後，就再也沒有買回來了。因為再買回來的最低價格是 106 元，你買得下手嗎？不，你不會。人性會卡在你賣出的價格。除非回到接近 56 元的價格，不然你永遠不可能買回來了。最大的損失，就是後續的上漲再與你無關。不管後面漲到 200 元或 300 元，都與你無關了。因為你在 56 元的「高點」賣出。離開市場以後，想要回來不是那麼容易的事。這才是大仁不建議你將 50 正 2 視為短期操作工具的原因。

　　跟你分享一個實際案例，有位朋友看完槓桿系列後私訊我，說他在 20 元的時候買入 50 正 2 共 75 張，總價約 150 萬。結果，他在 23 元的時候賣掉了（獲利 22.5 萬）。猜猜看，現在買回來要花多少錢？以近期最低點 106 元來計算，他要花 795 萬才能買回來。172.5 萬賣掉，結果要多花 600 萬才能買回來，你說嘔不嘔？

這就是我不建議你將 50 正 2 用來波段操作的原因。在 2020 年的時候，我在高點買入 50 正 2，當時價格是 54 元。後來，漲到最高點的時候來到 152 元。請問現在看來 54 元是高點，還是低點？

　　投資要看複利，而 50 正 2 所具有的更是兩倍的複利。你現在看到 50 正 2 是 0050 的三倍報酬感到驚訝。不，就我來看很正常。若台股持續保持正常的經濟數據，未來要看到四倍、五倍，都是有可能的。這不是什麼神奇的魔法，就只是單純的複利而已。

　　最後，重點整理：**一、下跌，是投資的必經之路。二、能夠預知未來的人，非常適合做短期波段（我猜你我都不適合）。三、但只要失誤一次，就可能落後買進持有。四、投資最大的風險，是被市場嚇跑。五、短期波段的想法，會增加你離開市場的可能性。**

　　你覺得自己有把握每次都能賣在高點，然後永遠買在最低點嗎？是的話，那我建議你別買 50 正 2，這對你來說太大材小用了。你應該直接買期貨，把槓桿開大一點，這樣獲利可以更高。反正你能抓在最低點，賣在高點，就算是期貨有什麼好怕的呢？

　　如果你認為自己沒有預知未來的能力，那我建議你乖乖定期定額，買進持有就好。用閒錢去投資，用五年內用不到的錢去投資。控制好你的現金流，抓出你願意承擔的曝險比例。剩下，就是耐心等待市場帶來的結果就好。（備註：如果你真的很擔心高點沒賣，下跌賠回去。我會建議你跟現金做「再平衡」效果會比較好，本書第三部分將會詳細介紹適合槓桿 ETF 的風險管理策略。）

2-17
0050 帳面虧損中，可以轉換 50 正 2 嗎？

有網友向大仁詢問：「大仁哥你好，謝謝您推薦台灣 50 正 2 的投資方式。我想投資 50 正 2，但有一個問題。我目前的 0050 帳面是虧損套牢，這樣賣掉不就吃虧了嗎？」

0050 虧損沒關係，直接轉換正 2 不用等

這個問題的答案其實很簡單，虧損就虧損，沒關係的。直接轉換過去，不用等。先找出你想要承受的曝險比例，然後直接賣掉 0050，轉換成 50 正 2 就好。比方說，你原本持有 100 萬的 0050，你的曝險比例就是 100％。而 50 正 2 是兩倍槓桿，只需要持有 50 萬，就能做到 100 萬的曝險，可以參考下頁這張表格。

此表是用 100 萬為例。如果你有多少的 0050，只要再去買一半的 50 正 2 就好。提醒一下，先確認自己有投資槓桿型 ETF 的資格（請見本書最後的附錄）。不要賣掉以後結果不能買 50 正 2，這就悲劇了。

沒錯，當你賣掉 0050 虧損就實現了。但這並不是轉換造成的損失，而是在 0050 下跌的時候損失就已經造成了。很多人會用「套牢」來形容自己的股票虧損中，還沒回到買入價格。但對大仁而言，套牢根本就是不必要的兩個字。很多人就是卡在套牢，認為得讓股價回到成本才願意賣出。結果就是在爛股票耗費太多時間，就算最後漲回成本，你也已經錯過太多時間了。

0050	曝險比例	50 正 2
100 萬	100%	50 萬
90 萬	90%	45 萬
80 萬	80%	40 萬
70 萬	70%	35 萬
60 萬	60%	30 萬
50 萬	50%	25 萬
40 萬	40%	20 萬
30 萬	30%	15 萬
20 萬	20%	10 萬
10 萬	10%	5 萬

▲ 投資 50 正 2 可以用一半現金達到投資 0050 的同樣曝險

那面對虧損的股票應該怎麼做？很簡單，我們只看未來，我們只看機會成本。你自己去評估未來哪一個選擇更好，就去做那個選擇。成本多少一點都不重要，重要的不是過去，而是未來。當 0050 帳面虧損的時候，你的虧損就已經造成了，這是「過去」的事情。你能做的，就是想想看「現在」該怎麼做比較好。

用槓桿 ETF 創造相同曝險

採取「50：50」投資法，你不必在意 0050 的虧損是多少，只要直接轉換相同比例的曝險即可（關於「50：50 投資法」在本書第三部分會詳細介紹）。我們從 2022 年 7 月 13 號國安基金宣布進場這天起算至 2022 年 8 月 5 號。0050 漲幅 7%，50 正 2 漲幅 13.01%。

持有 100 萬的 0050，獲利是 7 萬，持有 50 萬的 50 正 2，獲利是 6.5 萬。看起來轉換過去相同比例的 50 正 2，報酬沒有兩倍？是，但也不是。為什

麼會這樣說？因為 50 正 2 持有的主要是臺股期貨，而非 50 期貨。所以追蹤上應該對照台股大盤的表現，而不是 0050。若我們用「報酬指數」來看，50 正 2 就完美地展現出兩倍的報酬。

　　因為這段時間前 50 大市值的公司表現好一些（特別是台積電），所以 0050 的報酬自然會比大盤多一些。這也是大仁一直強調的，你投資 0050，其實是將風險更為集中在大型公司。大型公司表現好，0050 會比大盤好；大型公司表現差，0050 會比大盤差。若真的要講求風險分散，台股目前最分散的 ETF 就是台灣 50 正 2。補充：更嚴格來說，像富邦 00675L 持有 200％的臺股期貨，這種才是最分散的（關於台股其他的槓桿 ETF 比較，請複習 2-2）。

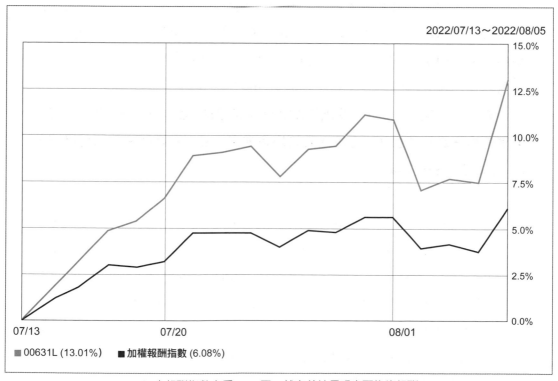

▲ 由報酬指數來看，50 正 2 就完美地展現出兩倍的報酬

轉換 50 正 2 報酬更高

你只要將 0050 換算相同曝險的 50 正 2，就可以創造出接近的報酬。甚至，相同曝險的 50 正 2 還能帶來比 0050 更多的報酬。這點我們可以從過去的表現上看得出來。從 2015 年到 2021 年，幾乎都創造出高於兩倍的報酬。特別是 2019、2020、2021 這三個年度，更是大幅超越兩倍以上。

	2015	2016	2017	2018	2019	2020	2021
0050	-6.28	19.65	18.14	-4.94	33.52	31.14	21.92
50 正 2	-16.54	39.18	39.82	-10.38	70.87	68.07	62.22

▲ 相同曝險的 50 正 2 能帶來比 0050 更多的報酬

所以，你只要賣掉原本持有的 0050，轉換相同曝險比例的 50 正 2，長期來看，有很高的機率會比原本的 0050 表現更好。因為期貨逆價差提供的超額報酬，是你目前持有 0050 吸收不到的。這點在定期定額也適用。只用 50% 的資金投入 50 正 2，最後也遠勝過 100% 的 0050（本書 3-7）。

最後，重點整理：**一、找出曝險比例，直接轉換過去 50 正 2 就好。二、虧損是過去造成的損失，你應該要看的是未來。三、在相同曝險的前提下，50 正 2 往往表現得更好。**

希望這篇有幫助你理解轉換過程中的思維。如果你有深入了解 50 正 2，不必因為帳面虧損而等待，現在就可以直接轉換。你唯一會損失的，就是賣出 0050 的手續費，以及買入 50 正 2 的手續費，就這樣，你原本 0050 的虧損，並不會因為轉換 50 正 2 造成什麼損失。因為曝險比例是相同的，你還是擁有一樣的曝險待在市場上，這點沒有改變。備註：若後期 50 正 2 漲太多的時候，可適時運用本書 Part 3 會詳細介紹的「槓桿投資法」，用「再平衡」降低曝險，增加手邊現金。這樣長期投資起來會更安全！

2-18
除了 50 正 2，我還投資哪些槓桿 ETF ？談資產配置

有許多讀者問我，除了 50 正 2 以外，其他的資金如何配置？我的配置很簡單，就只有三個標的：台股（00631L）、那斯達克指數（00670L、QLD）和現金。本篇我將告訴讀者，我這樣投資的三個理由，分別是：國家產業分散、機會成本考量和貨幣風險分散。

一、國家產業分散

台股過去的股市表現非常強勁，從 1966 年開始的年均複利達到約 13.26％。在 2021 年底，報酬指數更是來到將近 11 萬點。這個數據可是連美國股市都追不上的。

但台灣畢竟只是單一國家，在全世界股市的市值只佔約 1.5％左右。從全球市值來看，單獨押台灣風險太大。而台股又是台積電獨大，一間公司就佔將近三成的市值。等於未來台股的表現，很大程度得看台積電的成敗。這點又讓風險更加集中（集中單一國家，再進而集中單一公司）。

另外因為有中國的存在，戰爭風險的疑慮也得考量進去。綜上所述，投資台灣要注意這三個問題：1. 單一國家風險、2. 單一公司風險（台積電）、3. 戰爭風險（中國）。考量到這三點，我個人建議配置台股不要超過總資產 50％的比例。即使你再怎麼看好台灣，也應該要將風險更為分散。

而我自己除了投資台股，另外還有投資「美國那斯達克 100 指數」。

選擇的標的是 00670L 跟 QLD。兩個都是那斯達克 100 指數的兩倍槓桿 ETF。會投資那斯達克指數，主要是我個人看好科技股的發展。原因很單純，我認為未來依然會是科技帶領經濟成長。因此，我選擇偏向科技股的那斯達克 100 指數作為主要配置。比起單押台股，分散部分資金到其他國家是比較合適的。如果你認為那斯達克不夠分散，你可以配置「美國標普 500 指數的兩倍槓桿」（SSO）也行。

二、機會成本考量

我目前配置比較多的部分在 00670L 跟 QLD。因為之前中國一直威脅台灣，讓我有點擔心會不會有擦槍走火的情況。於是把大部分資金放在那斯達克我會比較安心。再加上目前（2022 年 11 月 16 號）那斯達克今年跌幅比台股更深。在考量機會成本的前提下，我優先選擇配置 00670L 跟 QLD，簡單來說就是跌很多，比較便宜。

三、貨幣風險分散

投資台股，除了單一國家風險跟集中台積電風險之外。在台灣一定得考量到「戰爭風險」。萬一哪天跟中國真的爆發不可預料的意外事故（當然是不要最好）。到時候台幣的匯率很高機率可能會貶值。那個時候，我手上持有的 QLD 就可以發揮效用了。因為 QLD 是美元計價的資產，若台幣貶值，就等於美元升值。我就可以把美元資產賣掉，轉回來買便宜的台幣資產。不管是跌比較多的股市，還是房地產，我都能用美元來做資產轉換。如果單純持有台幣資產的人，就無法獲得這些優勢。（備註：台股的 00670L 雖然是投資美股的那斯達克 100 指數，但它有做匯率避險。因此台幣兌換美元之間的匯率漲跌，對它影響不大。基本上可以視為是台幣計價的資產。）

　　當然，持有美元資產也是有風險的。如果台幣大幅升值，我手上的美元資產就會相對貶值（這也是 00670L 做匯率避險的原因）。因此，我有約一半的資產是台幣計價的（00631L、00670L、台幣現金）。一來可以方便平時生活使用，二來不會單押哪一個貨幣，造成貨幣風險集中。如果你所有資產都是用台幣計價的，建議可以考慮把部分轉換成美元資產。若台灣平安無事，當然最好。若台灣有事，至少美元部位可以作為風險對沖。

　　最後，重點整理一下：**一、台股過去表現很強，但需要注意單一國家的風險（還有台積電獨大的風險）。二、考量機會成本跟分散投資，我有另外投資 00670L 跟 QLD。三、投資 QLD 除了分散國家風險，還能分散貨幣風險。四、00670L 有做匯率避險，因此台幣漲跌影響不大。**

　　以上，這就是我個人的資產配置，即 00631L ＋ 00670L ＋ QLD ＋台幣現金。我不打算分散全世界，這是我的風險偏好。我認為投資台股跟那斯達克指數，兩者混和已經足夠分散。對比單押一間公司的投資者，我的非系統性風險（個股風險）已經小很多了。

　　每個投資者的風險偏好不同，風險承受度不同，不能一概而論。例如我就是全部投資股票，完全沒有配置半點債券。但，這只是我「一個人」的投資組合，這種並沒有標準答案。找到適合你自己的投資方式，而且能安心投資比較重要。希望這篇能讓你對台股的風險有更深的認識。

2-19
50 正 2 會跌到下市嗎？你的擔心是多餘的

　　你是否有想要投資 50 正 2（00631L），卻又害怕它下市所以不敢投資呢？其實我在本書 1-4 就解釋過，50 正 2 下市的可能性有兩種：一、基金淨值低於 1 億，連續 30 天。二、基金價格低於 2 元，連續 30 天。符合這兩點，50 正 2 就有可能下市。

　　不過，有位朋友提出疑問：「00631L 下市條件，連續 30 天小於 1 億，你計算是用流通單位數不變的情況下。但實際情況是流通單位數可能會變少，所以淨值小於 1 億也是有可能的」。他提到的疑問是當流通單位數變少（股數減少），導致淨值減少。這種情況下基金規模就有可能小於 1 億，最後下市。我的答案只有一個：想太多。來，下面大仁將分析四點給你看，為什麼這是杞人憂天。一、下市標準是看淨值，不是看流通單位數。二、50 正 2 的散戶都是有錢人。三、1 億淨值是門檻非常低的標準。四、大者恆大，50 正 2 不會是第一個需要下市的。

一、下市是看淨值，不是看流通單位

　　基金淨值是指這檔 ETF 的規模有多大。比方說，股價 100 元，流通單位 1000，基金淨值就是 10 萬（股價乘單位）。為什麼大仁在談下市條件時，會說「假設流通單位數不變」？因為，流通單位是有可能改變的。以 50 正 2（00631L）為例，2021 年 12 月 7 號流通單位數為 9.3 萬張，2020 年 6 月

13 號流通單位數 12.5 萬張，2022 年 6 月 20 號流通單位數為 21.8 萬張，你會發現 50 正 2 的流通單位數一直增加。為什麼？因為這段時間有更多大戶去申購 50 正 2。在股價下跌的時候他們抄底，造成流通單位數暴增。

　　所以，你用流通單位數來看會非常不精準。大跌的時候，流通單位數通常是暴增的（大戶抄底）；大漲的時候，流通單位數可能是減少的（大戶離場）。這也是大仁為什麼強調你要看「基金淨值」。因為基金淨值才是下市條件的標準。看流通單位數沒有意義，還是回到基金淨值這個標準就好。

二、50 正 2 的散戶都是有錢人

　　前面提到，大戶法人或外資的進出，可能會讓流通單位數暴增或暴減。所以，我們還是回到「散戶」來看基金規模比較客觀。持有張數 100 張以下就叫做散戶。下面整理「0056、0050、50 正 2」三檔 ETF 的散戶狀況：0056 每人平均市值 13.7 萬，0050 每人平均市值 19.7 萬，50 正 2 每人平均市值 87.5 萬。

	市值	散戶持股	股東人數	平均金額
0056	931 億	75.62%	67 萬	13.7 萬
0050	1116 億	48.59%	56 萬	19.7 萬
50 正 2	30 億	13.46%	3500	87.5 萬

▲ 持有這三檔 ETF 的散戶，平均持股金額以 50 正 2 最高（2022.6.20）

　　股東人數最多，散戶佔比最高的 0056，持股金額是最低的。股東人數最低，散戶佔比最低的 50 正 2，持股金額是最高的。這代表什麼？代表 50 正 2 的投資者都比較有錢。雖然人數少，但每個人的平均持有金額將近百萬。相較「0050、0056」的投資者，50 正 2 的散戶更為富有。為什麼要談

散戶的平均金額？因為這跟第三點有關，1 億淨值其實是很低的下市標準。

三、1 億下市，門檻很低

上面提到，50 正 2 的股東受益人數雖然少（平均在 1000 ～ 3000 人左右浮動）。但每個人平均持有的金額高達 87.5 萬。如果以「低於 1 億基金淨值」做為下市標準，這根本是小看 50 正 2 的股東了。別忘了，這群人雖然是少數，但這些人可是更有錢更富有的人。1 億基金淨值這種東西，他們隨便湊一下就湊到了。

一個人持有 20 萬的淨值（遠低於平均 87.5 萬）。只要 500 個人，就能輕鬆達到 1 億淨值。這邊還沒談到「張數超過 100 張」的大戶。單純就散戶來講，光這些散戶就能夠撐起這檔 ETF 了。煩惱 50 正 2 淨值低於 1 億，真的是杞人憂天而已。這是連討論都不用的問題。如果你還是不相信 50 正 2，來看看最後一點。

四、50 正 2 不會是第一個需要下市的

目前關於台股兩倍槓桿的 ETF 總共有四檔（2020 年 6 月 20 號）：元大的 00631L，淨值為 227 億。富邦的 00675L，淨值為 14 億。國泰的 00663L，淨值為 13.5 億。群益的 00685L，淨值 0.96 億。你會發現，元大的 50 正 2（00631L）規模是遠高於其他三檔 ETF 的。差距不是一點點，而是十倍以上的落差。如果連元大 50 正 2 基金淨值都低於 1 億，那後面三個肯定早就打包回家了（像群益 00685L 看起來就有點危險……）。

簡單思考一下：假如，其他槓桿 ETF 不幸下市。這些投資者接下來會把錢放哪裡？答案再清楚不過了，放在最大的那一間，也就是元大 50 正 2。因為它規模最大，最不可能有下市的風險。假設，真的爆發什麼重大危機導致淨值嚴重下降，那麼其他台股兩倍槓桿 ETF 的投資者，全部都會轉換到

規模最大的那一檔 ETF。就像是世界危機發生，大部分的錢都會跑到美元美債，因為美國就是最大最安全的國家。這就是馬太效應，大者恆大。如此一來，就會讓元大 50 正 2 的規模更加壯大，更不可能有淨值低於 1 億的情況。

最後，重點整理：**一、下市是看基金淨值，跟流通單位數無關。二、0050 正 2 的散戶都是有錢人，不要小看這些人。三、1 億的基金淨值非常低，這不難達到（光我一個人就至少 100 萬了）。四、元大 50 正 2 是規模最大的，其他投資者會優先跑到這邊避難。**

好了，看到這邊你應該明白，為什麼大仁認為 50 正 2 幾乎不可能下市的原因了。其實本來就沒有什麼好煩惱的，會害怕只是基於無知而已。認知不足，才會害怕。

很多人以為「下市」就是什麼都沒有，其實不是。下市不過就是把你的基金淨值清算，看要退多少給你而已。如果一檔 ETF 真的淪落到需要清算，那你去擔心下市其實都是多餘的。沒下市又如何？一檔基金會跌到規模低於 1 億，代表大多數投資者都離開了，沒人願意投資了。你認為台股有可能會變成這樣嗎？如果是，那千萬別投資 50 正 2，這不是你能力圈之內的選擇，你不應該碰。

題外話，製作前面那張平均股東持有金額表格時我有很深的感受。賺最多錢的，總報酬最高的，股東人數最少。這些人是最有錢的人。他們都懂得運用槓桿，讓自己的資金更加彈性靈活。賺最少錢的，總報酬最低的，股東人數最多。這些人是平均金額最低的人。他們害怕槓桿，害怕波動，只想安穩領息。

我沒有說哪個好或哪個壞，一切都是你的認知與能力圈決定。每個人的機會成本不同，最後獲得的報酬也不同。這個世界是公平的，你的認知，決定你獲得的一切。

2-20
50 正 2 會不會跟原油正 2 一樣下市？

大仁在上一篇文章中談到「50 正 2 會跌到下市嗎？你的擔心是多餘的」，有位網友留言：「元大原油正 2 表示：笑死。」看到這種留言我不禁感嘆，台灣大多數人對槓桿型 ETF 的刻板印象依然存在。而這種印象，正是許多刻意扭曲事實的人想看到的。

不要拿原油和恐慌指數來跟台灣上市公司做比較

很多人談到槓桿型 ETF，都會拿「原油正 2」跟 VIX 出來救援。認為槓桿 ETF 最後肯定會面臨下市。每次看到這種說法我就覺得很無奈。我們談論的是以大盤指數為主的 ETF，其背後追蹤的是台灣上市公司的期貨指數。你拿 VIX 這種恐慌指數來比台灣上市公司，這合理嗎？你拿「原油」這種原物料的指數來比台灣上市公司，這合理嗎？

這種說法就是拿兩種完全不相關的東西混在一起談，然後告訴你槓桿 ETF 很爛，會下市。你覺得「石油」跟「台灣上市公司」，這兩個投資標的可以混在一起看嗎？這兩種標的的投資項目、風險程度、分散程度，會是一樣的嗎？如果不是的話，你怎麼會覺得「石油正 2」下市，50 正 2 就會面臨一樣命運？會用這種說法來講的人就是刻意扭曲事實，把兩個不相關的東西綁在一塊談，然後說他們一樣爛。拿原油跟恐慌指數，來對比台灣所有的上市公司？這已經不只是居心不良，而是無所不用其極的抹黑了。

會用這種說法的只有兩種人：一種是蠢到分不清兩者的差別，另一種就是壞到故意扭曲事實。

50 正 2 不用擔心下市問題

另外一位網友留言表示：「會不會跌到下市根本是毋須擔心的問題，雖說一切事情沒有不可能，但真的跌到下市的那一天大概國家也快亡了。屆時最煩惱的事情絕對不會是 00631L 會不會下市。」這個說法我非常認同。如果 50 正 2 真的下市，代表大多數投資者對於台股已經失去信心了。50 正 2 背後連結的是臺股期貨，期貨背後是台灣所有上市公司。當所有散戶跟大戶都同時拋棄台股期貨的情況，相信我，那個時候你應該擔心的不是 50 正 2 會不會下市，而是更嚴重的問題。

若 50 正 2 從 200 億的淨值縮減到 1 億以下，剩下百分之一。同樣的邏輯來檢視 0050，淨值可能從 2000 億縮減到 20 億，你覺得可能嗎？也許你會說兩者不能這樣比。好，那縮減到十分之一。0050 規模剩下 200 億，你覺得可能嗎？如果你認為不可能，那為什麼 50 正 2 就可能低於 1 億？

總不可能 50 正 2 規模都縮減到剩下百分之一，0050 卻完全沒事吧？若你認為 50 正 2 跌到下市，0050 還可以平安無事，那我只能說你對槓桿型 ETF 的偏見太多了，多到你無法客觀判斷。讓我們參考現實的例子，破除你的錯誤偏見。

以俄羅斯為例，檢視台股的戰爭風險

投資台灣股市最大的風險，就是戰爭風險。隔壁中國對台灣虎視眈眈，猶如俄羅斯想吃掉烏克蘭一樣。以俄羅斯 ETF（RSX）為例，2022 年 2 月，大家還不知道戰爭會不會真的開打，所以沒有什麼影響。直到 2022 年 2 月 24 號，發動戰爭以後，RSX 就快速下跌。跌到最深為負 76.69％，將近八成。

這是因為在 3 月 4 號以後，這檔 ETF 就宣佈清算下市了。不然有可能會再跌更多。

來看看兩倍槓桿的表現：俄羅斯兩倍槓桿 ETF（RUSL）在戰爭開打前，股價還有 23.87 塊。直到 3 月 4 號清算時，股價剩下 2.58 塊，下跌 89.12%。不管原型或槓桿基本上大同小異，都跌到亂七八糟最後下市了。原型指數跌 76.69%，兩倍槓桿跌 89.12%。

請你不要對槓桿 ETF 抱持著偏見，用理性客觀的角度去思考一下。假設戰爭風險真的到來，未來某一天中國打過來了：當 50 正 2 像俄羅斯兩倍槓桿跌 90% 的時候，你覺得 0050 會跌多少？

當 50 正 2 真的基金淨值連 1 億都沒有的時候，你覺得 0050 的基金淨值會剩下多少？如果 50 正 2 真的跌超過 90%，基金淨值連 1 億都沒有。我可以很肯定地告訴你，0050 絕對大跌 75%，甚至是 80% 以上（你可以想像金融海嘯下跌 55% 以後，再往下跌 55% 的情景）。我不會說這是不可能，但這個時候你應該擔心的不是股票，而是其他的問題了（例如你的身家安全）。如果你很擔心戰爭風險，你應該做的是分散投資。不要把所有資金押在台灣，你可以多分散在世界上其他的國家。

不要為了反對而反對

大仁非常討厭為了攻擊槓桿型 ETF，而用錯誤的觀念去刻意抹黑。這是我最看不過去的作法。你可以說槓桿型 ETF 有諸多缺點：例如管理費用較高，大跌後漲回來困難，盤整會有波動耗損。這些都是確實存在的疑慮，也都是可以討論的議題。但拿原油來比台股期貨，這到底是何居心？

另外，許多人提到槓桿 ETF 就會擔心下市。會有這些疑慮不就是一堆人不分青紅皂白，看到槓桿 ETF 就肆意攻擊的結果？有哪個人真的認真出來剖析，把優缺點兩面都說出來的？沒幾個。幾乎每一個談到槓桿型 ETF

的都是不斷地強調有多少缺點,有多少風險。但優點呢?沒人提。我不知道這些人是不想提,還是打從一開始就只想講壞的,好的都忽略。

你要提醒投資者槓桿 ETF 有風險,很好。但用錯誤的觀念去造謠抹黑,把原油拿來跟臺股期貨對比,這就不對了。這就像過去傳統教育為了讓小孩別太早接觸性知識,就哄騙牽手會懷孕一樣好笑。我明白很多人是想提醒槓桿的風險,但真正的風險並不是槓桿。無知,才是投資者真正的風險。

最後,給大家看一位網友的留言:「超讚的。終於有像版主這樣完全理解槓桿 ETF 且願意分享的好人了。小弟剛接觸槓桿 ETF 時也是很困惑,因為從邏輯上這東西真是好處多多。兼具報酬高＋不斷頭＋不須換倉等好處,但網路上查資料真的是負面居多。連專家跟 PTT 大師也都不支持,讓人想進場都要拿出勇氣。」為什麼他會這樣說?就是有太多人只講負面的資料,那正面的呢?槓桿 ETF 真的爛到不能投資嗎?如果真的那麼爛,你告訴我為什麼 50 正 2 只拿一半資金單筆投入就勝過 0050?(本書 3-4)你告訴我為什麼 50 正 2 定期定額只要拿一半資金就勝過 0050?(本書 3-7)

50 正 2 絕對有它的缺點跟風險。但同樣的,也有它特別的優勢存在。你可以不選擇投資 50 正 2,但不要為了反對而反對。你拿出有利的主張跟依據,那還可以透過討論讓彼此學習到更多。但如果你的想法是「槓桿型 ETF 就是爛」,那樣就沒有討論的空間了。

最後,重點整理:**一、原油正 2 跟 50 正 2,是兩種完全不同的東西。二、50 正 2 連結的是臺股期貨,期貨背後是台灣所有的上市公司。三、拿原油比臺股期貨的只有兩種人,不是蠢,就是壞。四、倘若 50 正 2 基金淨值低於 1 億,0050 也不會好到哪裡去。五、擔心戰爭風險,你應該考量的是將投資分散到全世界。六、不要為了反對而反對,有討論才有進步的可能。**

2-21
別投資會扣血的反向型 ETF，台灣 50 反 1

本篇標題下得比較重一點，但我想跟讀者說，台灣 50 反 1（00632R）真的不是你應該持有的東西。為什麼？這篇大仁要來告訴你：台灣 50 反 1 為什麼不適合長期投資。首先介紹 ETF 的種類，主要有三種：原型、槓桿型和反向型。

1. **原型 ETF**：原型就是原本的樣子，例如原型食物指的就是食材沒有經過任何加工，原本的模樣。原型 ETF 通常會直接持有股票。以 0050 為例，這檔原型 ETF 就是把錢拿去買「台灣市值前 50 大的上市公司」。你的錢都是買扎扎實實的股票，不會有其他的添加物進去。

2. **槓桿型 ETF**：這種就是加工食品，會添加人工的香料進去。例如，本書的主角 50 正 2 就不是持有股票，而是以「期貨」做為主要持有物。因為是正向兩倍槓桿，所以漲跌都是以兩倍為目標。0050 漲 1%，它的目標是漲 2%；0050 跌 1%，它的目標是跌 2%。

3. **反向型 ETF**：這種同樣是加工食品類的，但跟正向槓桿不同，它是反著來的。以台灣 50 反 1（00632R）為例：0050 漲 1%，它的目標是跌 1%；0050 跌 1%，它的目標是漲 1%。這種 ETF 的目標就是跟原型反著來。你漲我就跌，你跌我就漲，很叛逆。

50 反 1 報酬很糟糕的原因，除了多頭的上漲外，還有期貨逆價差

來，我們先看一下 50 反 1 的報酬率：從上市至寫文今日（2022 年 5 月 11 號）總共虧損為「負 71％」。為什麼會虧損這麼多？因為 50 反 1 持有的是期貨空單，持有物約 100％的做空曝險。

這幾年來台股大多頭，導致放空的 50 反 1 不斷虧損。只要台股不斷上漲，50 反 1 就會不停下跌。會敢去放空台灣所有的上市公司，這本身就是一件很愚蠢的事情。你等於是在跟台灣最頂尖最優秀的人才對著幹。這不蠢，什麼才蠢？但你以為這是唯一的原因嗎？不，真正造成 50 反 1 虧損的除了多頭的上漲，還有另外一個最重要的關鍵，期貨逆價差。

50 正 2 的優點，就是 50 反 1 的缺點

看了這本書的讀者，肯定知道我對 50 正 2 非常看好。但反過來說，我有多支持 50 正 2，我就有多排斥 50 反 1。因為 50 正 2 的優點，都是 50 反 1 的缺點。下頁圖是從 2017 年 10 月 13 號到 2018 年 9 月 12 號，大約一年左右的時間各指數的表現。其中 00631L 的報酬率為 9.23％，00632R 為負 7.11％，加權指數為負 0.01％，加權報酬指數為 4.06％。

首先看到「加權指數」，加權指數就是我們俗稱的大盤，你會看到經過一年的時間回到原點，幾乎沒漲沒跌。再看到「報酬指數」，雖然加權指數沒有變化，但報酬指數因為含除息的點數，所以增加 4.06％。這個數字跟過去統計的台股殖利率一致，每年平均大約 4％（參考本書 83 頁的圖）。

然後看到 50 正 2（00631L），50 正 2 的報酬率是 9.23％。為什麼這個數字比報酬指數的 4.06％還要高那麼多？原因在於 50 正 2 持有兩倍的期貨，等於可以吸收到除息的兩倍點數。台股若除息 4％，在確定填息的前提下，50 正 2 等於每年吸收到 8％。8％的除息，再加上期貨偶爾會出現的逆價差利率 1％，這個數字就跟 9.23％非常貼近了。

2017   2018
11   12   01   02   03   04   05   06   07   08   09

■ 00631L (9.23%)   ■ 加權指數 (-0.01%)   ■ 00632R (-7.11%)   ■ 報酬指數 (4.06%)

▲ 這段期間加權指數雖為平盤；但報酬指數因除息上漲 4.06%；00631L 為 9.23%（2 倍除息＋1% 逆價差）；50 反 1（00632L）為負 7.11%

最後談到主角 50 反 1（00632R），在加權指數平盤的前提下，50 反 1 卻得到負 7.11%的結果。根據大仁的推估：每年除息先扣掉 4%，每年逆價差利率再扣 1%，每年內扣費用再扣 1.19%，加起來就 6.19%了。最後是加權指數上下反覆盤整一年的波動耗損。加起來就差不多是負 7%左右。

50 正 2 會加血，50 反 1 會扣血

很多人都把槓桿跟反向兩個講在一塊，最常見的說詞是：「槓桿跟反向 ETF 會扣血，不適合長期持有。」如果是這樣的話，你能不能解釋一下右圖的報酬是怎麼回事？2016 年到 2020 年，台股大盤跌回原點。結果 50 正 2 卻賺 31.54%。不是說會扣血嗎，怎麼看起來比較像是加血？

　　會講扣血的人，就是忽略了台股每年的殖利率高達 4% 左右。這些蒸發消失的點數，你在加權指數上看不到。只有在「報酬指數」才能看到這些除息掉的點數。你會發現報酬指數這四年來，吸收到 18.07%。這些都是台灣股民在除息後，回頭買股票，最後填息所賺取的報酬。而 50 正 2 就是靠著這些填息的逆價差點數，即使大盤回到原點，依舊加血 31.54%。

　　你說槓桿型 ETF 只會扣血？我看起來比較像是每年不停加血。你說 50 正 2 會扣血？我不同意，上面已經回答過了，不只沒扣血，甚至還加血。但你說 50 反 1 會扣血？這我就沒意見了，因為確實是會扣血。而且台股除息的點數越多，扣越多血。同樣看到 2016.6.7 到 2020.3.19 這段期間：你會發現台股的加權指數回到原點（0.02%），但 50 反 1 卻虧損了 25.20%。

　▲ 台股的加權指數回到原點，但 50 反 1 卻虧損了 25.20%

50 反 1 才是會扣血的東西。假設台股加權指數 10,000 點，年初除息 4%，蒸發 400 點。年末填息，加權指數回到 10,000 點。你投資 0050、50 正 2、50 反 1，分別可能得到什麼結果？ 0050：依照 0050 跟大盤的相關性，因為大盤填息，很可能賺到 4%（加血）。50 正 2：50 正 2 持有兩倍期貨槓桿，吸收到兩倍的逆價差點數，很可能賺到 8%（加兩倍血）。50 反 1：50 反 1 因為持有期貨空單，可能虧損 4% 的除息點數，還有本身的內扣費用 1.19%。在平盤的狀態下，50 反 1 可能反而虧損 5% 以上（扣血）。因此，如果你是投資 50 反 1 的朋友，先別講獲利了。假設持有一年，大盤沒漲沒跌，你反而是被扣血 5%。大盤得至少下跌 5%，你才有可能轉虧為盈。

50 反 1 可能會在 15 年內下市

另外，50 反 1 很可能會在 15 年內下市。怎麼算的？台股長期的年化報酬率約 7% 左右。依照今天（2022 年 5 月 13 號）50 反 1 的股價 5.83 元，假設每年下跌 7%，經過十五年會剩下 1.96 元。這個時候，就會啟動金管會的特別規範：「最近三十個營業日之基金平均單位淨資產價值，較其最初單位淨資產價值累積跌幅達百分之九十時」。白話來說，如果在三十個營業日內，基金淨值低於發行價的 10%，就會終止下市。50 反 1（00632R）的發行價為 20 元。10% 就是 2 元。只要 50 反 1 跌到低於 2 元，就會像富邦 VIX（00677U）一樣面臨下市的命運。你千萬別用 50 反 1 來長期投資，那個只會長期扣血。不管你投資多久，最後的結果肯定不會太好。

最後重點整理：**一、50 反 1 是放空台灣上市公司的 ETF。二、50 反 1 持有期貨空單，得承受逆價差可能帶來的虧損。三、即使大盤不漲不跌，持有 50 反 1 依然可能虧損。四、我不知道你投資一個會持續扣血的東西幹麼。五、50 正 2 會加血，別再跟 50 反 1 那種會扣血的東西混為一談。**

　　大仁說過 50 正 2 的優點，就是 50 反 1 的缺點。我有多支持 50 正 2，就有多反對 50 反 1。特別寫這篇，就是要告訴你千萬別持有 50 反 1。長期下來只會不停扣血，即使偶爾讓你遇到大跌，你前面早就不知道被扣掉多少本金了。想長期投資 50 正 2？嗯，我也是這樣做，你可以跟我一起相信台灣。想長期投資 50 反 1？千萬不要。如果你真的想投資這種會扣血的東西，不如拿去捐給有需要幫助的人還比較好一點。

0050 的雙胞胎：正 2 跟反 1 的追蹤誤差

很多人會說槓桿 ETF 的追蹤會有誤差，所以不適合長期投資。是這樣嗎？讓我們看一下 2022 年 7 月 15 號這天（右頁上圖）。0050 上漲 1.32％，照理說兩倍槓桿應該要上漲兩倍，也就是 2.64％，但為什麼 50 正 2 只上漲 1.63％？再來，就連 50 反 1 也有問題。0050 上漲 1.32％，跟它反向的 50 反 1 應該是要下跌 1.32％，為什麼只有下跌 0.82％？難道真的是槓桿反向 ETF 的問題嗎？當然不是，而是你一開始就看錯重點。如果你不清楚為什麼會有這種落差，這篇一定要看到最後。

正 2 與反 1，和 0050 追蹤的指數不同

為什麼會有這麼大的差異？原因很簡單，因為 0050 追蹤的是台灣 50 指數。50 指數的報酬是 1.47％，我們會發現 0050 的報酬是貼近的（右頁中圖）。那為什麼正 2 和反 1 的報酬會有落差？原因在於這兩檔 ETF 跟 0050 不同，它們持有的是臺股期貨（加上少部位的 50 期貨）。所以，與其說它們是追蹤 0050 的正向兩倍或反向一倍，不如說是對照臺股期貨。因此，我們應該要參考期貨的表現，而非 0050。若用臺股期貨來看，報酬是 0.62％，50 正 2 的報酬是 1.63％（漲幅超過兩倍），50 反 1 的報酬是負 0.82％（跌幅超過一倍）。瞧，我們用臺股期貨來對照就精準多了（右頁下圖）。

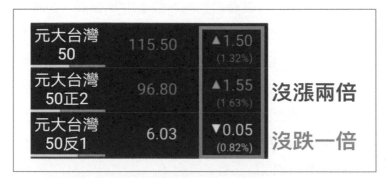

▲ 正 2 和反 1 對照 0050，都有誤差（2022.7.15）

▲ 0050 追蹤台灣 50 指數（報酬是 1.47%），和 0050 報酬是貼近的

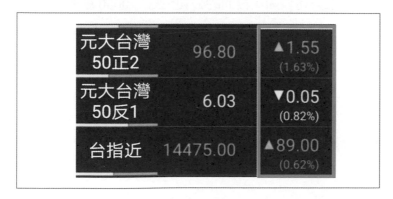

▲ 用臺股期貨（台指近）來對照正 2 和反 1 就精準多了

如果你用 0050 來對照，就會看到前頁最上方那張圖，怎麼漲沒有漲兩倍，跌也沒有跌一倍。然後再來說槓桿 ETF 追蹤有誤差，很糟糕。這其實是對正 2 跟反 1 的誤解。備註：會有這種誤解也很正常，畢竟名字裡面有個「50」，大家就會拿 0050 來做對照。沒辦法，元大想蹭 0050 的名氣，名字就是要有個「50」才會吸引注意力。就像大仁講槓桿 ETF，也都是以「台灣 50 正 2」來做舉例，明明國泰跟富邦也都有正 2，為什麼大仁只寫元大台灣 50 正 2（00631L）？因為它有名氣啊！

0050 跟臺股期貨的不同

0050 是台灣前 50 大的上市公司，追蹤的是台灣 50 指數。正 2 跟反 1 持有的是臺股期貨（加上少部分的 50 期貨），以期貨試圖達到 0050 的正向兩倍或反向一倍。這兩者很接近，但本質上依然是不同的東西。以範圍來說，臺股期貨的範圍更廣。它背後代表的是台灣所有的上市公司，直到 2021 年為止總共有 954 間。

而 0050 則是這 954 家公司裡頭，市值最大的前 50 家。從風險的角度來看，0050 的風險反而更集中（954 家公司對比 50 家）。這點，有好有壞。好處是，前面 50 家公司表面比後面的公司更好，0050 就能取得超越大盤的報酬。壞處是，前面 50 家公司表現比後面的公司更差，0050 就可能會落後大盤。

TIPS ....

元大台灣 50，以 50 指數為主，集中前 50 大公司；元大台灣 50 正 2、元大台灣 50 反 1、台指近，以臺股期貨為主，分散所有上市公司。

以 2022 年 7 月 15 號這天為例。前 50 大公司（50 指數）上漲 1.49%，

而 100 中小公司（100 指數）則是下跌 0.23％。正所謂「台積吃飽，中小跌倒」，講的就是這種情況。有時候大型股漲的時候，中小型股行情會比較差。反過來，也有中小型強，大型股弱勢。因此，你投資 0050 其實就是集中在大型股。而利用臺股期貨的 ETF，反倒可以將風險較為分散。倘若你有投資正 2 或反 1，你一定得知道自己投資的是「臺股期貨」。不要再去看 0050 的漲幅來對照，你應該看的是臺股期貨的表現。

　　最後，重點整理：一、0050 追蹤的是台灣 50 指數（市值前 50 大的上市公司）。二、50 正 2 跟 50 反 1 持有的是臺股期貨（背後是所有上市公司）。三、0050 風險較為集中，臺股期貨風險較為分散。四、持有 50 正 2 或 50 反 1，你應該以臺股期貨做為標準，而非 0050。

　　雖然 50 正 2 的目標是 0050 的兩倍報酬，但主要還是透過持有期貨的方式投資。你要看某一天追蹤有沒有兩倍，我可以跟你說很高機率沒有。很多人都說 50 正 2 只能操作短期，只有「單日正向兩倍」。這種說法我不認同。因為你要看短期看單日，反而很容易出現這篇的情況。台積電等大型股大漲，中小型股弱掉，變成 0050 更強。等哪天台積電變弱了，其他中小型股又衝上來，又會變成大盤較佳。這種經常會變動的東西，根本不能去看短期甚至是單日。

　　那不看單日要看什麼？看長期啊。你可以拿正 2 來短期操作（我不建議）。但對大多數人來說只要長期持有，就能吸收到台股的完整報酬了。你不用短期買進賣出，長期抱著幾年不動，你就會感受到 50 正 2 真正的威力。

　　對了，上述論點完全不適合反向 ETF。當你持有 50 反 1 越久，你的損失只會越大而已。50 正 2 長期持有會一直加血，而 50 反 1 長期持有只會一直扣血。兩者經過時間的累積，最終的表現可是天與地的差別。千萬不要

長期投資 50 反 1，你只會面臨長期的損失而已。

　　好了，看到這邊，相信你應該已經搞懂 0050 跟它的雙胞胎兄弟關係如何了。很多人都會拿 50 正 2 某一天的上漲沒有兩倍，來說槓桿 ETF 不好。現在你知道他們哪裡錯了。記住，0050 看的是「台灣 50 指數」。而正 2 跟反 1 看的是「臺股期貨」，不要再搞錯囉！

　　接下來，讓我們運用槓桿 ETF，去做到更彈性的資產配置。使用「槓桿投資法」讓你在股市上漲的時候開心，下跌的時候安心。

資產配置篇：
槓桿投資法、高點回推法

解釋完槓桿 ETF 的原理和疑問，本章大仁會以資產配置跟實務操作的細節做分享。第三部分主要介紹兩種以 50 正 2 為基礎的資產配置和投資方法，分別是「槓桿投資法」和「高點回推法」。

槓桿投資法① 最符合人性的「50：50 資產配置」

投資計畫要成功，一定得順應人性。為什麼很多人投資會失敗？因為他們忽略了人性。不管你的投資理論有多完美，如果忽略人性，那就幾乎不可能成功執行。所以，投資最重要的就是了解人性。一旦你懂得控制自己的人性弱點，投資就能無往不利。這篇要來跟讀者分享最符合人性的投資策略，「50：50 資產配置法」。而接下來的一系列六篇文章，會把整個槓桿投資法的原理和實際做法一一介紹給讀者。

過去 200 多年，長期投資股票的回報最高

首先，投資最重要的是「資產配置」，那什麼是資產配置？簡單來說，就是你如何分配自己的資金到各種標的比例。假設，你有 100 萬，分配 25 萬買股票，25 萬買債券，25 萬買黃金，25 萬現金。我們可以根據自己的投資喜好，去分配各項標的的比例。

在做資產配置之前，我們可以參考過往的報酬做為依據。在《長線獲利之道》這本書中，列出過去兩百多年的數據做為參考。在 1802 年投資 1 元，直到 2021 年，獲利會分別如下：股票 233 萬、債券 2163 元、黃金 4.06 元、美元 0.043 元。

股票在過去兩百年的歷史，表現出無與倫比的回報。大衛・史雲生（DavidF.Swensen）在其著作《耶魯操盤手：非典型成功》（*Unconventional*

Success）提到：「根據資本市場的歷史資料顯示，投資人應該持有股票，並建構分散性投資組合。只要持有期間夠長，股票表現無疑將勝過債券與現金。」當你配置越多比例的資金在股票，取得的報酬就越高。只要持有時間夠長，股票的表現會勝過債券跟現金。

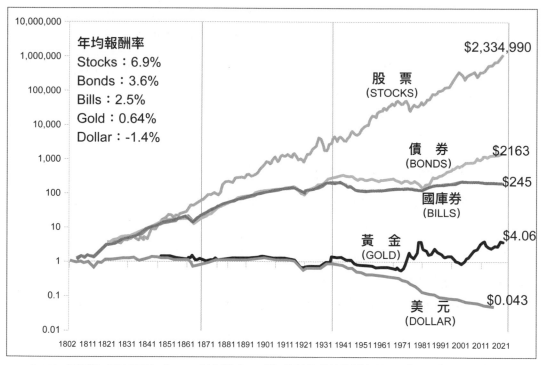

▲ 1802 年投資 1 元在股票，在 2021 年會變成 233 萬，績效遠超其他投資項目。來源：《長線獲利之道》

　　照這樣講，股票報酬最高，那還需要什麼資產配置，全部買股票就好啦。理論上是這樣沒錯。但實際上，投資得考量到「人性」。只要牽扯到人性，投資就會變得複雜起來。本篇將告訴你，為什麼全部資金都拿去買股票，對大多數人是行不通的。

從過往報酬來看，股票的年均報酬率約為 6.9%，既然如此，為什麼大多數人不會歐印（All In）股票？主要原因有兩點：「大多數人無法承受100%股票」和「人性」，分別說明如下。

第一點是大多數人無法承受 100% 股票。雖然股票看起來報酬很美好，但那是長期的結果，從短期來看會有很多下跌。很多人無法接受自己的資產出現負 10%，甚至負 20% 的帳面損失。第二點則是關乎人性。股票上漲的時候，你會恨不得所有的資金歐印。股票下跌的時候，你會希望自己早就清空所有倉位。漲都要，跌都不要，這就是人性。

資產配置最重要的三個字：平衡點

因此，我們要做的不是歐印或是清倉，而是回到投資最關鍵的重點：資產配置。配置好自己能夠接受的各種資產比例以後，耐心等待長期投資的結果就好。關於資產配置，最重要的三個字叫做「平衡點」。威廉‧伯恩斯坦（William J. Bernstein）在其著作《投資人宣言》（*The Investor's Manifesto*）提到：

「關於何謂適當的股票／債券組成比例，有個理論模式值得參考，我稱之為平衡點。運作方式如下：處在股票多頭市場，投資人看著股價上漲會高興，但另一方面又懊悔投資不夠多；所謂平衡點，就是某特定股票／債券配置，讓自己高興與懊悔的情緒處於彼此對應的狀態。同理，處在嚴重的股市行情跌勢，所謂的平衡配置，就是其股票損失痛苦，大致對應著投資人感覺債券與現金得以低價投資的溫暖感受。」

持有股票雖然可以得到很高的預期回報，但同時得承受較大的下跌可能。持有債券或現金雖然安全，但長期來看報酬較低，而且還可能被通貨膨脹吃掉。那怎麼辦呢？答案就是做好資產配置的「平衡點」。當股市上

漲的時候，你必須持有一定比例的股票，這才能讓你高興。當股市下跌的時候，你持有一定比例的債券與現金，也能讓你感到安心……這就是平衡點。

長期投資下持有 100％ 的股票可以獲得的預期報酬最高，但很多人無法接受短期的下跌，也無法克服人性的弱點，這就是為何需要資產配置。

偉大的投資者都推薦的 50：50 配置

每一個人對於「平衡點」的要求不同。有些人比較積極，認為股票要多一點比較好。另外一些保守者，認為債券跟現金多一點比較好。看到這邊你可能覺得「我就不知道自己適合哪種配置比例啊，那有沒有一個標準可以參考呢？」有的。

巴菲特的老師葛拉漢（Benjamin Graham）在其著作《智慧型股票投資人》（*The Intelligent Investor*）提到：「做為一項基本指導原則，我們建議保守型投資者持有股票的資金比例，絕不能少於 25％ 或高於 75％；相對來說，持有債券的資金比例則應在 75％ 和 25％ 之間。我們在這裡建議的標準配置比例是，兩種主要投資工具各佔一半，也就是 50：50。」

葛拉漢建議保守型的投資者，持有股票不能低於 25％，避免長期報酬落後太多。但持有的股票也不建議高過 75％，避免投資者無法承受過大的波動。而他提出的答案很簡單，就是「50：50」，股票 50％，債券 50％。兩種主要的投資標的各一半，那就不用再煩惱要怎麼配置了。

為什麼葛拉漢會這麼建議？讓我們看到書中的解釋：對真正保守型投資者來說，股市上漲時，他可以滿足於自己一半的資金所創造的獲利。而股市嚴重下跌時，比照那些積極型投資者的遭遇，他也會從自己相對較好

的情況中獲得安慰。

這個解釋很簡單：上漲的時候，你持有 50％ 比例的股票，至少有一半的資金賺錢。下跌的時候，你持有 50％ 比例的債券或現金，至少有另外一半的錢是安全的。看到了沒有？這就是人性。上漲想賺，跌不想虧。既然如此，就讓你漲也開心（有 50％ 資金賺錢），跌也安心（有 50％ 的資金安全）。

關於這點，威廉·伯恩斯坦的看法也是相同的。他提到：

「我們如果把投資組合平均劃分為兩部分，分別持有股票與高級債券；這種情況下，萬一股票市場真的崩盤，我們至少還有五成保障，因為債券應該會有合理的表現。反之股票行情如果真的大好，我們頂多只是因為投資組合沒有完全持有股票，而犧牲某種程度的生活水平。」

資產配置不需要搞到太複雜，只要將投資組合平均變成「股票 50％：債券 50％」就好。股市上漲，你只是少賺一點，但還是有賺；股市崩盤，雖然股票有損失，但至少另外一半資金安全。這樣不管市場漲或跌，投資起來都異常安心。

50：50 符合人性，才能長久

這邊我想跟讀者介紹一位諾貝爾經濟學獎得主，哈利·馬可維茲（Harry Max Markowitz）。其實你也不用管他是誰，只要知道他所提出的投資組合理論在華爾街掀起革命，影響了後代所有投資者就好。這麼偉大的投資者，猜猜看，他如何規劃投資組合？他在早期並沒有使用自己受到諾貝爾經濟學獎肯定的策略。不然呢？他使用的是前面提到的 50：50 資產配置法。

他在某次專訪時回答：「如果股市漲了但我沒投資，那心裡一定會很嘔。但如果股市跌了我套牢，鐵定很後悔。所以我就一半一半，分散投資。」就這樣，一個得到諾貝爾經濟學獎，用投資組合理論改變整個投資界的偉

大人物,居然採用最簡單的 50:50 配置法。為什麼?還是回到人性這兩個字。馬可維茲說自己這麼做的原因,是為了將後悔最小化。不管上漲或下跌,他都希望自己不要有太多的懊悔。而「50:50」正是最簡單的答案。

為什麼這麼簡單的配置會有效?因為順應人性。就像「半杯水」的例子,樂觀者認為還有半杯水,悲觀者認為只剩半杯水。投資也會面臨半杯水的問題,但如果你是使用 50:50 配置法:不管上漲或下跌,你都可以很安心,因為上漲時幸好有一半的資金在賺錢;下跌時,幸好另一半的資金很安全

前面提到,影響最終報酬的因素主要是資產配置。但不管配置有多分散,終究得面臨市場的考驗,也就是短期的震盪波動。這是無論如何都無法免除的。但是,如果你的投資組合只有一部分下跌,另外一部分很安全,這就增加投資者堅持下去的可能性。

楊應超是退休多年的華爾街分析師,他在著作《財務自由的人生》提到自己也是使用此策略:「像我雖然有 50%的資產在股票上,股市天天上上下下,這幾個月可能帳面上也賠了錢,但是我一點也不在意。因為我知道自己這幾年不需要賣股票過活,可以靠另外 50%的債券收入,支持足夠的日常開銷。」若大家都能有這種心態,想做到長期投資就會變得非常容易。而 50:50 資產配置,正是可以幫助你順應人性的輕鬆做法。

最後,重點整理如下:**一、影響投資報酬最重要的關鍵,資產配置。二、持有股票,長期獲得的報酬最高。三、資產配置要講求「平衡點」,找出每個人能接受的比例。四、最簡單的平衡點就是 50:50 策略。五、50:50 策略可以完美呼應人性,漲的時候開心,跌的時候安心。**

「50:50」會被許多偉大的投資者認同,不是沒有原因的。為什麼?

因為符合人性啊。漲也爽，跌也行。還不必花費太多的精神去擔心如何配置資金，只要一半一半就好。持有一半的股票，以及一半的債券（現金），就可以幫助你輕鬆做到長期投資。

槓桿，可以補足 50:50 投資法的缺點

BUT，最重要的 BUT 來了！難道 50：50 投資法真的那麼厲害，一點缺點都沒有嗎？當然不是，「50：50」雖然可以讓你享受上漲，度過下跌。但它的缺陷就是只有 50％的股票。前面提到，長期來看股票能夠提供最多報酬。當你配置越少比例的股票，最終能獲得的報酬就會變得越低。只有一半的比例在股票上，長期來看報酬會落後於 100％股票的持有者。這該怎麼辦呢？答案就要談到「槓桿投資法」了。下一篇就會介紹如何運用槓桿，來加強 50：50 投資法的缺點。在順應人性的同時，還可以提高總報酬，讓它變成一個更好的投資策略。

3-2
槓桿投資法② 如何將 50：50 配置加上槓桿

　　上一篇我們談到 50：50 是最符合人性的投資策略。只要將資金分配一半股票一半債券，上漲能享受，下跌也能安心。這篇大仁將站在巨人的肩膀上，告訴你如何運用槓桿 ETF，讓這個投資策略更加進化。讓我們來看看最彈性的資產配置：槓桿投資法。

股票的長期回報最佳

　　前面提過，根據過去兩百年的歷史，股票可以帶來最高的回報。在 1802 年投資一元在美國股票：兩百年後，會變成 233 萬元，成長兩百多萬倍。若股票在未來持續帶來相同的回報，只配置「50％」的股票等於放棄了很大的報酬。長期來看，會遠遠落後持有更高比例股票的投資組合。

　　耶魯大學基金操盤手大衛・史雲生，認為投資應該以「股票導向」。也就是股票長期來看可以帶來最大的回報，應該要配置更多比例在股票上。1993 年，當時美國的大專院校基金持有超過 40％的債券與現金。過少的股票比例，嚴重拖累到當時的報酬表現（特別是 1990 年代的牛市少賺很多）。他在《耶魯操盤手：非典型成功》書中提到：期望報酬偏低的債券與現金所佔的比率超過 40％，投資組合也違背了股票導向原則。

　　耶魯大專院校務基金在 1990 年代初期所賺取的收益慘不忍睹。當時大專院校基金的表現非常糟糕，原因就是配置太少的股票，太多的債券與

259

現金。直到 2003 年將債券與現金的比例降低至 30％以下，這才改善了報酬。他認為「股票導向」的組合應該是這樣：股票比例 50％；不動產比例 20％；債券比例 30％。

「不動產」也可以被歸類在高預期報酬的資產。這個投資組合就有高達 70％的高預期報酬曝險，而報酬較低的債券則被降低為 30％。為什麼投資組合要以「股票導向」為主？因為長期來看，股票可以帶來最高的報酬。減少股票比例，等於拉低長期回報。按照「股票導向」建議，「50：50」有太多比例在低報酬的債券與現金上，我們應該偏向較高股票比例的組合才對。將股票比例拉高，提高未來報酬的可能性。

配置 50% 債券或現金，可以令人安心

根據「股票導向」，史雲生建議將股票曝險提高為 70％，債券與現金降低到 30％以下。為什麼不要 100％股票？原因很簡單，如果你持有太多比例的股票，手上沒有一定數量的保守型資產，當遇到股市崩盤之際，你將無法安全度過危機。這就是要有部分保守型資產（債券與現金）的原因。

威廉・伯恩斯坦在《投資人宣言》提到：「假如投資人完全持有股票，而且他們的判斷錯誤。如此一來，結局恐怕慘不忍睹。精明的投資人永遠要採取避險措施，應該持有相當數量的債券，如此才能因應所有可能的發展。」

持有 100％股票的理想很完美，但現實是股票並不是只漲不跌。許多投資者會過度自信，認為自己在面臨股市崩盤時可以保持同樣的信心。

但事實是，很多人遇到真正的下跌時反而會不知所措。這就是為什麼很多人投資失敗的原因，因為它涉及人性，大多數人對自己是不夠了解的。而債券或現金就是預防你心態崩潰的保險、情緒失火的滅火器。

從這點來看，「50：50」配置了一半的債券或現金，非常符合人性。

不過，沒有一個投資策略是完美的。還記得前面提到，美國大專院校基金報酬不佳的原因嗎？「50：50」雖然順應人性，但它有一個非常嚴重的缺陷：股票比例太低。

這個時候，我們會陷入矛盾之中，那就是為了比較理想的報酬，勢必得配置更高比例的股票。但配置更多股票，則會減少債券或現金，使我們面臨下跌時情緒不穩。兩者之間是互相衝突的，這該怎麼辦呢？關於這個問題，大仁要提出一個更加完善的投資策略：我們可以使用「槓桿投資法」來解決這個問題。

「50：50」＋槓桿投資法，可解決股票配置不足

每個人的資金有限，最高就是 100％。為了報酬，配置多一點股票，遇到下跌會更不安；為了安心，配置多一點現金，遇到上漲少賺很多。怎麼辦？答案很簡單，直接上槓桿！ 100％是給正常人的限制，當你使用槓桿的時候就能突破極限。

為什麼會煩惱要配置多一點股票，還是配置多一點現金？因為他們思考範圍侷限在 100％，從來沒有思考過 150％，或是 200％的可能性。但當你使用槓桿，你的資金比例就能超過 100％。

現在，我們一樣使用最簡單的「50：50」投資法。分配 50％的股票，跟 50％的現金。優點：漲也有享受，跌也能安心。缺點：股票曝險太低，長期拉低報酬。那有沒有辦法只要優點，而不要缺點呢？有的。來，我們將 50％的股票改成兩倍槓桿（例如 50 正 2），股票曝險就會變成 100％。原本是「股票曝險 50：現金 50」，現在變成「兩倍股票曝險 50：現金 50」。

這樣做有什麼差別？差別可大了，原本「50：50」只有 50％的股票曝險，長期來看會輸給 100％股票。現在我們利用槓桿，直接將 50％的股票開兩倍槓桿，讓曝險變成 100％。

項目	投入	曝險	現金
股票	100 萬	100%	0
兩倍槓桿	50 萬	100%	50 萬

▲ 利用槓桿 ETF 就可以用一半的錢達到同樣的曝險

同樣付出一半的現金，你的股票曝險只有 50％，我卻有 100％。同時，我並沒有因為增加曝險，而減少手中的現金，投資起來更安穩。漲的時候，我有 100％的曝險在賺錢。跌的時候，我還有 50％的現金在手。看出這個策略厲害的地方了嗎？

槓桿投資法可以解決三大投資煩惱

為什麼「50：50」策略有效？大多數人投資的煩惱主要有三點：1. 投資報酬率太低，無法完成財務目標。2. 太高比例的股票，心理難以承受。3. 緊急情況手上沒錢。這三點大概是 99％的投資者都共有的煩惱。不過，沒關係。這些問題槓桿投資法統統可以解決。

1. 投資報酬率太低，無法完成財務目標

前面提到，影響整體報酬最主要的原因是你的股票比例。股票是長期報酬最高的投資項目，當你分配越多的資金在股票，理論上長期可以得到的回報會更好。但是，事情當然沒那麼簡單。當你分配越多的資金給股票時，你保守型資產的比例就會下降，遇到金融危機時更沒有風險承受力。這該怎麼辦？

這本書看到這邊，相信答案你知道的，那就是「上槓桿」。假設，我們以取得「100％股票報酬」為目標。只要拿出 50％的資金買入兩倍的槓桿型 ETF，我們就能取得 100％的股票曝險。可以在使用較少資金的前提下，

投資更高比例的股票，讓長期的報酬提高。另外 50％的現金也可以帶來獲利。如果放在定存以 1％利率計算，將可以帶來更多的穩定報酬。

2. 太高比例的股票，心理難以承受

由於投資不是穩賺不賠，應該很少人會將所有資金全部放在股票上。想投資 100％的股票，心理壓力是非常巨大的。但是，當我們運用兩倍槓桿就只需要拿出 50％的資金。這個時候人的心態感受會完全不同。

人對金錢是有「心理帳戶」存在的。當你將 100％的資金投入股票，你就只有一個股票帳戶，這時任何風吹草動都會深深影響你。不過，如果你只有投入 50％的資金在兩倍槓桿，你的心理帳戶就會拆成兩個：50％的股票（兩倍槓桿）和 50％的現金。

這時若遇到股市大跌，雖然你同樣得承受 100％的股票曝險損失。但人的心理很奇怪，你會心想：「反正再怎麼損失，也就是損失 50％的資金而已，我手上還有 50％的現金呢。」比起單純持有百分之百股票，卻零現金的人。「50：50」的配置讓你多出一半的現金，絕對更容易撐過下跌的考驗。

3. 資金全部拿去投資，緊急狀況手上沒錢

假設，你跟大仁一樣心臟很大顆，所有資金放 100％股票也處之泰然。你還是會遇到一個問題：遇到緊急狀況時，你所有的資金都放在股票，難以抽出多餘的錢。若遇到股市大漲，還可以賣掉股票。若遇到股市大跌，這時賣掉股票根本就是割肉。那該怎麼辦呢？答案還是槓桿。我在本書 2-7 提到如何運用槓桿增加手上的現金。比起百分之百股票的投資者，運用槓桿的「50：50」肯定更安心。你不用再擔心遇到失業、家人生病、意外事故等等的緊急花費。畢竟 50％的現金就扎扎實實地躺在帳戶裡頭。這是什麼都比不上的安全感，只要人安心，投資就順利。

找出自己的槓桿比例，做到漲要跟上，跌要安心

前面講到的諾貝爾經濟學獎得主馬可維茲，他是現代投資組合理論的創始人，我們現在所使用的資產配置理論就是他所提出的。他讓大家知道可以透過分散投資，創造出風險更低，收益更高的免費午餐。可是，這樣一個偉大的投資者，他自己早期的投資規劃卻沒這麼做。而是採用一半股票，一半債券的配置……這就是人性，而投資是一定要考量到人性的。雖然你知道怎麼做最好，但卻不一定願意這樣做。符合人性，才是投資最重要的關鍵。

「漲要跟上，跌要安心」，在沒有使用槓桿的前提下，這兩點是互相衝突的。但是，當我們運用槓桿突破 100% 的限制時，新的投資組合便出現了。「50：50」槓桿投資法，這就是深諳人性後的解決方案。你可以依照個人的需求，用兩倍槓桿的曝險去調整你的股票比例。

投入資金	曝險比例
10 萬	20%
20 萬	40%
30 萬	60%
40 萬	80%
50 萬	100%
60 萬	120%
70 萬	140%
80 萬	160%
90 萬	180%
100 萬	200%

▲ 本金 100 萬投入兩倍槓桿 ETF 的曝險比例

　　比較積極的人可以用「曝險 60：現金 40」（原本 60％股票，兩倍槓桿變成 120％）；「曝險 70：現金 30」（原本 70％股票，兩倍槓桿變成 140％）。比較保守的人可以用「曝險 30：現金 70」（原本 30％股票，兩倍槓桿變成 60％）；「曝險 40：現金 60」（原本 40％股票，兩倍槓桿變成 80％）。

　　每個人可以依照自己的風險程度去做調整，找出屬於自己的適當比例。你會發現，運用槓桿原來不是我們原本想像中的危險。槓桿反而為我們創造出更多現金彈性，以及更多資產配置的可能性。補充一下，其實槓桿投資法還有一個最強大的優勢沒提到，那就是「現金」，很多現金。這些現金在遇到股市崩盤之際，將會成為最強大的抄底本錢。關於這點，會在本書 3-8 詳細提到。

　　最後，重點整理：**一、股票長期回報最高，投資組合應該以「股票導向」為主。二、但我們還是得配置部分的債券或現金，做為市場崩盤時的心理緩衝。三、資金上限若為 100％，會遇到分配哪個都不對的情況。四、運用槓桿將資金權限突破 100％，就能有效地提高報酬，同時降低風險。五、「50：50」策略可以同時滿足投資者對報酬的渴望，以及對安全感的需求。六、我們可以運用槓桿，創造出更好的資產配置法。**

　　相信你看到這邊，已經迫不及待去思考自己的槓桿配置了。這就是大仁持續分享的原因。太多人都誤會槓桿，誤會槓桿 ETF 了。我一直強調，槓桿是工具，工具是看人使用的。我們不能因為有人錯誤地使用工具，就說這項工具不好。我們應該做的是以開放性的心態去了解，看看是否能為己所用。不適合，那就丟一旁。適合，那就找到自己可以用的。投資是永無止境的學習道路。希望你看到這邊，有感覺自己前進一點點，這樣我的分享就有意義了。

3-3
槓桿投資法③ 長期漲跌下，用「再平衡」抓回原本配置

前面提到，利用槓桿投資法可以用 50％的資金買入 50 正 2，啟動兩倍槓桿，達到 100％的股票曝險部位。但時間一久，股市長期上漲的情況下，50 正 2 的部位會越來越大。這個時候，我們就必須採取「再平衡」來抓回原本的配置比例。

投資配置比例偏移，會影響風險忍受度

複習一下，在槓桿投資法的理念中，運用 50％的資金就可以開啟兩倍槓桿，達到 100％的股票曝險，同時，你手中還留有 50％的現金，這是一個非常安全的資產配置。但是，任何的資產配置都會面臨「資產偏移」的問題。比方說，原本是「50 萬股票＋ 50 萬現金」，比例是「股票 50％：現金 50％」。後來，股票上漲變成 150 萬，現金同樣是 50 萬。這時比例會變成「股票 75％：現金 25％」，因為股票上漲，現金相對比例減少。這就是曝險比例的偏移，也可稱為「資產偏移」。

股票的比例增加，有兩種可能的結果：一、上漲的時候獲利越多（因為曝險增加）。二、下跌的時候虧損越多（同樣因為曝險增加）。當股票比例太高的時候，可能會脫離我們原本預想的配置，也會影響到我們的風險忍受力。例如，原本只打算承擔 50％的兩倍槓桿（100％曝險）。現在因為股票上漲變成 75％的兩倍槓桿（150％曝險）。

　　曝險比例過高的時候，就得特別小心了。若不幸遇到像 2008 年金融海嘯般的大跌，槓桿 ETF 要回到兩倍報酬就得花更多的時間。所以，一定得適當地控制曝險比例，運用現金讓兩者回到「50％：50％」的狀態。

再平衡＝把漲多的賣掉，拿去買下跌的，拉回原本比例

　　「再平衡」是把漲多的賣掉，再去買下跌的，讓兩者之間回到原本的比例。這麼做，是為了避免資金集中在一直上漲的資產上面。回到槓桿投資法來說，就是將漲多的 50 正 2 賣掉，讓這些錢回到現金部位。比方說，50 正 2 是 100 萬，現金是 50 萬。這時的比例是「股票 67％：現金 33％」，我們可以把兩者加起來，合計 150 萬，再除以二，變成 50 正 2 是 75 萬，現金是 75 萬（50 正 2 賣掉 25 萬，拿去放在現金部位）。這時就會回到 50 正 2 是 75 萬，現金是 75 萬（股票 50％：現金 50％）。而曝險同樣是 100％（75 萬的 50 正 2 ＝ 150 萬的 0050）。

上漲	50 正 2	現金	資產比例	下跌	50 正 2	現金	資產比例
0%	50	50	50:50	0%	50	50	50:50
10%	55	50	52:48	-10%	45	50	47:53
20%	60	50	55:45	-20%	40	50	44:56
30%	65	50	57:43	-30%	35	50	41:59
40%	70	50	58:42	-40%	30	50	38:62
50%	75	50	60:40	-50%	25	50	33:67
60%	80	50	62:38	-60%	20	50	29:71
70%	85	50	63:37	-70%	15	50	23:77
80%	90	50	64:36	-80%	10	50	17:83
90%	95	50	66:34	-90%	5	50	9:91
100%	100	50	67:33	-100%	0	50	0:100

▲ 正 2 投資 100 萬（保留現金 50 萬）的漲跌幅與資產比例變化表

再平衡，就是強迫執行「賣高買低」

　　大家都知道，投資聖經就只有四個字：買低賣高。說起來簡單，但做起來難。因為要你賣出上漲獲利的股票，拿去放在報酬看起來更低的現金，沒幾個人願意做。而再平衡正是可以強迫你執行「賣高買低」的選擇。再平衡，就是抑制人性貪婪的煞車器。當股市大好的時候，你必須賣掉 50 正 2，換回現金。

　　再平衡，也是彌補人性懦弱的油門。當股市崩盤的時候，你必須在底部拿現金勇敢買回 50 正 2。大仁一直強調，槓桿投資法最精華的地方就是運用槓桿 ETF，創造出更多的彈性現金。當你時刻保有 50％ 的現金，任何投資難關都會變得輕鬆許多。再平衡，則是進一步可以幫助你抑制人性的貪婪。不要因為 50 正 2 一直上漲，你就放任它在投資組合不斷壯大。你在上漲時享受的獲利，在下跌時會轉變成更大的壓力。運用再平衡，定時維持原有的資產配置比例，才能在上下起伏的波浪之中，走好這條投資之路。

TIPS

當股市大好時，你必須賣掉 50 正 2，換回現金；當股市崩盤時，你必須在底部拿現金勇敢買回 50 正 2。

　　最後，重點整理：**一、資產比例會隨著資產的上漲跟下跌，逐漸偏移。二、偏移過多的資產，會影響原本的風險忍受度。三、再平衡，可以讓資產比例重新回到原點。四、再平衡，讓你在高點調節，低點買進。**

　　這篇簡單提到「再平衡」的觀念。投資槓桿 ETF 要非常注意曝險比例，不要承擔過高的風險。雖然上漲時很爽，但在下跌時將會造成更大的壓力。下一篇，大仁會分享 50 正 2 的再平衡回測整理。只要運用「50：50」投資法，搭配槓桿 ETF 然後進行再平衡。打敗 0050 真的只是輕輕鬆鬆的事情。

槓桿投資法④ 實戰，槓桿 ETF 搭配再平衡，打敗 0050

上一篇談到，使用槓桿投資法必定得搭配「再平衡」，才能在高點賣出，低點買進。這一篇就是要來談實際運作，搭配數據的回測。讓你知道，運用槓桿 ETF 搭配再平衡，如何輕鬆打敗 0050。

再平衡，是為了控制風險

大仁在 1-5 詳細解說過，槓桿 ETF 的每日平衡機制會不斷地「買高賣低」。股市上漲的時候，槓桿 ETF 得增加曝險比例（買高）；股市下跌的時候，槓桿 ETF 得減少曝險比例（賣低）。如果股市長期上漲，槓桿 ETF 的曝險必然會持續增加，這樣就會脫離我們原本的預期。

比方說，我們想要 100％的曝險，所以配置 50％資金在 50 正 2，另外一半資金放在現金，創造出「股票 50 萬：現金 50 萬」的 50：50 組合。可是股市一直上漲，這個時候股票部位會持續增加。可能會變成「股票 150 萬：現金 50 萬」的 75：25 組合。這時 50 正 2 的曝險會從原本的 100％（50％的股票），轉變成 150％（75％的股票）。

當曝險比例太大，遇到下跌就得承受更高的虧損風險。所以，我們必須透過定時的「再平衡」將比例調整回來。上漲的時候，再平衡增加現金，把曝險降低。下跌的時候，再平衡加買股票，把曝險拉高。如此一來，曝險就會維持在固定比例。而再平衡，就是讓你在激進與保守中間，取得一

個中間點。好，說完觀念，接下來我們就以 50 正 2 做為例子，來看看實戰中該如何做好再平衡。

「50：50 再平衡」規則介紹

複習一下「再平衡」的觀念，以漲跌 50％作為基準：比方說，現在是「股票 50 萬：現金 50 萬」，如果股票上漲 50％，變成 75 萬。我們就要做一次再平衡，把兩者的差距平衡回來。操作方式是把股票加現金，算出總市值，再除以二，變回「50：50」。以上面的例子，就是股票 75 萬＋現金 50 萬 ＝ 125 萬，125 萬除以二＝ 62.5 萬，因此，股票得賣出 12.5 萬。這時會變成股票 62.5 萬，現金 62.5 萬。重新回到 50：50。

搞懂再平衡的規則以後，我們來看實測內容：本金 100 萬，以 50 正 2 為投資標的。在 2014 年 10 月 31 日上市這天，開盤價格是 20.20 元。我們依照 50：50 的資產配置，用 50 萬資金買入 50 正 2。漲跌超過 50％，就啟動再平衡。以 50％為標準是不要太過頻繁地再平衡。一來可以讓資金在上漲的時候獲利更多，二來是下跌的時候也不會急於買進。好了，規則說明完成，讓我們看看實際結果是如何吧！

TIPS

50：50 的再平衡規則：1. 股票加現金，算出總市值，再除以二，變回 50：50。2. 漲跌超過 50％，就啟動再平衡（不會過於頻繁）

「再平衡」實例測試

實測條件：總資金 100 萬，現金 50 萬；股票 50 萬（標的 50 正 2）。曝險比例為股票 50％：現金 50％。再平衡標準：漲跌超過 50％啟動（這段期間總共有「四次」的再平衡）。

第一次再平衡（2017.6.3）：第一次再平衡是在 2017 年，經過兩年多的時間，上漲超過 50%。這時 50 正 2 的市值是 75.5 萬，與現金的比例是「60：40」，你會發現已經脫離原本的比例了。這個時候啟動再平衡，將漲高的股票賣出，增加現金部位。50 正 2 賣出 12.7 萬，補到現金。比例重新回到「50：50」，現金有 62.8 萬。

標的	2014/10/31	2017/06/03	再平衡	結果
50 正 2	50 萬	75.6 萬	賣出 12.8 萬	62.8 萬
現金	50 萬	50 萬	增加 12.8 萬	62.8 萬
合計	100 萬	125.6 萬		125.6 萬

▲ 第一次再平衡的細節

第二次再平衡（2019.10.22）：第二次再平衡是在 2019 年，又經過兩年多的時間，上漲超過 50%。這時 50 正 2 的市值是 94.7 萬，與現金的比例是 60：40。啟動再平衡：50 正 2 賣出 15.9 萬，比例重新回到 50：50，現金有 78.7 萬。

標的	2017/6/03	2019/10/22	再平衡	結果
50 正 2	62.8 萬	94.7 萬	賣出 15.9 萬	78.7 萬
現金	62.8 萬	62.8 萬	增加 15.9 萬	78.7 萬
合計	125.6 萬	157.5 萬		157.5 萬

▲ 第二次再平衡的細節

第三次再平衡（2020.11.9）：第三次再平衡是在 2020 年，經過一年的時間，上漲超過 50%。這時 50 正 2 的市值是 120.7 萬，與現金的比例是 60：40。啟動再平衡：50 正 2 賣出 20.8 萬，比例重新回到 50：50，現金有 99.5 萬。

標的	2019/10/22	2020/11/9	再平衡	結果
50 正 2	78.7 萬	120.7 萬	賣出 20.8 萬	99.9 萬
現金	78.7 萬	78.7 萬	增加 20.8 萬	99.5 萬
合計	157.5 萬	199.4 萬		199.4 萬

▲ 第三次再平衡的細節

第四次再平衡（2021.1.19）：第四次再平衡是在 2021 年，經過兩個月的時間，上漲超過 50％。這時 50 正 2 的市值是 151.6 萬，與現金的比例是 60：40。啟動再平衡：50 正 2 賣出 25.6 萬，比例重新回到 50：50，現金有 125.1 萬。

標的	2020/11/09	2021/1/19	再平衡	結果
50 正 2	99.9 萬	151.6 萬	賣出 25.6 萬	126 萬
現金	99.5 萬	99.5 萬	增加 25.6 萬	125.1 萬
合計	199.4 萬	251.1 萬		251.1 萬

▲ 第四次再平衡的細節

合計四次再平衡，結果如下（2022.5.26）：總資金 100 萬→ 255.3 萬（現金 50 萬→ 125.1 萬；股票 50 萬→ 130.2 萬），總報酬 155.37％。

標的	2014/10/31	2022/5/26	獲利合計
50 正 2	50 萬	130.2 萬	80.2 萬
現金	50 萬	125.1 萬	75.1 萬
合計	100 萬	255.3 萬	155.3 萬

▲ 總計四次再平衡的結果

50 正 2 四次再平衡後與 0050 比較

　　讓我們以 0050 做為對照組。同樣在 2014 年 10 月 31 日，投入 100 萬的資金在 0050，得到的總報酬是 137.58％，目前（2022.05.26）總市值為 237.5 萬。同樣 100 萬，我們以 50 正 2 搭配現金，做 50：50 的再平衡。得到的總報酬是 155.37％，目前總市值為 255.3 萬。誰輸誰贏，差距很明顯了。論報酬率：槓桿投資組合贏（超越 17.8％），論安心度：槓桿投資組合贏（持有 125.1 萬的現金，安心到爆）。對了，還有一個重點，那些 50％的現金也是有獲利的。如果放在定存以 1％利率計算，跟 0050 的差距將會拉開更多。

標的	2014 年	2022 年	報酬率	現金
0050	100 萬	237.5 萬	137.5%	
50:50	100 萬	255.3 萬 勝	155.3% 勝	125.1 萬 勝

▲ 本金 100 萬投資正二搭配再平衡，除了報酬率勝過 0050，手中還多出 125 萬現金

實行「再平衡」，會讓現金不斷增加

　　使用槓桿投資法的組合，除了報酬率超越 0050 以外，現金部位還在不斷在增加。從 2014 年的 50 萬開始：第一次再平衡，現金變成 62.8 萬；第二次再平衡，現金變成 78.7 萬；第三次再平衡，現金變成 99.9 萬；第四次再平衡，現金變成 125.1 萬。每一次的再平衡都在降低股票部位，讓整體風險下降。同時，還會不斷增加現金的存量。越多的現金，代表投資組合越安全。

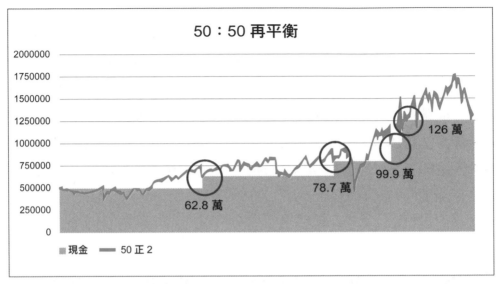

50：50 再平衡

- 現金 ── 50 正 2

62.8 萬
78.7 萬
99.9 萬
126 萬

▲ 四次的再平衡，將現金存量不斷往上提高

　　過往的投資建議，會跟你說現金是垃圾。因為只要多留一點現金，整個報酬率將會被拖累。但是，只要搭配槓桿投資法，運用 50％ 的資金將曝險拉到 100％。這個時候就能將曝險不足，導致報酬率變低的因素給去掉。而且，還可以讓手上擁有非常大量的現金。這才是槓桿投資法真正可怕的地方，也是很多人忽視的重點。

　　假設，遇到股災，股市大跌 50％，你認為是 237.5 萬，全部放在 0050 的人比較舒服。還是用 130.2 萬買 50 正 2，手上還有 125.1 萬現金等著抄底的人比較輕鬆？

　　最後，重點整理：**一、再平衡，是為了控制風險。二、運用槓桿投資法，50：50 搭配再平衡，是很簡單的投資策略。三、每一次的再平衡都在降低風險，增加現金。四、越多的現金，投資起來越安心。五、槓桿投資法可以增加現金，同時不會拖累報酬。**

標的	0050	槓桿投資法	
股票	237.5 萬	130.2 萬	勝
現金	0	125.1 萬	勝

▲ 使用 50：50 的槓桿投資法，手上多的現金讓你遇到股災也不用害怕

好了，看到這邊，你應該能夠深刻地理解這個策略有多麼強大。要打敗 0050 真的是非常輕鬆的事情。而且你還可以在手握大量現金的狀態下完成。

可能會有人質疑：「那是沒有碰到像 2008 年的金融海嘯，你確定這個策略可行嗎？」這一點，大仁會在 4-6 做實際回測。不過我還是先簡單說一下。上面用 50 正 2 的四次再平衡，都是股市不斷上漲的狀態。如果真的遇到股市下殺 50％會發生什麼事情？會變成手上的現金，逢低加碼買進。繼續跌，就繼續買，繼續平衡。最後會怎樣？會變成買了很多便宜的股票，而這些股票將在後續反彈回來的時候，帶來更高的報酬。這才是槓桿投資法，搭配再平衡真正可怕的地方。上漲的時候，現金量不斷增加。下跌的時候，逢低買進便宜股票（現金隨時保持 50％）。上漲，獲利跟上。下跌，現金撐場。是非常有效且適應人性的投資策略。

▲ 再平衡的線上試算

槓桿投資法⑤ 再平衡的比例細節

　　大仁在上一篇談到，如何使用槓桿投資法搭配再平衡來勝過 0050。這一篇要來更深入討論「再平衡」的比例細節。

不同比例的再平衡回測

　　上一篇文章，都是以 50％做為再平衡的基準。總資金 100 萬（現金 50 萬，股票 50 萬，標的 50 正 2），曝險比例「股票 50％：現金 50％」。再平衡標準：漲跌超過 50％啟動。因為有網友留言給我：「想看看 20％跟 30％的結果如何。會不會 50％剛好是可以拿到高報酬，而其他比例會失敗？」於是，大仁將 10％到 100％計算整理出來，如右頁表。我們可以發現，用漲跌 10％做為標準，再平衡會高達 57 次。用 20％也有 23 次。比起 50％的 4 次，實在是差異很大（但總報酬差異不大，都在 160％左右）。

　　當你設定 10％做為再平衡，次數會高達 57 次。為什麼？原本比例是「股票 50：現金 50」，假設股票上漲 10％，變成 55 萬，總資產是 105 萬，這時比例會變成「52：48」（股票 55 萬佔總資產的 52％，現金 50 萬佔總資產的 48％）。這個次數會非常頻繁，總共 57 次。

　　而 50％的再平衡次數，總共 4 次。這也是大仁選擇用 50％的原因：一來簡單好記，二來可以減少再平衡的次數。

漲跌比例	再平衡次數	總報酬
10%	57	162%
20%	23	164%
30%	9	162%
40%	5	153%
50%	4	155%
60%	4	167%
70%	3	161%
80%	3	167%
90%	3	178%
100%	2	167%

▲ 用不同比例來啟動再平衡，總報酬差距不大，但次數差距很大

維持比例，是為了讓風險性資產跟保守性資產不要失衡

再平衡就是將比例控制住。讓你的風險性資產（股票）跟保守性資產（現金）之間取得平衡，不會失調。如果將漲跌分開來看，比例又會有所不同。我們可以發現，上漲時的比例偏移，並沒有下跌時嚴重。因為上漲可以無限，漲 100％ 或 200％ 都沒問題。但下跌最多就只有負 100％，如果將太多比例的資金放在股票上，下跌越多，要上漲回來就越困難。

因此，我們得先找出自己可以接受的風險比例，然後運用再平衡維持比例。比方說，你想要啟動的平衡比例是 60：40，漲幅可以拉到 50％，跌幅縮減為負 40％。這樣漲跌才會在 60：40 時啟動再平衡。若你想要啟動的平衡比例是 70：30，漲幅可以拉到 100％，跌幅縮減為 60％。下面將延伸說明，再平衡的三種方式。

三種再平衡：資產間買賣、新資金的投入、股息再投入

再平衡主要有三種方式：1. 資產之間買賣。2. 新資金的投入。3. 股息再投入。以下仔細說明。

1. 資產之間買賣：這種再平衡的方式就是「賣高買低」。把漲高的資產賣掉，拿去買便宜的資產，讓比例重新回歸原點。例如，前面提到賣掉50 正 2 增加手邊現金，就是一種資產之間的買賣。運用交易，達到比例再平衡的結果。

2. 新資金的投入：這種方式不採取買賣，而是直接以投入資金達到再平衡的效果。比方說，原本是股票 50 萬：現金 50 萬。後來股票下跌為 45 萬，比例出現失調。這時，我們可以直接用收入或獎金去加買 5 萬的股票。將股票從 45 萬，重新拉回 50 萬，回到「股票 50 萬：現金 50 萬」。這種方法是以新資金的投入，直接將比例拉回。比較適合的族群是拿到一筆意外之財的人，或是每個月固定收入可以投入的人。這兩種人拿到新資金後，都能直接投入資產做到再平衡。

3. 股息再投入：如果你投資的股票每年有發股息，你就可以將股息拿去做再平衡。將資產之間的比例重新拉回（有點類似第二種新資金的投入）。不過，50 正 2 並沒有發放股息，而是透過期貨直接算進基金淨值。所以，這點就不需要看了，直接以帳面的比例做平衡就好。

最後，重點整理：**一、再平衡的%數設置越低，次數就會越頻繁。二、再平衡的重點是控制風險，維持比例。三、找到自己理想的比例以後，堅持下去就好。四、再平衡有三種投入方式，可依照個人情況使用。**

好了，希望這篇有解答你對槓桿再平衡的疑問。其實再平衡的重點就是維持住比例，你找到一個適合自己的比例就好。重點是要定期維持平衡。

3-6
槓桿投資法⑥ 打造日日配息現金流，完敗 0056

　　目前台灣最多股東人數的 ETF，就是鼎鼎大名的元大高股息 0056（後來被 00878 取代了）。很多人投資 0056 看上的就是「高股息」這三個字。認為 0056 相對更抗跌，每年領 5％的股息也很安心。但這篇大仁要告訴你，想要股息，想要現金流，你不一定要投資 0056。使用 50 正 2（00631L）做現金流配置，可以幫助你更安穩地投資。

為了追求股息，而放棄更高的總報酬，是非常不理性的行為

　　台灣人非常喜歡股息，因為每年可以領到一筆錢，感覺就像是穩定的利息一樣。許多人投資 0056 就是把它當成一種存款，也就是所謂的「存股」心態。他們的想法是：「反正我把錢放在銀行利息不到 1％，不如放在 0056 每年領 5％還賺更多。」

　　但股票之所以會有風險，就是因為股價可能下跌。當你讓資金開始投資以後，等於是讓這些錢上戰場，讓他們去殺敵。你可能會戰勝（獲利），也可能會吞下敗仗（虧損）。既然有可能會損失，我們勢必得找到風險與報酬之間的平衡。因此，在評估每一筆投資時我們都得去考量背後的「機會成本」。機會成本的原理很簡單，相同的錢我放在哪裡能賺更多，我就選擇那個。

　　如果給你兩個選項，風險完全相同，一個是賺 50 萬，另外一個是賺

100 萬。你一定會選擇賺更多的，這就是機會成本的考量。但換到投資，很多人就會被「股息」給帶偏了。如果選項換成「股息 50 萬和獲利 100 萬」，很多人會選擇 50 萬的股息，也不要 100 萬的獲利，這其實是很奇怪的事情。

　　總報酬等於「股息＋資本利得」。股息本身就是總報酬的一部分。因為想追求股息，而放棄更高的總報酬，這是非常不理性的行為。下面，大仁將透過數字告訴你，為什麼「總報酬」更重要。

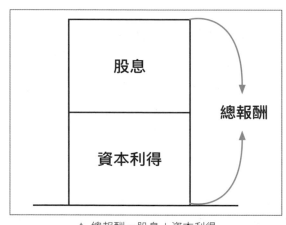

▲ 總報酬＝股息＋資本利得

高股息，不代表高報酬

　　讓我們把重點拉回 50 正 2（00631L）這支槓桿 ETF。直接拿它跟 0056 相比看看。時間：2014 年 10 月 31 號到 2022 年 9 月 8 號。0056 總報酬 74.35%（含股息），50 正 2 總報酬 385.64%。這代表什麼意思？代表 0056 的總報酬（74.35%），連 50 正 2 的總報酬兩成都達不到（77.12%）。如果你在 8 年前投資 100 萬的 0056，那我只需要投入 20 萬的 50 正 2 就輕鬆超越你了。你可能會說這樣比較不公平。是這樣嗎？其實我已經挑選 50 正 2 大跌的今天（2022.9.8）做比較了。若是以 2021 年底結算，兩者的差距更是慘不忍睹。高股息，並不代表高報酬。

相同風險比較：「標準差」和貝塔（Beta）

我知道，很多 0056 的支持者看到這邊肯定不服。50 正 2 風險高那麼多，怎麼可以拿來跟 0056 相比呢？是的，這樣比有點不公平，所以我們直接以「相同的風險」來做為比較。怎麼做呢？先理解這兩個名詞，標準差和貝塔（Beta）。首先，「標準差」指漲跌的波動程度大小。標準差越大，波動的範圍就越大。因此有些人會選擇較低標準差的投資項目，來降低漲跌的幅度。「貝塔」指跟大盤的連動性。貝塔 1 就是大盤漲跌 1% 它跟著漲跌 1%，貝塔 2 就是大盤漲跌 1% 它跟著漲跌兩倍。比方說，中華電的貝塔就只有 0.2，因此大盤的漲跌跟它沒什麼關係。但像 50 正 2 是兩倍槓桿，所以貝塔都在 2 左右。在理解標準差跟貝塔以後，我們看到下圖是 0056 跟 50 正 2 的比較。

項目	風險	2017	2018	2019	2020	2021
0056	年標準差	6.31	13.60	9.68	20.45	12.84
00631L		15.34	28.79	20.22	58.12	23.84
0056	貝塔	0.76	0.98	0.77	1.03	0.88
00631L		1.63	2.00	1.81	2.04	1.79

▲ 0056 跟 50 正 2 的標準差和貝塔比較

從標準差跟貝塔來看，50 正 2 都是 0056 的兩倍。所以，50 正 2 只要投入資金減半，風險就跟 0056 相似了。只有 2020 年的標準差比較明顯，因為當年疫情大漲大跌把標準差拉得很高。

為避免不公平比較，我們直接以差距最大的 2020 年做標準。這年 0056 的標準差為 20.45，50 正 2 的標準差為 58.12。若以風險相等計算，大約是

35％的 50 正 2。用 100％的資金投資 50 正 2，風險確實比 0056 高很多。但以 35％的資金投資，這兩者的標準差（漲跌波動）就很接近了。來看看 35％的 50 正 2 表現如何。

「35：65」配置

假設，以 1,000 萬做為本金。在 50 正 2 投入 35％的資金 350 萬，另外 650 萬做為現金不動。該投資組合的槓桿配置為「35：65」。另外，為防止曝險失衡，設定再平衡比例為 50％。最終結果（2014.10.31 到 2022.9.8）：再平衡 4 次；50 正 2 市值 636 萬，現金 1,259 萬。總市值 1,895 萬。

標的	2014/10/31	2022/9/08	獲利合計
50 正 2	350 萬	636 萬	286 萬
現金	650 萬	1259 萬	609 萬
合計	1000 萬	1895 萬	895 萬

▲ 投入 35％資金的 50 正 2，最終的總市值為 1,895 萬（獲利 895 萬）

投入 35％資金的 50 正 2，最終的總市值為 1,895 萬（獲利 895 萬）。而你投入 100％資金的 0056，最終的總市值為 1,740 萬（獲利 740 萬）。誰輸誰贏，結果很明顯了。兩者的波動風險（標準差）是相同的，甚至 35％的 50 正 2 還擁有更低的貝塔。嚴格來說，50 正 2（35％）的風險反而是更低的。而且 65％現金在手的安全感，也不是投入全部資金的 0056 所能夠比擬的。

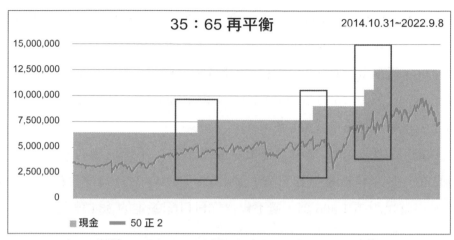

▲ 4 次再平衡，每次都不斷增加手上的現金部位

　　你說 0056 抗跌比較安心？先不論抗不抗跌（其實波動度已經相同了），光是手中多 65% 的現金這點，你的安全感絕對沒有我多。我拿 35% 的資金出來投資，你拿 100% 的資金出來投資。誰遇到大跌的心態會更好，誰會更安心？那肯定是我，絕對不會是投入 100% 資金買 0056 的你。這邊我還沒提到另外 65% 的現金作為其他投資的獲利。比方說拿去高利活存，或是安全的貨幣基金等等，都能添加更多的總報酬。

打造「日日配」現金流，完敗 0056

　　很多人會說：「可是 50 正 2 沒有配息啊，我退休需要現金流怎麼辦？」首先，會認為現金流一定要出自於配息，這就是一種狹隘的觀點。現金流是指錢的流動，只要有錢就可以了。沒有人管你這些錢是哪裡來的，更沒有人限制現金流一定得是配息。很多人投資 0056 為的就是每年可以領股息，可以有現金流。來，你那麼喜歡現金流，大仁直接打造一個「日日配」的現金流策略給你參考。

　　同樣 1,000 萬，以「50：50」配置法。500 萬投入 50 正 2，500 萬做為現金，

再平衡比例 50％。但比較特別是，來，這邊設定「每個交易日」都直接從現金拿走 2,000 元，俗稱日日配。以一年 250 個交易日來看，大約是 50 萬。若以 1,000 萬本金計算，50 萬就是每年 5％殖利率。讓我們看看，這樣下去的結果如何（2014.10.31 到 2022.9.8）：再平衡 6 次，50 正 2 市值 788 萬，現金 1,018 萬，總市值 1,806 萬。

1,000 萬變成 1806 萬，看起來好像還不錯。不過這邊有一個重點，請扶好你的下巴：前面提到日日配 2,000 元，這 8 年的時間總共有 1,922 個交易日。也就是說這 1,806 萬，還不包含你日日配領走的 384 萬現金流。

標的	2014/10/31	2022/9/08	獲利合計
50 正 2	500 萬	788 萬	288 萬
現金	500 萬	1018 萬	518 萬
合計	1000 萬	1806 萬	806 萬

▲ 1,000 萬採「50：50」投資正 2，8 年總市值變成 1,806 萬

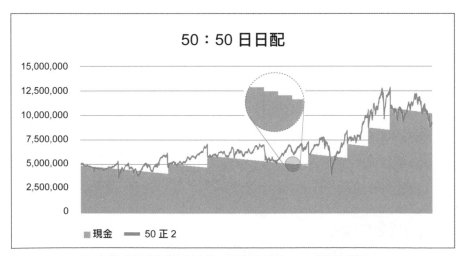

▲ 灰色現金區塊的斜線，就是日日領 2,000 元而下降的

　　注意看灰色現金區塊的斜線，就是日日領 2,000 元下降的。而當現金逐漸減少時，就會啟動再平衡，把股票賣掉補回現金部位。只要股票持續上漲，現金部位即使下降，也會不斷補充回原本的水位，甚至更高。2,000 元也並非固定，你可以配合通貨膨脹更改為 2,500，甚至 3,000 都可以。

　　如果你是投資 0056，含息的總市值是 1,740 萬。若將每年領走 5% 的股息扣掉，只剩下 1,190 萬。先不談論股息，光是總市值兩者就落差 616 萬了。請問這 616 萬的差距，0056 要配息幾年才能追得上？（0056 追趕的這段時間，我還是持續日日配，日日領喔）。你是要拿 1,000 萬投資 0056，每年領 5% 股息，最終市值 1,190 萬。還是要拿 500 萬投資 50 正 2，日日領 2,000 元，最終市值 1,806 萬。這點請讀者自己思考看看。

　　最後，重點整理：**一、股息只是總報酬的一部分，投資應該思考機會成本。二、高股息不代表高報酬，0056 的總報酬連 50 正 2 的兩成都不到。三、用相同的風險測試，「35：65」配置法輕鬆超越 0056。四、錢就是錢，想追求現金流，不一定要從配息拿。五、用 50 正 2 打造日日配現金流，總報酬比 0056 高非常多。**

還在定期定額 0050 ？一半錢投資這檔 ETF 報酬更高

每月只投資一半錢到 50 正 2，7 年後還大贏 0050

0050 做為台灣代表性的 ETF，目前的股東人數已經突破 64 萬人。但你知道有另外一檔 ETF，只用一半的錢就輕鬆超越 0050 嗎？當然，那就是本書的主角 00631L。首先，我們假設每個月定期定額 10,000 元，投資 0050。從 2015 年開始，到 2021 年為止，總共七個完整的年度。結果如右頁表左邊所示。我們可以看到，每個月投入 10,000 元，總投入本金為 84 萬（總共 84 個月）。最終投資組合的市值為 168 萬。扣掉本金 84 萬，獲利 84 萬。過去七年，你每個月用 10,000 元定期定額 0050，最終你的獲利為 84 萬。等於投入本金翻倍了，看起來是相當不錯的報酬。

但為什麼大仁會說有更好的選擇呢？因為有另一檔 ETF 同樣定期定額，卻只用「一半的錢」就把 0050 打趴在地。這檔 ETF 就是 0050 的兩倍槓桿型態，50 正 2（00631L）。

讓我們直接進入重點。前面投資 0050，是用每個月定期定額 10,000 元。我們不要用 10,000 元，這樣太欺負人，我們只用「一半的錢」就好。也就是每個月定期定額 5,000 元。同樣從 2015 年開始到 2021 年為止，結果如下頁表右邊所示。我們可以看到，每個月投入 5,000 元，總投入本金為 42 萬（總共 84 個月）。最終投資組合的市值為 183 萬，扣掉本金 42 萬，獲利 141 萬。

過去七年，每個月用 5,000 元，定期定額 0050 正 2。最終獲利為 141 萬，是本金的三倍多。看到這邊你可能很驚訝：0050 每個月投入 10,000 元，拿出更多的資金，最後只賺到 84 萬。而 50 正 2 每個月只用一半的資金，最後卻賺到 141 萬。這到底是怎麼回事？

ETF 定期定額報酬率試算結果		ETF 定期定額報酬率試算結果	
投資標的：	0050.TW	投資標的：	00631L.TW
每月投資金額：	10,000 台幣	每月投資金額：	5000 台幣
投資時間：	2015/01/05-2021/12/30	投資時間：	2015/01/05-2021/12/30
累積投資金額：	840,000 台幣	累積投資金額：	420,000 台幣
股利金額：	123,230 台幣	總持有股數：	12,596.5688 股
總持有股數：	11,602.6325 股	手續費支出：	3,219 台幣
手續費支出：	3,603 台幣	總投資成本：	423,219 台幣
總投資成本：	843,603 台幣	資產終值：	1,839,099 台幣
資產終值：	1,688,183 台幣	損益金額：	1,415,880 台幣
損益金額：	844,580 台幣	總報酬率：	334.55%
總報酬率：	100.12%	年化報酬率：	23.38%
年化報酬率：	10.43%		

▲ 左：每月投資 1 萬元 0050 的結果。右：每月投資 5000 元 50 正 2 的結果

標的	定期定額	結果
0050	每月 1 萬	獲利 84 萬
50 正 2	每月 5 千	獲利 141 萬

▲ 只用一半錢投資 50 正 2，獲利遠超 0050（2015.1.05 ～ 2021.12.31）

從曝險的角度思考投資

在談 0050 跟 50 正 2 之前，我們要先來討論「曝險比例」。以 100 萬本金為例，放到投資的部位越高，你的曝險比例就越高。一般的投資者有 100 萬的資金，不太可能全部投入股市。或多或少會保留一些資金，預防萬一有什麼風險發生要急用。所以，正常人的曝險比例不會達到 100%，比較

有可能的是 80%之類的（拿 80 萬去投資，手上留 20 萬現金）。

依照每個人對風險的承受度不同，曝險比例就會不一樣。越能承受風險的人，會把更多的資金拿去投資，讓曝險比例提高。保守的投資者，則是會選擇降低投資的部位，讓曝險比例降低。

本金	投資部位	曝險比例
100 萬	10 萬	10%
100 萬	50 萬	50%
100 萬	100 萬	100%

▲ 投資部位越高，曝險越高

為什麼大仁要跟你談曝險？因為曝險比例最高不是 100%，而是看你開啟多少的槓桿，你的曝險就能夠多大。舉例來說，如果我開啟五倍的槓桿，那我的曝險就會變成 500%（拿 100 萬的本金，去做 500 萬的交易）。

槓桿是一種放大器，能夠放大優點，也能放大缺點。當你開五倍槓桿，報酬率 10%，你就等於賺到本金的 50%。這也是台灣大多數人為什麼靠買房才賺到錢的原因，因為這是他們少數願意開啟槓桿的時刻（很諷刺對吧，大家都說別槓桿，結果卻是靠買房開五倍槓桿才賺到錢）。那這跟投資 0050 還有 50 正 2 有什麼關係呢？有的。當我們在討論投資的時候，也得從曝險的比例來思考才行。

50 萬投資 50 正 2 和 100 萬投資 0050 曝險相同，但風險較低

讓我們同樣用 100 萬的本金來看。如果你將 100 萬全部拿去投資 0050，你的曝險比例就是 100%。正常人最多就是做到 100%曝險，不會再往上增加了。但是 50 正 2 不一樣。它是利用期貨達到兩倍槓桿的 ETF，也

就是說，它的曝險最高可以達到 200％。如果你拿 100 萬去投資 50 正 2，你的曝險比例就是 200％曝險（用 100 萬，去做 200 萬的投資）。

談到這邊，可能會有人提出質疑：「你看，開槓桿很危險吧，把曝險拉到 200％，等於承受兩倍的風險耶。」對，沒錯。槓桿是放大器，會放大獲利，也會放大虧損。把 100 萬「全部拿去投資」50 正 2，你的曝險就會變成 200％。雖然獲利可能是兩倍，但同樣虧損也會是兩倍。

但是，沒有人叫你要把全部資金拿去投資啊。你可以投資一半就好嘛。如果你拿 50 萬出來投資 50 正 2，這個時候你的曝險比例是多少？答案是：曝險 100％。也就是說：你拿 100 萬去投資 0050 的曝險。跟我拿 50 萬去投資 50 正 2 的曝險。兩者是相同的。

投資標的	本金	投入金額	曝險比例
0050	100 萬	100 萬	100%
50 正 2	100 萬	50 萬	100%

▲ 用 100 萬投資 0050，跟用 50 萬投資 50 正 2 的曝險是相同的 100%

在兩者曝險相同的情況下：是投資 100 萬的 0050 風險比較高？還是投資 50 萬的 50 正 2 風險比較高？這個問題你自己思考一下，答案不難。談完曝險思考，大仁想拉回主題。為什麼要談曝險？因為太多人對槓桿有錯誤的偏見，認為槓桿是糟糕的、是邪惡的、是可怕的。一個好的投資者千萬不能使用槓桿，那是投機者在做的事情。但，事實是這樣嗎？如果是這樣的話，你如何解釋本篇一開頭的例子，同樣是定期定額，0050 每個月投入 10,000 元的本金。為什麼還會輸給只用 5,000 元的 50 正 2？如果槓桿真的非常糟糕，你不會看到這種結果。

正確地使用槓桿其實是降低風險

你以為開槓桿是提高風險？錯了，正確地使用槓桿，反而是降低風險。來，我來告訴你什麼叫做正確的槓桿。你現在有 100 萬的本金，叫你全部拿去投資 0050，你敢嗎？不，很大的可能性你不敢。因為你的認知不足，你會害怕股市明天下跌了怎麼辦。要是全部資金都放在投資組合裡面，很多人會睡不著覺。

有沒有可以投資 100 萬，卻又可以安心睡覺的方法？有。來，投資 50 萬的 50 正 2。表面上看起來投資金額是 50 萬，但因為開兩倍槓桿，曝險是 100％。漲的時候，因為兩倍槓桿，賺兩倍；跌的時候，因為兩倍槓桿，跌兩倍。舉例來說：100 萬的 0050 漲 10％，賺到 10 萬；50 萬的 50 正 2 就會漲 20％，賺到 10 萬。100 萬的 0050 跌 10％，損失 10 萬；50 萬的 50 正 2 就會跌 20％，損失 10 萬。

投資標的	投入金額	漲 10％	跌 10％
0050	100 萬	+10 萬	-10 萬
50 正 2	50 萬	+10 萬	-10 萬

▲ 用一半的錢投 50 正 2，就可以達到投資 0050 的效果

以上僅為舉例說明，實際上不會這麼精準貼合，會有一定程度的誤差。透過上面的例子，你會發現利用槓桿，只需要用 50％的本金，就能達到 100％的曝險。

等等，看到這邊你有沒有發現奇怪的地方？當你用 50 萬的本金，透過兩倍槓桿創造出 100％曝險的同時，你另外 50 萬的本金在哪裡？咦，另外 50 萬的本金在你口袋裡耶。你不只是利用兩倍槓桿，創造出 100 萬的曝險，同時你口袋還有 50 萬的現金可以使用。

投資標的	金額	現金	結果
0050	100 萬	無	沒現金
50 正 2	50 萬　勝	50 萬　勝	有錢安心　勝

▲ 投資 50 正 2，還能擁有一半的現金在手上，增加許多安心感

　　投資最害怕的就是看到股市下跌時，你無能為力。當你拿 100 萬投資 0050，遇到股市下跌你會整顆心無法平靜。如果，這時你發現自己手上還有 50 萬的流動現金，這種安心感是非常重要的。雖然漲幅跟跌幅可能會差不多（都是 100％曝險）。

　　但手上多出現金的安全感，無可替代。當你有足夠的安全感時，就不會做出傷害自己投資組合的選擇。例如，低點嚇到全部賣出去，然後從此不敢買回來。這就是大仁說的，正確地開槓桿，反而可以降低投資風險。只要你透過槓桿，讓手上的錢變多，人就能安心。只要安心，就不會因為衝動而毀掉自己長期的投資目標。

開槓桿，跟開爆槓桿，是兩回事

　　為什麼其他人都說開槓桿很危險，就大仁跟你說開槓桿反而安全（正確使用槓桿為前提下）？因為那些人都是用以偏概全的方式跟你講槓桿。拿五六七八九十倍，甚至百倍的槓桿，然後最後虧損的案例來跟你說槓桿很可怕。卻避而不談，槓桿不一定要開那麼高的倍數。

　　你的人生難道只有「不開槓桿」和「開十倍槓桿」兩種非黑即白的極端方式嗎，不能有一點點灰色存在嗎？誰說槓桿一定要開到五六七八倍，我能不能開個 1.2 倍（120％曝險）的槓桿就好？我能不能開個 1.5 倍（150％曝險）的槓桿就好？

可以啊，沒有人規定開槓桿就一定得開到爆，開 10 倍，開 100 倍。投資選擇沒有那麼極端。以上面為例：你有 100 萬本金，拿 50 萬去投資 50 正 2，另外 50 萬現金拿去定存。這時你的總曝險就變成 100%（100 萬股票曝險），你的槓桿比例是 1 倍槓桿。你認為是投資 100 萬的 0050 比較好。還是投資 50 萬的 50 正 2，然後手上多出 50 萬的現金比較好。這點，你自己思考一下便會有答案。

最後，同樣重點整理：**一、回測結果顯示：用一半資金定期定額 50 正 2，輕鬆超越 0050（警語：過去歷史不代表未來）。二、投資的時候，一定要從曝險比例的角度去思考。三、使用槓桿，能幫助你維持曝險比例，同時增加手上現金。四、開自己能夠承擔的槓桿跟開爆槓桿，這是兩回事，別扯在一塊。五、正確地使用槓桿，反而可以降低投資風險，讓人更安心投資。**

投資 0050 的朋友，請再思考一次曝險比例

看到這邊，如果有投資 0050 的朋友，大仁奉勸你好好從「曝險比例」的角度去思考。可以從這兩點下手：一、找到自己想要的曝險比例。如果你的本金是 100 萬，你只想投資 80 萬在 0050，你的曝險比例就是 80%。二、使用槓桿，調整出相同的曝險比例。你拿 40 萬投資 50 正 2，因為是兩倍槓桿，你的曝險比例同樣可以維持在 80%。這時，你手上會多出 60 萬的現金可以彈性使用，擁有更多的安全邊際。

與其全部資金投入 0050，從曝險的角度來看，你其實有更聰明的做法。也許你在看到本書之前，很多人跟你說槓桿 ETF 很糟糕不要碰。但請你相信自己眼睛看到的數字。如果那些言論真的那麼正確，你無法解釋為什麼 0050 定期定額所賺到的報酬，怎麼會慘敗給只付出一半本金的 50 正 2。

　　對了，另外一半的現金也是可以帶來獲利的。如果放在定存以 1 ％利率計算，跟 0050 的差距將會拉開更多。最後，問個問題：「如果可以回到 2015 年，你會選擇 0050 還是 50 正 2 ？」這個問題沒什麼意義，因為時間已經流逝，無法重來。但是，你可以決定現在的選擇，並且影響你的未來。

　　當然，如果你是 0050 的忠實粉絲，認為我胡說八道也沒關係。不管你我的決定如何，每個人都要為自己的投資負責。我會繼續在我的網站「淺談保險觀念」記錄自己投資 100 萬 50 正 2 的表現，你可以觀察看看我說的是否正確，等若干年後，再回頭看，願你我都不要遺憾自己做錯決定。

想逢低加碼，用一半資金配置 50 正 2 更安全

近期（2022.7.1）台灣股市大跌 500 點，開始有人想趁低點買入。大仁在 PTT 論壇的股票板看到一篇文章詢問：「現在拿上千萬歐印 0050，五年後會怎樣？」底下有人建議，可以在低點買入 50 正 2。當事人回覆：「50 正 2 無法長期持有，無腦買入 0050 比較輕鬆。」真的是這樣嗎？來，我算給你看。看完你再跟我說要投資 0050，還是 50 正 2。

投資聖經八個字：買低賣高，逢低買進

要討論投資哪個，首先我們得先看投資標的近況。從 2022 年初起算，0050 下跌 21.65％，50 正 2 下跌 36.75％。講到投資每個人都知道八字箴言：買低賣高，逢低買進。請問現在跌比較多的是 0050，還是 50 正 2？要「買低」的話，你要買打 8 折的東西還是打 65 折的？奇怪，投資不就是買低的，現在誰的股價更低？有一個跌 36% 的你不買，跑去買一個跌 21% 的？這個邏輯我難以理解。

我知道，很多人會說 50 正 2 是兩倍槓桿不能這樣比。因為要承擔兩倍風險，你這樣比不公平。好，那以 1000 萬為例：你拿 1000 萬買 0050。我拿 500 萬買 50 正 2。在兩者曝險都同樣是 100％的前提下，就沒有兩倍風險了吧？這個時候投資 50 正 2 的風險並沒有比較高（反而風險是更低的，因為手上還有 500 萬現金）。

投資標的	本金	投入金額	曝險比例	現金
0050	1000 萬	1000 萬	100%	0
50 正 2	1000 萬	500 萬 **勝**	100%	500 萬 **勝**

▲ 1000 萬買 0050 和 500 萬買正 2 曝險相同，後者風險更低（手上多出 500 萬現金）

　　假設，未來股市順利漲回來。你覺得是買跌 21％的賺比較多，還是買跌 36％的人賺比較多？我告訴你，很高機率是 50 正 2。道理很簡單，從谷底爬升的時候，下跌更多的，反彈就會上漲更多。請翻回去看我們在 1-7 解說過的那張圖（52 頁）：你會發現下跌 50％的時候，需要上漲 100％才能回到原點。反過來看，下跌 50％，漲回來你就賺 100％了。下跌越深，漲回原點的預期報酬就會更高！再看下一頁的表。0050 跌 21％，漲回原點賺 27％，50 正 2 跌 36％，漲回原點賺 57％。同樣漲回原點，你要賺 27％，還是要賺 57％？

　　以 2020 年為例，我知道，很多人看到這邊還是不相信，用一半的錢投資 50 正 2 是更好的選擇。我們就用 2020 年的例子來看看。2020 年因為疫情股市大跌，從年初算到 3 月 17 號這天。0050 下跌幅度負 20.29％，50 正 2 下跌幅度負 38.60％。

　　有沒有發現跟現在很類似？現在是 0050 下跌約 21％，50 正 2 下跌約 36％。歷史不會重複，但會有相同的逗號。好，假設我們從 2020 年 3 月 17 號開始投資，資金是 100 萬。同時投入 0050 跟 50 正 2，來看看結果會如何。時間 2020 年 3 月 17 號到 2022 年 7 月 1 號。0050 總報酬 57.15％，獲利 57 萬。50 正 2 總報酬 180.87％，獲利 180 萬。誰輸誰贏，我想結果很明顯了。

下跌	漲回原點所需時間（年）									
	1	2	3	4	5	6	7	8	9	10
5%	5.3%	2.6%	1.7%	1.3%	1.0%	0.9%	0.7%	0.6%	0.6%	0.5%
10%	11.1%	5.4%	3.6%	2.7%	2.1%	1.8%	1.5%	1.3%	1.2%	1.1%
15%	17.6%	8.5%	5.6%	4.1%	3.3%	2.7%	2.3%	2.1%	1.8%	1.6%
20%	25%	11.8%	7.7%	5.7%	4.6%	3.8%	3.2%	2.8%	2.5%	2.3%
25%	33.3%	15.5%	10.1%	7.5%	5.9%	4.9%	4.2%	3.7%	3.2%	2.9%
30%	42.9%	19.5%	12.6%	9.3%	7.4%	6.1%	5.2%	4.6%	4.0%	3.6%
35%	53.8%	24.0%	15.4%	11.4%	9.0%	7.4%	6.3%	5.5%	4.9%	4.4%
40%	66.7%	29.1%	18.6%	13.6%	10.8%	8.9%	7.6%	6.6%	5.8%	5.2%
45%	81.8%	34.8%	22.1%	16.1%	12.7%	10.5%	8.9%	7.8%	6.9%	6.2%
50%	100%	41.4%	26.0%	18.9%	14.9%	12.2%	10.4%	9.1%	8.0%	7.2%
55%	122.2%	49.1%	30.5%	22.1%	17.3%	14.2%	12.1%	10.5%	9.3%	8.3%
60%	150%	58.1%	35.7%	25.7%	20.1%	16.5%	14.0%	12.1%	10.7%	9.6%
65%	185.7%	69.0%	41.9%	30.0%	23.4%	19.1%	16.2%	14.0%	12.4%	11.1%
70%	233.3%	82.6%	49.4%	35.1%	27.2%	22.2%	18.8%	16.22%	14.3%	12.8%
75%	300%	100%	58.7%	41.4%	32.0%	26.0%	21.9%	18.9%	16.7%	14.9%
80%	400%	123.6%	71.0%	49.5%	38.0%	30.8%	25.8%	22.3%	19.6%	17.5%
85%	566.7%	158.2%	88.2%	60.7%	46.1%	37.2%	31.1%	26.8%	23.5%	20.9%
90%	900%	216.2%	115.4%	77.8%	58.5%	46.8%	38.9%	33.4%	29.2%	25.9%
95%	1900%	347.2%	171.4%	111.5%	82.1%	64.8%	53.4%	45.4%	39.5%	34.9%

▲ 0050 跌 21%，漲回原點賺 27%；正 2 跌 36%，漲回賺 57%；只投入 50%的資金在 50 正 2，就是賺 28.5%

「50：50 配置法」

可能有人會跳出來說 50 正 2 開兩倍槓桿不公平。沒錯，那就讓我們用前面提到的作法，只投入 50 萬在 50 正 2，另外 50 萬做為現金備存。我們以「50：50 配置法」做再平衡，來看看結果如何（詳細作法複習 3-3）。結果如下頁圖：再平衡次數 3 次，50 正 2 市值 87 萬，現金市值 101 萬，合計市值 188 萬（獲利 88 萬）。如果你拿 100 萬投資 0050，最終市值為 157 萬，誰輸誰贏？我想不必多說了。

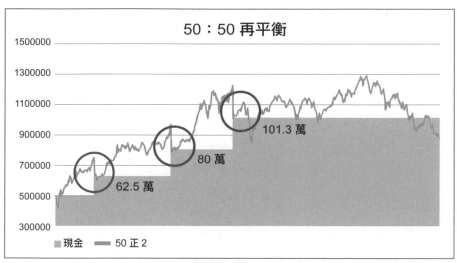

▲ 三次再平衡，每次都將現金存量不斷往上提高

　　使用槓桿投資法，除了報酬率超越 0050 以外，現金部位還在不斷在增加。從一開始的 50 萬，第一次再平衡，現金變成 62.5 萬；第二次再平衡，現金變成 80 萬；第三次再平衡，現金變成 101.3 萬。每一次的再平衡都在降低股票部位，讓整體風險下降。同時，還會不斷增加現金的存量。越多的現金，代表投資組合越安全（這邊還沒算現金拿去放定存的報酬率喔）。

　　一個是歐印 0050，手邊沒有半點現金，最後只賺 57 萬，另一個只拿一半的錢出來投資，現金滿手，最後賺 88 萬。來，告訴我，現在你要選哪個？

投資標的	投入金額	淨獲利	現金
0050	100 萬	57 萬	0
50 正 2	50 萬	88 萬 勝	101 萬 勝

▲ 一半金額投資正二，結果大勝

看到這邊，你應該已經明白槓桿投資法除了報酬率更高以外，還是一種更安全的投資方式。如果你是下面這兩種人，大仁提供給你作法：一、想逢低加碼的人。如果你現在有一筆錢想加碼 0050，請直接用一半的錢加買 50 正 2 就好。上面試算已經告訴你答案。差不多的東西你不買更便宜的，跑去買更貴的？更別提手上擁有一半的現金，還提供你更多的財務彈性。讓人更安心，這是你歐印 0050 無法得到的安全感。

　　二、套牢不知道該怎麼辦。如果你是已經滿手 0050 套滿倉的朋友，你去更換同等比例曝險的 50 正 2，現金流就變出來了。例如持有 100 萬的 0050，你就換成 50 萬的 50 正 2。手握更多現金的時候，即使股市再跌你也安心。50% 的正 2 + 50% 的現金。上漲時曝險足夠，不用怕少賺。下跌時現金足夠，安心慢慢加碼。這樣長期投資要怎麼輸？

　　最後，重點整理：**一、投資聖經八個字：「買低賣高，逢低買進。」二、因為 50 正 2 下跌更多，上漲恢復時預期報酬會更高。三、「50：50 槓桿配置法」只需要拿一半的現金出來，另一半現金在手。四、在上漲的過程中持續再平衡，等於現金部位越來越多，投資越安全。五、不管你是套牢還是想加碼，運用 50 正 2 可以幫助你在投資上更有彈性。**

　　撇開你對 50 正 2 的偏見。從曝險比例的角度去思考，你會看到一個彈性相當高的投資選擇。很多人一看到「槓桿」兩個字就排斥，這是不對的。利用 50 正 2 可以幫助你在相同的曝險下，手上握有更多現金。其實是更安全的投資方式。最後，還是那句話：槓桿不可怕，可怕的是無知。回到開頭的問題：「你要選擇把所有的錢投入 0050，還是只用一半的錢投資 50 正 2？」不管你怎麼選，你都會得到你應有的報酬。認知決定一切。

3-9

為何你不該投資 0050 ？槓桿投資法是更彈性的策略

為什麼你不該投資 0050 ？

0050 是台灣的國民 ETF，股東人數已經幾十萬人。這麼多人投資的東西，為什麼大仁會說你不該選擇它？因為比起 0050，我們還有更好的選擇，那就是前面教過的「50：50 槓桿投資法」，優點是「報酬接近 0050 ＋持有大量現金」，本篇就來說分明。讓我們先看一下 0050 的報酬表現。時間為 2014 年 10 月 31 號到 2022 年 12 月 2 號，投入本金 100 萬，最終市值 238 萬。

接下來，就要用大仁之前提到的 50：50 槓桿投資法。簡單來說，就是投資 50%的 50 正 2，另外 50%做為現金，然後定時再平衡。是一種將股票與現金維持在「50：50」的投資策略（詳細做法複習 3-4）。結果如下：槓桿投資法 245 萬；50 指數 238 萬。

從走勢我們可以得知，槓桿投資法跟 0050 非常接近。兩者幾乎是完全貼合的狀態。也就是說槓桿投資法可以捕捉到 0050 的報酬。我們只付出 50%的資金，就能達到別人使用 100%資金的效果。這麼做有什麼好處呢？嗯，你該不會忘了另外的 50%現金吧？

越多現金，越安心

前面提到槓桿投資法可以達到跟 0050 接近的報酬（甚至還超越）。但

這並不是重點，真正的重點是可以透過槓桿釋放出 50％的現金。請看到下圖，當你使用 50％的資金投資 50 正 2，就已經貼近 0050 的報酬了。剩下 50％的現金就是你對抗風險的彈藥庫，是長期投資的信心所在。

這種手上握有現金的安全感很重要。為什麼？你知道為什麼投資界建議要做股債配置嗎？明明債券長期報酬遠遠落後股票。從數字上來看，應該配置 100％的股票才能取得報酬最大化。為什麼還是有人要配置債券來拖累報酬？原因很簡單，因為他們握有 100％股票的時候需要承受更大的波動。當你投入的資金比重越多，你就越無法冷靜看待漲跌。資產有 1,000 萬的時候，投資 100 萬你可以很放心。但 1,000 萬全部歐印投入，那就是不同等級了。

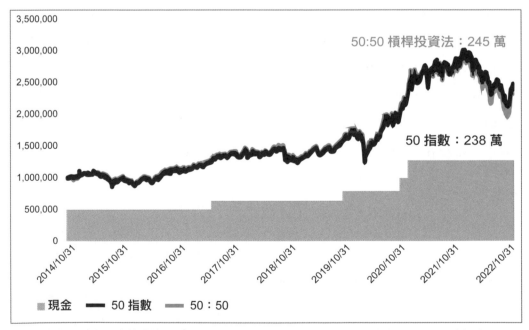

▲ 槓桿投資法用一半的錢就可獲得跟 0050 接近的成果，而且灰色區塊的大量現金，是你投資 0050 沒有的（2014.10.31 ～ 2022.12.2）

　　因此，許多人會配置部分的債券讓自己感到安心。他們說這是一種「滅火器」的存在，平時用不到，會拖累報酬。但遇到股市崩盤大跌的時候，債券就能發揮效用了。所以他們願意持有會拖累報酬的債券，以防自己在大跌時做出蠢事（例如低點賣出股票）。

　　但問題來了，債券也不是絕對安全的。以 2022 年來說，股債齊跌。債券不只沒發揮保護的功能，甚至還跌得跟股票差不多。你明明是想要安心，結果卻換來傷心。但大仁要告訴你一個好消息：「債券可能會傷害你，現金不會。」現金永遠是短期最安全的資產（除了不抗通膨這點）。如果你需要持有某一項資產讓自己安心，現金是更好的選擇。

　　槓桿投資法可以幫助你釋放出 50％的現金。當你持有 50％的現金，你應該就不會害怕股市崩盤了（若還害怕，那就再降低曝險）。即使真的崩盤，你手上依然有 50％現金在保護你，還有比這更讓人放心的事情嗎？這份安全感，是 0050 無法帶給你的。

再平衡，控制風險

　　前面提到，現金是讓人安心的存在。而 50：50 槓桿投資法，又可以透過再平衡不斷調整現金部位。這段期間總共再平衡 4 次。從下頁圖片可以觀察到現金部位的變化：50 萬→ 62 萬→ 78 萬→ 99 萬→ 125 萬。

　　你會發現上漲越多，現金部位也隨之增加。並不會發生你害怕的「某一次大跌賠光光」這種事情。有哪種投資是漲越多，現金還越來越多，同時還追得上 0050（接近大盤）報酬的嗎？有的，50：50 槓桿投資法就能辦到這樣。當你想追上 0050 的完整報酬，大多數人只能投資 100％的資金。但如此一來，你就沒有多餘的現金能做為緩衝。同時應該很少人可以投資100％的股票，完全沒有保留其他保守性資產。

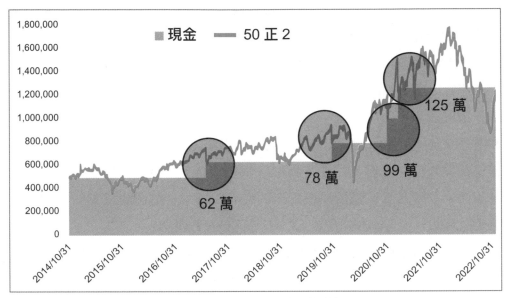

▲ 再平衡四次，現金部位不斷增加

　　針對這個問題，「50：50」就是最佳的解答。讓你報酬可以貼近完整的 0050，同時手上握有大量現金。這是你用 100％資金去投資 0050 所辦不到的事情（這邊還沒計算 50％現金拿去定存可以增加的獲利）。「報酬接近＋持有大量現金」這兩點就是大仁認為「為什麼你不該投資 0050」的主要原因。從報酬跟風險兩個角度來看，槓桿投資法都是比 0050 更好的選擇。

　　最後，重點整理一下：一、50：50 槓桿投資法，可以達到跟 0050 走勢貼近的效果。二、另外多出來的 50％現金，可以最大化安全感，幫助你度過長期投資的風浪。三、指數不斷上漲，可透過再平衡增加現金部位。四、現金部位越多，投資起來越安心。五、槓桿投資法可以幫助你釋放更多現金。

　　好了，希望你看到這邊能重新體會「50：50 槓桿投資法」的優勢。在過去大家不願意持有太多現金，是因為現金會拖累報酬。但現在不同了，你可以透過槓桿 ETF 釋放更多的現金部位。這些現金將是你長期投資最有力的後盾。這邊大仁還沒談到現金可以做的其他運用。例如跟股票相關性低、波動小的標的，如定存、自住房地產等。關於這點，我會在之後的文章或書籍裡面專門討論。

3-10
為什麼我不投資 0050 跟 006208 ？

很多人以元大 0050 做為投資台股大盤的首選。較注重內扣成本的朋友，則是選擇富邦 006208 為主。但大仁要告訴你，我現在已經找不到投資 0050 跟 006208 的理由了。因為，台股的兩倍槓桿 ETF 比它們優秀太多了。

為什麼正 2 是更好的選擇

大仁在本書第三部分分享如何使用正 2 的「50：50 槓桿投資法」，來達到 100％的曝險，同時手上留有 50％的現金，是非常彈性的作法。但有人提出質疑，因為 50 正 2 的內扣成本更高。如果要 100％曝險不如直接投資原型 ETF 就好，例如 0050 跟 006208 成本更低。這個說法看起來有道理，正 2 的成本更高，在相同曝險的前提下不如投資原型 ETF 就好。

BUT，最重要的 BUT 來了！這種說法忽略了很關鍵的地方，因為並不只是相同曝險的思考而已。還有另外四個原因，讓正 2 成為投資台股的優先選項。這四點分別是：一、達到 100％的曝險。二、正 2 的成本最低。三、正 2 具有超額報酬。四、正 2 的分散性更廣。以下，大仁就針對這四點逐一說明。

一、達到 100％曝險

曝險是指你的資金承受風險的比例。假設你有 100 萬，全部投資股票，曝險就是 100％。而大仁提出的「50：50」策略就是用 50％的兩倍槓桿去

創造 100％曝險，然後手中保留 50％的現金做為防守配置。

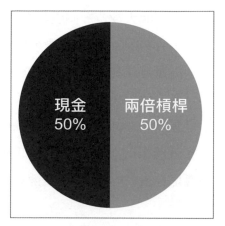

▲ 利用兩倍槓桿達到 100％曝險，手上還可以保留 50％現金

許多人有疑問，這樣不如全部買原型 ETF 就好。這樣跟 100 萬買 0050 不是完全相同嗎？表面上看起來似乎如此。但你忘記一個重點，那就是人性。為什麼股票長期帶來的報酬最高，人們還要搭配債券？因為股票的波動更大，遇到大跌的時候需要有債券這種穩定保守的投資項目在。投資者將債券視為滅火器，平常報酬率比較低，派不上用場。但火災的時候就能拿出來救火，不讓人們陷入恐慌。

因此，大多數投資者是沒辦法用 100％曝險投資的。第一、他們的認知不足，會擔心下跌。第二、他們需要有保守的資產穩定信心。這兩點混合，導致大多數人沒辦法將所有錢都投入股票。即使知道股票長期帶來的報酬更高，還是會配置其他保守性的項目。而「50：50」策略剛好彌補了這個缺口。在有足夠的 100％曝險前提下，同時保有一半的現金。如此一來，面對長期向上的市場不會因為曝險降低而減少報酬。二來，也有足夠的現金去面對大跌，安全感十足。正 2 可以創造出這種符合人性的配置。

另外，有一種說法是可以平時投資 0050，等到大跌再轉正 2 就好。想像很美好，但我們平心靜氣思考一下，你平常不願意用正 2 做為曝險替代。遇到股市大跌的時候要你轉兩倍槓桿，你真的能夠轉換下去？別騙自己，你做不到。若你能轉換，不用等到大跌，你現在就會轉換相同曝險了。你現在不轉換的原因只有一個：你不信任正 2，認為槓桿很危險。這才是你內心真正的想法。在股市大跌之時，你的恐懼感會更高。而且正 2 會跌更多，

你怎麼可能去投資一個看起來跌兩倍的東西？別自欺欺人了。

若你同意上面的說法，你就會明白「50：50」是非常適合投資者的策略。你聽過半杯水的故事對吧？樂觀的人說水還有一半，悲觀的人說水只剩一半。而「50：50」策略則可以讓你在任何時刻都是樂觀者。上漲的時候，水是滿的（100%曝險）；下跌的時候，水只有一半（只投入50%的資金）這樣就能幫助投資者在不降低曝險的前提下，安全地做到長期投資。這種心態是你投資0050沒辦法擁有的。

二、正 2 的投資成本最低

看到這個標題你可能覺得很奇怪，正 2 的投資成本怎麼可能最低？嗯，確實有可能。先看看下表，是這四檔 ETF 在 2022 年的總成本。006208 最低，只有 0.24%。00631L 最高，是 1.15%。若以 100 萬本金去計算的話，一年就會比 006208 被多扣 9,100（1,000 萬就是 9.1 萬了）。

標的	內扣成本	本金	內扣成本
元大 0050	0.43%	100 萬	-4300
富邦 006208	0.24%	100 萬	-2400
元大 00631L	1.15%	100 萬	-11500
富邦 00675L	0.71%	100 萬	-7100

▲ 2022 年四檔 ETF 的手續費比較

看起來 00631L 跟 00675L 成本很高，為什麼大仁會說成本最低？答案很簡單，若你採用「50：50」策略，成本計算就會不同了。首先，你只投入 50% 的資金，因此成本會除以二。再來，另外 50% 的現金拿去放定存

1%，同樣除以二。結果如下：00631L 內扣 1.15%，除以二等於 0.58%，扣掉定存 0.5%，等於 0.08%。00675L 內扣 0.71%，除以二等於 0.35%，扣掉定存 0.5%，等於 -0.15%。00631L 的實際成本只有 0.08%，而 00675L 的實際成本是零，還倒賺 0.15%，如果你真的很在意成本，那成本最低的正 2 應該是你的優先考量。

標的	內扣成本	本金	內扣成本
元大 0050	0.43%	100 萬	-4300
富邦 006208	0.24%	100 萬	-2400
元大 00631L ＋定存	0.08%	50 萬 +50 萬	-800
富邦 00675L ＋定存	-0.15%	50 萬 +50 萬	1500

▲ 加上 50：50 槓桿投資法後的四檔 ETF 成本

三、正 2 具有超額報酬

最後，就是正 2 真正強勢的地方，超額報酬。要知道，正 2 是以期貨持倉來創造出兩倍曝險的。因此，臺股期貨的表現將會決定正 2 的表現。現在讓我們看一下「報酬指數」跟「期貨指數」的比較（下頁上圖）。在 2020 到 2022 這三年，報酬指數的總報酬是 31.36%，期貨指數的總報酬是 44.48%。你會看到期貨指數高於報酬指數 13.12%，這就是期貨帶來的超額報酬。

以年均報酬率計算：報酬指數 9.52%，期貨指數 13.05%，兩者相差 3.53%。你可能還不知道這是多誇張的數字。一年 3.53%，看起來好像還好對吧？來，讓我算給你看：若依照 3.53%，計算到 2029 年，兩者可能會差距將近 100%，看到這個數字，你還覺得投資正 2 跟 0050 是相同的嗎？

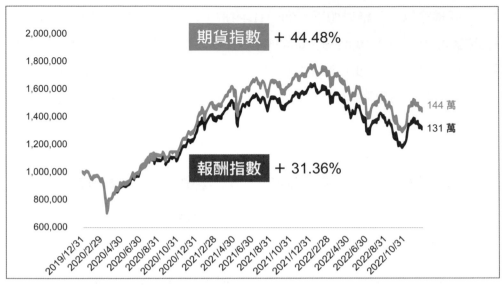

▲ 2020 年到 2022 年，期貨指數高於報酬指數 13.12％，這就是期貨的超額報酬

年份	報酬指數	期貨指數
2019	100	100
2020	110	113
2021	120	128
2022	131	144
2023	144	163
2024	158	185
2025	173	209
2026	189	236
2027	207	267
2028	227	302
2029	248	341

▲ 每年超額報酬 3.53％，計算到 2029 年，兩者可能會差距將近 100％

　　看到實際表現，在 2020 到 2022 這三年：0050 報酬率為 25.71％，00631L 為 73.30％，00675L 為 80.73％。若採用「50：50」策略：00631L 報酬率為 36.65％，00675L 報酬率為 40.36％，兩者皆高於 0050 的 25.71％，這就是臺股期貨帶來的超額報酬。你投資 0050 是吃不到這塊的。

四、正 2 的分散性最廣

　　0050 只代表台灣 50 家上市公司。正 2 持有的臺股期貨代表台灣「所有的」上市公司。兩者的分散性是不同的。分散性的問題也在 2020 到 2022 這三年顯露出來。報酬指數的總報酬是 31.36％，但 0050 卻只有 25.71％。原因就是 0050 集中在台灣的大型股，前 50 大市值的公司。這兩年剛好台積電熄火，0050 的整體表現就落後大盤，這就是分散性的問題。

　　若以 00631L 跟 00675L 相比，也能發現相同的情況。00631L 因為持有部分的 50 期貨，因此報酬率也落後完全持有臺股期貨的 00675L。因此，如果你要投資台灣股市大盤。從分散性來看：00675L ＞ 00631L ＞ 0050。0050 是風險最集中的，當然不會考慮它。

　　最後，讓大仁為你整理重點：**一、正 2 可以用一半的資金達到 100%曝險，同時留有一半的現金在手。二、正 2 的成本比 0050 和 006208 還要更低。三、正 2 具有更多的超額報酬。四、正 2 的風險分散性更廣。**

　　考量上述幾點後，我完全找不到任何投資 0050、006208、00692 這種市值型 ETF 的理由。因為正 2 在各項都比它們強太多了。以相同曝險來看，正 2 才是最適合投資台灣整個大盤的 ETF。成本最低、報酬最高、風險最分散，是目前當之無愧的第一名。現在，你應該明白為什麼我不投資 0050 跟 006208 的原因了。

3-11
如果把 0056 配息拿去投資 50 正 2，結果會怎樣？

今天（2022.12.22）看到網路上有人在問：該投資 00878、0056、0050 哪一支 ETF 比較好？大仁的腦中忽然浮現一個想法：「你用 0056 的股息去買 50 正 2，幾年後可能漲得比 0056 還多呢。」本來只是隨便想想，但後來好奇心發作，想知道這樣的結果到底如何，所以就有了這篇文章。

把 0056 股息投入 50 正 2，結果會？

先讓我們看看投資 0056 的報酬如何：假設，你從 2015 年 1 月 1 號開始投入 100 萬的資金在 0056。八年後的今天（2022 年 12 月 22 號），你的 100 萬會變成 167 萬（報酬率 67.24％）。

看完 0056 的報酬，接下來我們直接進入正題。如果你投資 0056，但領到的配息不是再投入 0056，而是買 50 正 2 會怎樣？大仁整理出右頁這份表格給讀者參考。

時間：2015 年至 2022 年 12 月 22 號。

0056 股數：本金 100 萬，可以買到 0056 總共 47259 股。

配發：0056 配發的現金股息。

股息：現金股息乘以股數得到的金額。

正 2 股價：0056 配息當天，50 正 2 的開盤價。

正 2 累積股數：用 0056 的配息，買入 50 正 2 累積的股數。

就這樣持續 8 年的時間，結果出爐：0056 股數不變，還是 47,259 股。換算總市值為 121 萬（0056 的成長性不高，這八年的股價成長只有 21％）。

不過，重點在後頭。0056 每年的股息買入的 50 正 2，最後累積到 12975 股。換算總市值是 125 萬。投資 0056，最終市值 167 萬。投資 0056，股息買 50 正 2，最終市值 246 萬。你會選哪個？

時間	0056 股數	配發	股息	正 2 股價	正 2 累積股數
2015	47259	1	47259	20.11	2350
2016	47259	1.3	61437	25.78	2383
2017	47259	0.95	44896	36.5	1230
2018	47259	1.45	68526	32.68	2097
2019	47259	1.8	85066	46.03	1848
2020	47259	1.6	75614	66.9	1130
2021	47259	1.8	85066	125.35	679
2022	47259	2.1	99244	78.9	1258
0056 總股數	47259			正 2 總股數	12975
0056 股價	25.67			正 2 股價	96.4
總市值	1213139			總市價	1250790

▲ 只投資 0056，最終市值 167 萬；把 0056 的股息拿去買正 2，最終市值 246 萬

拿 0056 發的股息去投資正 2，正 2 賺的還贏過 0056

投資 0056，總市值只有 167 萬，年複利為 6.7％。若你換個作法，把股息改買 50 正 2，總市值是 246 萬，年複利為 12％。投資 0056 總報酬為 67％；投資 0056 ＋股息投入正 2，總報酬為 146％。用配息買的 50 正 2 分身，

最後輕鬆超越 0056 本尊。這還是今年大跌的數據,若是回到 2021 年底的高點,兩者差距會更明顯。

　　最後,大仁幫你重點整理:一、2015 年到 2022 年,單筆投入 100 萬買 0056,會變成 167 萬。二、2015 年到 2022 年單筆投入 100 萬買 0056,配息改買 50 正 2,會變成 246 萬。三、用股息投資 50 正 2 做分身,輕鬆超越 0056 本尊。

　　如果你是為了高股息而投資 0056,那也許可以換個方式,把你的股息換個地方擺。你想要安心的股息依然可以每年領,而這些股息可以拿去創造出更多的價值。當然,最好的方式就是本書一直強調的「增加認知」,直到你看不上 0056 為止。

3-12
高點回推法① 大跌時，50 正 2 更適合加碼

巴菲特說過：「別人貪婪我恐懼，別人恐懼我貪婪。」遇到股市大跌，有些人認為是危機，而有另外一些人認為是機會。這些手握現金的投資者，認為股市大跌之時，反而是逢低買進的加碼之日。寫這篇文章的時間是 2022 年 4 月 27 號，台股又大跌 400 點，很多人等著準備進場。但是，你知道遇到股市大跌，與其投資 0050，不如投資 50 正 2 反而更有利嗎？這篇要跟你分享，為什麼槓桿 ETF 更適合逢低買進。

為何槓桿 ETF 更適合逢低買進？

股市要賺錢很簡單，就四個字「低買高賣」，我這不是在說廢話，而是認真的。當你用比較低的價格買入股票時，就能夠預期後續的高報酬。舉例來說：小明用 200 元買入台積電，後來慘跌到 150 元。小美趁 150 元時同樣買入台積電，後來幸運上漲到 250 元。請問誰賺得多？

當然是小美，因為她用 150 元的「逢低買進」。更低的買入價格，代表更高的報酬預期，更高的安全邊際。所以低買高賣不是廢話，逢低買進是真的能取得較好的回報。當股市跌得越深，後續漲回來的預期報酬就更高。我把這套理論稱為「高點回推法」，接下來的三篇文章都會介紹高點回推法。

要買，就買跌更多的，因為跌越深，反彈賺越多

越低的價格買進，可以預期更高的回報。那問題來了，假設有兩家 ETF 都面臨大跌，你會選擇哪種投資？甲下跌 28.22％，乙下跌 52.13％，你會選擇甲還乙？請思考一下再往下看。

來，公布答案，甲就是 0050，乙就是 50 正 2。從 2020 年 1 月 14 號的高點，到 3 月 19 號最低點，0050 下跌 28.22％，50 正 2 下跌 52.13％。來，我現在再問你一次，如果要逢低買進，你應該買跌 28％的 0050，還是買跌 52％的 50 正 2 ？如果你選擇 0050，在三年後，2023 年 3 月 13 號，可以獲得 89.82％ 的報酬。那選擇 50 正 2 應該是賺兩倍吧？錯，選擇 50 正 2 獲得 323.67％的回報。哪個好哪個壞，應該很容易判斷吧。

我們已經知道，50 正 2 身為兩倍槓桿的 ETF，每日預計的漲跌幅都是兩倍。它會追求漲跌兩倍。我們都知道逢低買進，重點就在於「低」這個字。買進的價格越低，後續預期報酬越高。讓我們參考下面這張圖表：0050 跌幅大約 30％，若漲回原點獲利 42.85％。50 正 2 跌幅大約 50％，若漲回原點獲利 100％。我現在再問你一次，你會選擇跌 28％的 0050，還是選擇跌 52％的 50 正 2 ？

原點	跌幅	低點	需要漲幅	回到原點
100	-10%	90	+ 11.11%	100
100	-20%	80	+ 25%	100
100	-30%	70	+ 42.85%	100
100	-40%	60	+ 66.66%	100
100	-50%	50	+ 100%	100

▲ 跌幅 30％，漲回原點獲利 42.85％。跌幅大約 50％，若漲回原點獲利 100％

　　如果你真的秉持「逢低買進」的精神,你應該選擇跌更深的,也就是股價更低的 50 正 2。為什麼?因為它跌得更低啊。逢低,你不是要低嗎?兩倍槓桿的 ETF 跌幅更大的這個缺點,在你決定買進時就變成優點了。因為與其買跌幅三成的 0050,買跌幅更深的 50 正 2 不是更好?這不是逢低買進,什麼才是逢低買進!如果你是堅決的 0050 派,肯定會提出質疑:「大仁你說得很簡單,50 正 2 可是兩倍槓桿,萬一買下去繼續跌怎麼辦?」沒怎麼辦,就繼續持有啊。我問你,如果你在低點買進 0050,結果又跌下去。你會怎麼做?

　　你會嚇到說:「哎呀怎麼又跌更低了,我要趕快停損,不然繼續跌怎麼辦?」如果你是抱持這種態度去買 0050,抱歉你跟我的理念不同。正常會選擇 0050 逢低買進的投資者,就是相信台灣未來的國運發展。買進以後,是不會輕易做停損的。如果是投資個股,那確實應該設立停損點沒錯,畢竟單一公司可能一敗不起。但身為一個長期投資者,你停損 0050 說出去真的會被笑。補充一下,你總不會今天買進,然後下個禮拜沒漲就停損賣出吧。這樣不叫做逢低買進,而是「間隔比較長的當沖」而已。

　　如果我們理念相同,認為 0050 不需要停損為前提,那麼,繼續跌又如何?什麼都不會改變。要麼你就持續加買,堅持逢低買進;要麼你就膽子加大,堅持長期持有。

　　那你買 50 正 2 會有什麼不同嗎?沒有。如果跌幅更深,你還是這兩種選擇:要麼你就持續加買,堅持逢低買進,要麼你就膽子加大,堅持長期持有。逢低買進以後,就是決定不停損了。那不管你選擇 0050 或 50 正 2,結果都應該是相同的。加碼或持有。只有這兩個選項,沒有賣出停損這個選擇。既然如此,買了 50 正 2 繼續跌怎麼辦?沒怎麼辦。慢慢吸收逆價差點數就好(複習本書 2-8)。那如果加碼的錢用完了,還是想加碼怎麼辦?同樣可以透過槓桿 ETF 的曝險比例轉換,變出更多的現金(複習本書 3-8 和 3-9)。

跌幅兩倍好可怕？運用槓桿比例抓出想要的曝險即可

　　50 正 2 是跌幅兩倍的槓桿 ETF。但沒人叫你買滿 200％曝險啊。大仁一直強調槓桿不危險，而是資金比例的問題。你自己控制好曝險，抓出自己能承受的比例，那就是合適的槓桿。假設，你有 100 萬的逢低買進資金。你不用 100 萬全部買進 50 正 2，你可以用 50 萬買進就好，這時曝險同樣是 100％。跟你用 100 萬買 0050 的效果差不多，有時候可能還更好。

　　如果你會害怕兩倍槓桿波動太大，那我教你用「曝險比例」的角度去思考。可以從這兩點下手：一、找到自己想要的曝險比例。如果你的本金是 100 萬，你只想逢低加碼 80 萬的 0050，你的曝險比例就是 80％。二是使用槓桿，調整出相同的曝險比例。你拿 40 萬投資 50 正 2，因為是兩倍槓桿，你的曝險比例同樣可以維持在 80％。這時，你手上會多出 60 萬的現金可以彈性使用，擁有更多的安全邊際。

投資標的	投入金額	曝險比例	手上現金
0050	80 萬	80％	20 萬
50 正 2	40 萬	80％	60 萬

▲ 一樣的曝險，投資 50 正 2 手上有更多現金

　　最後，重點整理：一、**買進的價格越低，後續的預期報酬越高。二、逢低買進的重點是「低」，相似的東西，價格越低越好。三、以 0050 跟 50 正 2 為例，遇到大跌，肯定是 50 正 2 跌更多。四、要逢低買進，你應該選擇跌更多的 50 正 2，而非 0050。五、擔心波動太大的朋友，運用「槓桿比例」抓出想要的曝險即可。**

　　以上，就是我針對「逢低買進」的看法。其實這道理很簡單，差不多的東西，前者跌 10％，後者跌 20％。我肯定選擇跌更多的買嘛。怎麼轉換到投資領域，就一堆人認為跌 10％的比較好，跌 20％的我不要。

　　讓我們再看一次 314 頁的這個提問：如果你在 2020 年 3 月 19 號這天最低點，買進 100 萬的 0050，到 2023 年 3 月 13 號會有 189 萬。如果買 50 正 2 呢？你現在會有 423 萬。有人可能馬上跳出來說，你用兩倍槓桿去比不公平啦。好，那我用 50 萬買 50 正 2 就好。最後變成 211 萬。

　　大仁說了這麼多，自己有沒有逢低買進？有，當然有。我不會講了一堆自己卻沒買。只是我選擇的是當時跌更深的 00670L。道理是相同的，哪個跌更低，我就逢低買進哪個。

　　下一篇，我們將以安全邊際的思維，來進一步優化這項策略。

3-13
高點回推法② 股市大跌時，該有的思考模式

遇到股市大跌，應該怎麼辦？

在投資這條路上，許多人最討厭的就是遇到大跌。以 2020 年為例：台股從最高點 12,197，跌到最低點 8,523（跌幅約 30%）。美國標普 500 指數從最高點 3,391，跌到最低點 2,180（跌幅約 35%）。遇到這種超過 30% 跌幅，我們應該要怎麼做？接下來，大仁將分享尼克 · 馬吉烏利（Nick Maggiulli）這篇文章〈在危機時買進〉（*Buying During a Crisis*）其中提到的兩個特別觀點。讓你明白，每一次大跌的股災，也許都是難得一見的機會。

跌得越深，就得漲得越多，才能回到原點

在下跌的時候，當你損失的比例越高，要恢復原點的比例就得更高。你可能以為損失 10% 的資金，只需要漲 10% 就可以回來了。錯了，損失 10%，要漲 11.11% 才能夠回到原本的部位。

不相信嗎？大仁直接算給你看。假設你原本有 100 塊的資金投入股市，下跌 50%，變成 50 塊。50 塊再漲回 50% 會變成多少，100 塊嗎？不對，是變成 75 塊。當你損失 50%，想要讓 50 塊的資金變回 100 塊。就得漲 100% 才能回來。

對於「手中握有股票的人」而言，投資部位下跌 50%，得等到上漲

100% 才能恢復。所以，當你損失的資金越多，要漲回來就得需要更高的漲幅。這也是巴菲特強調的投資兩大原則：一、不要虧錢。二、不要忘記第一個原則。

　　你認為股市多久可以恢復？新冠肺炎很可怕，大家都覺得股市一時無法回到原點。但讓我們冷靜思考一下，重新問自己一個問題：你認為要有多久的時間，股市才可以回到高點？不管時間是半年、一年，甚至是五年。你想好答案了嗎？好，假設你心中有一個答案了，接下來就要以你心中的答案，來計算預期的年化報酬。

公式為：預期年化報酬 =（1 ＋需要恢復的百分比）^（1／要恢復的年數）−1

　　以台灣股市為例：最高點 12,197，跌到最低點 8,523（跌幅約 30%）。跌幅 30%，需要漲幅 42.85% 才能恢復原點（複習 314 頁的「漲回原點需要的漲幅」表）。

　　所以，我們的算法會是預期年化報酬 =（1 ＋ 0.4285）^（1／要恢復的年數）−1。從公式推算出來的結果：如果你認為股市從疫情風波恢復（從跌幅 30% 回到原點），需要一年：預期年報酬＝ 42.85%；兩年：預期年報酬＝ 19.51%；三年：預期年報酬＝ 12.62%；四年：預期年報酬＝ 9.32%；五年：預期年報酬＝ 7.39%。

　　還記得上面問你認為股市多久能夠恢復嗎？如果，你認為是五年才能回到原點。那麼你在跌幅 30% 時投入的資金，在這五年，將帶來年均報酬 7.93% 的預期回報（注意，這邊只是預期，並不代表一定會有這個報酬）。比較樂觀的人，可能預期兩年到三年就能夠恢復（例如疫苗提早問世）。如果是兩年到三年恢復，你將可能獲得更高的預期年均報酬（請複習 296 的「漲回高點時間」表）。

可能性只是可能，投資本就充滿不確定性

上面大仁所列的預期報酬，只是預期的數字。也許此次疫情真的會影響十年以上也說不定。台灣股市，也許在十年內都無法回到原點，這也是有可能發生的（例如 1990 年的日本經濟泡沫）。

但我們可以從數字所提供的「可能性」，來預期回報收益。這個數字可能會對，可能會錯。如果你對於人類解決問題的能力有信心，這個預期數字，可以帶給你在「低點買入」時更大的信心。況且下跌 30% 的跌幅，已經讓我們取得非常便宜的價格了（安全邊際）。有句話叫做：「小麥下跌時，手上沒有小麥的人；小麥上漲時，手上也不會有小麥。」你想等到跌幅多少才進場投資？40% 還是 50%？許多人過於保守（或貪心）的結果就是，股市漲回來了，你的手上沒半張股票。

如果，你不相信人類的實力，從歷史來看，很多時候你可能是錯的。因為從過去到現在，經歷了許多重大事故，例如兩次的世界大戰、石油危機、網路泡沫、金融海嘯。經歷過上述這些災難，股市還是持續成長（但要切記，過去紀錄僅為歷史，不代表未來）。

投資時間	正報酬	負報酬
每天	56%	44%
1 年	75%	25%
5 年	88%	12%
10 年	95%	5%
20 年	100%	0%

▲ 標普 500 指數的正報酬時間比例（1926-2020）

這次的肺炎風波，在半年後，許多國家的股市突破高點。台灣股市早

已突破三十年高點 12,682 的天花板。而美國標普 500 指數跟那斯達克指數，更是創下歷史新高。在 2020 年 3 月的低點，勇敢投入的投資者，應該獲得了非常不錯的報酬。

請記得，風險跟報酬相伴

在當時大家人心惶惶，認為風險很高的時候，事後回過頭看，反而是絕佳的投入時機（再次提醒，預期只是預期，並不是絕對，請勿以為保證獲利）。希望這篇文章，能帶給你兩個投資上的觀點思考。

一、股市下跌，需要漲回更高的百分比，才能夠回到原點。所以要仔細評估好自己的現金流，做好資產配置，以面對必定到來的大跌。

二、如果遇到 30% 以上的大跌，而你認為問題可能會在「幾年內解決」。可以在仔細思考評估後，找出自己的安全邊際，投入部分閒置資金，獲得可能的預期報酬（當然也有可能損失，請記得風險與報酬相伴）。希望下次遇到股市大跌的時候，大家都能將危機化為轉機，掌握到屬於自己的機會。

3-14
高點回推法③ 實作低點買進算出預估報酬率

　　你是否不曉得什麼時候應該買入股票，找到合適的進場時機呢？這篇將繼續用高點回推法，從下跌幅度去計算重新回到高點的時間，評估未來的預期報酬。這篇我將用自身的例子，來說明這個方法的實際操作效果。

計算預期報酬

　　首先，我們找出這檔股票的最高點以及現在的價格。這樣就能算出目前距離高點，跌落多少幅度。以 00670L 這檔 ETF 為例，當時最高點是 93.05 元。在 2021 年 3 月 4 日開盤跌到 78.4 元，跌幅為負 15.74%。你可能以為損失 10% 的資金，只需要漲 10% 就可以回來了。不對，損失 10%，要漲 11.11% 才能夠回到原本的部位。

　　所以這檔股票雖然跌了 15.74%，但如果要回到高點，必須得漲回 18.68% 才行。這個時候，跟之前講過的一樣，你可以問自己一個問題：你認為要有多久的時間，股市才可以回到高點？不管時間是半年、一年，甚至是五年。想好答案了嗎？好，假設你心中有一個答案了，接下來就要以你心中的答案，來計算預期的年化報酬。公式為：預期年化報酬 =（1 ＋需要恢復的百分比）^（1 ／要恢復的年數）−1。

原點	跌幅	最低點	需要漲回	回到原點
100	-5%	95	＋ 5.3%	100
100	-10%	90	＋ 11.1%	100
100	-15%	85	＋ 17.6%	100
100	-20%	80	＋ 25%	100
100	-25%	75	＋ 33.3%	100
100	-30%	70	＋ 42.9%	100
100	-35%	65	＋ 53.8%	100
100	-40%	60	＋ 66.7%	100
100	-45%	55	＋ 81.8%	100
100	-50%	50	＋ 100%	100

▲ 下跌幅度越多，漲回原點需要的幅度就會越高

　　以這檔 ETF 為例，要漲回高點需要 18.68%，這就是它必須恢復的百分比。讓我們套入公式（1 ＋ 0.1868）^（1 ／恢復的年數）-1。一年內回到高點，年報酬率是 18.6%。兩年內回到高點，年報酬率是 8.9%。三年內回到高點，年報酬率是 5.8%。四年內回到高點，年報酬率是 4.3%。五年內回到高點，年報酬率是 3.4%。

　　你可以從預期回到高點的時間，回推你現在投入資金的未來報酬率。當你預期越快回升，你的可能報酬率就越高。不過這只是預期，不代表實際報酬率，除非你能夠預知未來。

　　投資跟保險很像，都是經過計算以後，找出自己能夠承受的範圍去面對風險。保險就是在「保費與保障」之間抓出取捨，買太多浪費錢，買太少保障又不夠。投資呢？進場時間太早可能繼續跌，進場時間太晚可能已經漲回來了。你不可能永遠抓到最精準的那個點，我們只能夠找到「勉強可以接受的」平衡點而已。用回推法計算「預期報酬」的方式，可以幫助你找到自己可以接受的投資價格。

掌握安全邊際：股票跌越深，安全邊際越大

什麼是「安全邊際」？這個名詞出自《智慧型股票投資人》一書。假設，你預期股票價格 100 元，但你的想法可能錯誤，也許真實價格只有 80 元。這 20 元就是你預估錯誤的損失範圍，例如你 90 元買入，結果後來跌到 80 元你就虧錢了。但如果你在 70 元買進，把安全邊際拓寬到 30% 的位置。即使股票從 100 元跌到 80 元，因為你一開始的安全邊際抓得比較廣，就不需要擔心中間的估值誤差導致的虧損。安全邊際的概念，也可以運用在回推高點這個方法。

我當時選擇的標的是 00670L，在 2021 年 3 月 4 號那天，已經從高點 93.05 元跌落蠻多了，就算之後可能跌更深，但 78 元的安全邊際已經夠寬，因此決定買入（後來最低跌到 74 元）。在一個月後的 4 月 9 號，股價回升到高點附近，來到 92.8 元。我原本預期是一年內可以回到高點，想不到一個月就反彈回升了。也就是說用一個月左右的時間，取得將近 18% 的報酬（以上運氣成份居多，不是每檔股票都可以回到高點，也不是都這麼快就可以恢復）。

跌幅	漲回原點	年均報酬
-30%	一年	42.85%
-30%	兩年	19.51%
-30%	三年	12.62%
-30%	四年	9.32%
-30%	五年	7.39%

▲ 預估跌幅 30% 漲回原點的時間，與相對的年均報酬

這就是用「多久回到最高點」的投資方式。當股市跌得越深，要漲回

去原點的百分比越高，你在此時投入的安全邊際會變廣，預期報酬率也會更高。舉個例子，2020 年 3 月的股災，全世界股市大約跌了 30% 左右。如果你樂觀一點，認為一年內會恢復，你將可能取得 42.85% 的報酬率。如果你悲觀一點，認為五年才能恢復，你的可能年化報酬率也有 7.39%（以上只是預期的可能報酬，並非實際絕對報酬）。

高點回推法只適用指數，不適用於個股

　　這邊大仁要說一個很重要的關鍵，這種方式只適合用在整體市場的指數 ETF，不適合單一個股。因為從各國的股市歷史，長期來看股市大多是持續向上（見下圖）。（作者註：過去歷史報酬僅供參考，不代表未來。）

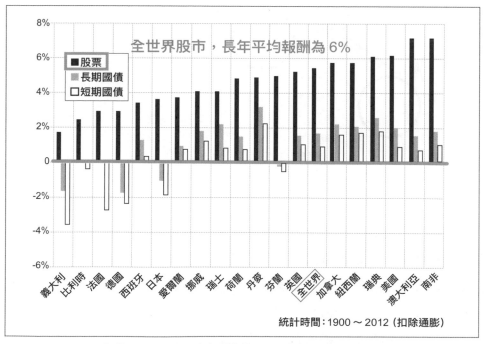

▲ 全世界股市長年平均報酬率約 6%。出處《長線獲利之道》

單一個股不適合用「高點回推法」。如果你投資個股，單一間公司，就算是目前市值最高的蘋果，還是護國神山台積電，都有跌下去就永遠上不來的可能。這個方法最大的風險就是「萬一漲不回來」怎麼辦？所以，我們挑選的投資標的，得經過長期的回測，必須是長期向上的指數市場才能加高勝率。

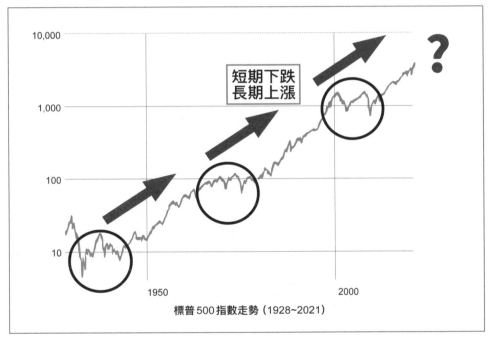

▲ 標普 500 指數從 1928 年到 2021 年，雖有短期下跌，但整體幅度向上不變

　　你可能有疑問，過去歷史不代表未來。過去股市長期向上，不表示未來也會長期向上。說得沒錯，「有可能漲不回來」就是投資者必須承擔的風險。如果你不願意承擔這種風險，那就把錢放在銀行定存最安全，很難損失到本金（就算銀行倒閉，你也有存款保險 300 萬）。

　　但大仁要提醒你，把所有的資產都放在定存不是一個聰明的方式。原因在於物價會隨著各國不斷印鈔而產生通貨膨脹，例如以前一包科學麵 5

元，現在都 10 元了。你現在的 100 萬，30 年後的實際價值可能剩不到一半。因此，要面對老年退休的風險，你一定得適度地將部分資產放到投資裡面，讓錢幫你賺錢。投資可能面臨的虧損，就是你必須承擔的入場費。既然投資已經要面臨風險了，我們就不該把風險提高，而是透過指數分散投資，將風險下降。

重點總結，**透過「回推高點」的方式，可以幫助你找到自己可以接受的安全邊際。股市跌越深，你的安全邊際就越廣，後面預期的可能報酬就越高。BUT，最重要的 BUT 來了！你不能等到「跌到最低」才買進，因為你無法預測未來，不可能知道哪個價格是最低點。**就像大仁在 78.4 元買入的時候，也不知道後面會跌到 74 元。但我當時有吃虧嗎？沒有，反倒還獲得將近 18% 的報酬。

你沒有水晶球，永遠不要抓最低點。你要抓的是「可以接受的預期報酬」，例如你預期一年內恢復高點，那最好抓寬一點，設定兩年。如此一來即使超過一年還沒恢復高點，你還有多一年的安全邊際。

再次提醒，這個方法只是「預估可能報酬」，既然是預估就有可能錯誤，並不代表你依照這種算式就能獲取「絕對報酬」。投資沒有穩賺不賠，只有確定性相對較高的做法而已，運用此方法，若能夠將投資勝算提高一些些就很好了。

最後，大仁想跟你說：投資最重要的就是安心，你投入的資金一定得是「閒錢」，不要拿一個月後孩子的註冊費來投資，也不要拿兩年後要買房子的頭期款來冒險。你沒有本事（閒錢跟時間）去承受股市的震盪波動。但如果這筆錢是超過五年，甚至十年以上不會動到。確定有足夠長的時間可以支持你長期投資，那就可以考慮用這個方法試試看。

Part 4

槓桿投資法的注意事項

最後一部分，我會教讀者推估槓桿 ETF 報酬率的方法、用「模擬正 2」來回測金融海嘯、如何用曝險來控制風險等重要主題。

關於槓桿投資法，我在自己的網站「淺談保險觀念」還會持續寫下去，歡迎讀者隨時上來看看。也可以加入臉書社團「台灣 50 正 2（00631L）槓桿投資法研究社」跟我一起討論。

▲ 歡迎加入臉書社團與眾多槓桿 ETF 的投資者一起討論

4-1

投資 50 正 2 沒那麼簡單，你須付出更昂貴的代價

50 正 2（00631L）自從上市以來，交出相當不錯的成績單。若從 2015 年計算至 2021 年末：七年的時間，總報酬為 578％，是 0050 的三倍之多。許多人看到這個報酬感到驚訝，認為自己買入 50 正 2 就能輕易複製這些回報。但現實是，真正能夠做到的人沒有幾個。為什麼？

2015 年，中國發生股災，2015 年受到中國的影響，台股也連帶下殺。50 正 2 下跌 41.73％，如果你在高點投入 100 萬，現在只剩下 58 萬左右。2018 年，發生了美中貿易戰。2018 年受到美中貿易戰的影響，50 正 2 下跌 28.56％，也是將近三成的下殺。2020 年，發生了全球疫情，全世界因為疫情影響，美國甚至多次熔斷。50 正 2 最深跌幅來到負 52.13％。2022 年發生了俄烏戰爭。因為聯準會升息縮表，加上俄烏戰爭的影響，還有全世界對通貨膨脹的擔憂。50 正 2 已經從高點下跌 49.32％。

槓桿要承受更大的下跌

許多人投資只想享受上漲，卻不想承受下跌。可能嗎？當然不可能。摩根・豪瑟（Morgan Housel）在暢銷書《致富心態》（*The Psychology of Money*）中提到：「這是取得市場報酬的代價，也就是市場的收費。它是入場費的成本，而且會讓人心痛。」

承擔下跌，就是市場要求你付出的成本，市場對你的收費。很心

痛，但你只能接受。投資 0050，你需要面對的下跌比較小。2015 年是負 20.96 %；2018 年是負 17.34 %；2020 年是負 28.22 %；2022 年是負 18.48%。投資 50 正 2，你所面臨的下跌會更大。2015 年為負 41.73%；2018 年為負 28.56%；2020 年為負 52.13%；2022 年為負 49.32%。

波動分成兩種，即上漲波動和下跌波動。0050 承擔較小的下跌，但也失去更多的上漲。50 正 2 承擔更大的下跌，但也獲得更多的上漲。50 正 2 付出更高的入場費，最終也帶來相對的回報。直到今天（2022 年 5 月 23 號）總報酬是 465.35%，是 0050 的三倍以上。沒有支付入場費，你就沒辦法取得這種回報。

50 正 2 平均每兩年，就會遇到下跌 38% 的跌幅

下表是我整理的槓桿 ETF 平均每兩年會遇到的跌幅，而這種程度下跌，並不是有可能發生，而是一定會發生。你能夠承受自己的資金，每幾年就遇到將近四成的下跌嗎？不行的話，50 正 2 就不是你能力圈的投資項目。每一個槓桿型 ETF 的投資者，都要對此抱有知覺。

長期投資看起來很美好，那是你直接看到最後的回報。但是，你忽略了中間需要經歷的波瀾起伏。每一次下跌，都是一次考驗。唯有對 50 正 2 抱有真正信心的投資者，才能穿越這些波動，到達彼岸。

標的	2015	2018	2020	2022	平均
0050	-20.96%	-17.37%	-28.22%	-30.36%	-24.22
50 正 2	-41.73%	-28.56%	-52.13%	-49.32%	-42.93

▲ 槓桿 ETF 平均每兩年會遇到的跌幅

很多人都短暫持有過 50 正 2。但將 50 正 2 抱著不動的沒幾個。每兩

年平均下跌 42％的入場費,並不是每一個人都能夠輕易承受的。大仁曾經在 2020 年初的高點,將大部分資金投入 50 正 2。最終遇到全球疫情,一路下跌。當時的情況就像 209 頁的圖表那樣,你能夠接受嗎?你能夠看到自己的資產縮水一半,卻依然堅定相信 50 正 2 可以回到原點嗎?

如果不行的話,你千萬別投資 50 正 2。就像我曾提到的:兩倍槓桿得承受比原型 ETF 更猛烈的下跌攻勢。如果你沒有準備好,可能會在某一次的大跌中嚇到賣出,造成無可挽回的損失。當你的認知不足以駕馭 50 正 2 的時候,請別投資它。這不是你能力圈該做的事情。下跌,是為了長期投資所支付的入場費。你準備好了嗎?

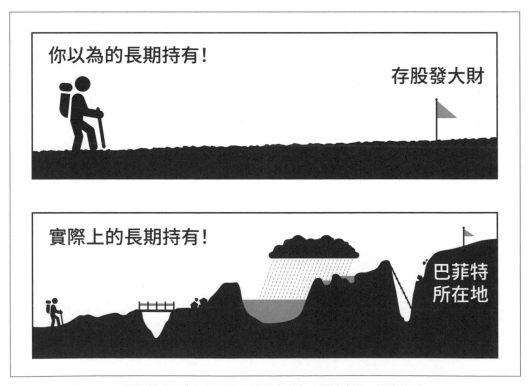

▲ 長期持有跟你想像的差距就是這麼大,圖片來源:網路迷因

　　最後，重點整理：**一、50 正 2 從上市至今，總報酬 465%。二、但每兩年就會面臨平均 38% 的下跌。三、下跌，是你為長期投資所付出的入場費。四、不想承擔下跌，你就無法享受到上漲。**

　　2022 年，50 正 2 最深下跌 49.32%。未來會不會跌更多，不知道。但我可以肯定的是，這種跌幅對於 50 正 2 來說是再正常不過的事情。如果你無法接受下跌 30%，甚至是更高的跌幅，那你去投資 0050 會舒服很多（也沒舒服到哪去，還是會遇到下跌）。

　　下跌很痛苦，比你想像中得痛苦。即使像大仁對 50 正 2 具有相當高的信心，依然會感受到下跌的壓力。沒有人看到自己的帳面資產縮水一半以上，還能夠心如止水的。但我會告訴自己，這就是槓桿投資的必經之路。沒有承受這些下跌時的痛苦，就不可能拿到上漲時的獲利。

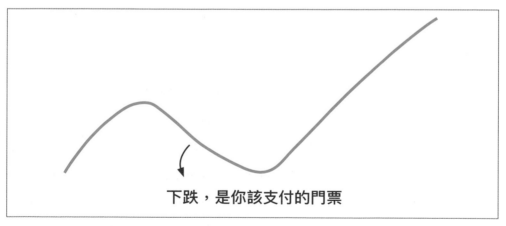

下跌，是你該支付的門票

▲ 告訴自己：承受下跌時的痛苦，才能拿到上漲時的獲利

　　查理‧蒙格（Charles T. Monger）說過：「如果沒有準備好應對股價下跌 50%，在每個世紀發生兩到三次的情況，你就不是一名合格的投資者。與其他更能從容應對市場波動的人相比，你會得到平庸的績效。」現在，考驗的時候又到了。你是會堅持長期投資，還是中途放棄呢？

4-2
兩倍槓桿不一定帶來兩倍報酬？七種原因剖析

許多人對槓桿 ETF 最大的質疑就是：「兩倍槓桿，真的能帶來兩倍報酬嗎？」讓我們複習一下 55 頁的 50 正 2 的基金公開說明書。基金名稱就跟你說是「單日」正向 2 倍。不是單月，也不是單年，而是單日。為什麼會說「單日」？因為複利是會偏移的，在不知道明天漲多少還是跌多少的時候，沒有人可以給你保證「百分之百」兩倍報酬。這篇，大仁要從七個會影響槓桿報酬的原因分析。為什麼兩倍槓桿，不一定帶來兩倍報酬。

影響槓桿 ETF 報酬的七個原因

國外的槓桿 ETF 公開說明書，有提及七個會影響槓桿 ETF 表現的原因。這七個原因分別是：一、原型指數的表現（benchmark performance）。二、原型指數的波動率（benchmark volatility）。三、投資期間（period of time）。四、內扣費用（financing rates associated with leverage or inverse exposure）。五、槓桿的借貸成本（other fund expense）。六、股息（dividends or interest paid with respect to securities included in the benchmark）。七、每日平衡（daily rebalancing of the underlying portfolio）。下面大仁將會逐一分析這七個原因。看完之後你就會明白，為什麼兩倍槓桿不一定是兩倍報酬。（本文有點長，需要的基礎知識量比較多，若有不清楚的地方建議放慢速度多看幾次。）

一、原型指數的表現

　　原型指數的表現，是七個原因裡面最重要的一個。如果原型指數報酬很高，那槓桿自然低不了多少。但反過來，如果原型指數報酬低，那槓桿就會受到影響。以 2015 年初到 2021 年底，這七年為例：0050 為 168.85％，正 2 為 578.12％；標普 500（SPY）為 163.73％，標普正 2（SSO）為 374.99％。為什麼 50 正 2 跟標普正 2 可以給出兩倍報酬？因為這兩者的原型指數，年化報酬率大約是 15％。這種高報酬率，自然就會將其他不利的因素給碾壓過去。

地區	美國	台灣	印度	中國 A 股	日本	歐洲	亞太 日本除外	中國	南韓	東協
年化 報酬 (%)	11.7	9.5	7.4	6.2	5.2	4.1	3.3	2.6	0.6	-0.3

▲ 全球及亞洲股市 10 年（2012-2022 年）平均年化報酬。美股和台股是數一數二的（來源：J.P.Morgan）

　　如果原型指數表現不佳呢？以非美市場跟新興市場為例：非美市場報酬為 57.99％，非美市場正 2 為 64.04％。新興市場報酬為 44.92％，新興市場正 2 為 28.52％。不只沒有兩倍，還可能會落後原型指數。為什麼會這樣？因為這兩者的年化報酬率大約是 5 ～ 6％。雖然是正向報酬，但在這波大牛市中並非很漂亮的數字。這邊要延伸到第二點，波動率。

二、原型指數的波動率

　　波動率會影響最終報酬的表現。在大多數情況下，越高的波動，通常帶來越高的波動衰退。「非美市場」跟「新興市場」就是因為報酬率低，加上更高的波動率（降低更多的報酬）。雙重夾擊下，兩倍槓桿難以達到兩倍報酬。

三、投資期間

投資期間是哪個區塊，也會嚴重影響報酬。目前所知，最早的兩倍槓桿基金是 1998 年推出的那斯達克兩倍槓桿（UOPIX），如果你的投資期間是 1998 年到 2007 這 10 年，結果不太好看：投入資金 10,000，那斯達克 100 會變成 19,023，兩倍槓桿會變成 7,225。

為什麼會這樣？因為剛投資不久就遇到 2000 年的網路科技泡沫，以科技股為主的那斯達克指數首當其衝。最嚴重的時候原型指數都跌掉 82.02%，跌掉八成以上的市值。在這種情況下，兩倍槓桿的跌幅更是來到負 98.56%，已經幾乎全滅了（但不管跌再多，都不可能跌到歸零）。如果你的投資區間是這 10 年，那你可能會覺得兩倍槓桿很糟糕。但是，如果換個投資期間來看看。在 2009 年到 2018 這 10 年，你會看到完全不同的風景：投入資金 10,000，那斯達克 100 會變成 51,285，兩倍槓桿會變成 201,955。

說好兩倍，結果給四倍報酬。如果你是這個投資期間的朋友，應該會覺得槓桿 ETF 真是棒。這就是投資期間對槓桿 ETF 的報酬影響。不同的期間，可能會有天堂與地獄的兩種結果。

四、內扣費用

每一檔基金都有內扣費用需要支出。越高的內扣成本，對報酬的影響就越大，這個我們在本書 1-9 有專文討論過。除了內扣費用以外，投資槓桿 ETF 還需要注意另外一種費用。它不會顯示在內扣成本，而是另外獨立計算的，這個費用就是「借貸成本」。

五、槓桿的借貸成本

槓桿 ETF 要達到兩倍曝險，只買現貨是不可能的。必須使用衍生性商

品來達到更多的曝險,例如期貨或是 SWAP 合約。以 50 正 2 為例,就是使用期貨來創造 200％的曝險。國外槓桿 ETF 通常是與多間銀行訂立 SWAP 合約,以此創造曝險。以 TQQQ 三倍槓桿為例,前十大持倉都是 SWAP 合約。

就像你借錢需要支付利息,槓桿 ETF 借貸也需要成本。不管是期貨還是 SWAP 合約,都會因為利率的關係影響成本。例如美國聯準會的基準利率升高,對 SWAP 合約的 ETF(例如 SSO、QLD、UPRO、TQQQ)會造成較高的成本壓力。但 50 正 2 是用臺股期貨,台灣利率低,受到的影響較小。這也是為什麼大仁會說台灣是非常適合槓桿 ETF 的市場。

六、股息

股息,也是影響報酬的主要原因。當你持有兩倍槓桿,可以吸收兩倍股息。這點大仁在本書 1-14 和 1-15 專文探討過了。50 正 2 之所以那麼強勢,就是因為台股的殖利率非常高。平均殖利率在 4％左右,兩倍股息就是 8％。只要維持高股息,就能逐年墊高淨值。每年因為股息墊高約 8％的淨值,遇到盤整也不怕,這就是 50 正 2 的可怕之處。國外的槓桿 ETF 沒有這個優勢(股息較低)。台灣殖利率會這麼高,真的要感謝熱愛股息的投資者。謝謝你們,一直墊高 50 正 2 的淨值。

七、每日平衡

槓桿 ETF 因為要維持 200％的曝險,需要每天做平衡把曝險拉回來。如果沒有每日平衡,你的曝險比例將無法固定。上漲,曝險會變少;下跌,曝險會增加。放任不管,你很快就會因為槓桿比例增加太多被抬出場(畢業)。每次平衡都可能讓風險跟報酬之間產生變化。至於是好的變化,還是壞的變化,沒有人知道(要看走勢如何)。每日再平衡,也是影響報酬

的原因之一。

複利的不確定性

讓我們重新回顧一下：一、原型指數的表現。二、原型指數的波動率。三、投資期間。四、內扣費用。五、槓桿的借貸成本。六、股息。七、每日平衡。以上，就是影響槓桿 ETF 的七個主要原因。

你會發現每一個因素都可能造成報酬的結果不同。因此，要長期預估槓桿 ETF 的發展根本是不可能的。沒有人可以跟你保證「兩倍槓桿一定能取得兩倍報酬」。因為複利會偏移，但偏好或偏壞，這點是不確定的。「兩倍槓桿不一定是兩倍報酬」，這句話有兩個含意：一、可能無法兩倍報酬。二、可能超越兩倍報酬。

如果你投資 50 正 2，發現報酬是 0050 的三倍。你應該不會跑去跟基金公司投訴：「你們這什麼爛東西，我明明買兩倍，你卻給我三倍報酬？多出來的我不要了，謝謝。」但如果你的報酬低於兩倍，你也別感到困惑，因為這是很正常的事情。因為上述七點都可能會「增加或減少」你的報酬。我們在投資前不可能知道結果如何，這也是基金公開說明書為什麼會提到：「本基金不適合長期持有。」

因為超過單日以後，複利會怎麼偏移，沒人可以保證。如果基金公司沒附上這句話，可能會被一堆韭菜成立自救會告死：「明明說是正向兩倍，怎麼報酬沒有兩倍？」說起來也很好笑，如果有「保證兩倍報酬」的東西，難道投資 0050 的都是笨蛋嗎？當然不是。結果的不確定性，就是投資槓桿 ETF 的投資者需要承擔的風險。

正是因為承擔不確定性的風險，才有可能取得兩倍，甚至超越兩倍以上的回報。這點還是回到投資原理，風險與報酬是相對的。兩倍槓桿並不是無風險取得兩倍報酬，投資者必須得承擔上述七個因素帶來的「不確定

性」（可能更好，可能更差）。如果你認為投資兩倍槓桿，報酬就一定兩倍，那肯定是誤會了。

　　最後，重點整理：**一、原型指數的報酬率越高，槓桿的表現會越好（反之亦同）。二、原型指數的波動率越小，複利的偏移會越少（反之亦同）。三、投資期間是大牛市，你將有可能取得超越槓桿倍數的報酬（反之亦同）。四、內扣費用對槓桿 ETF 影響不大（大部分約 1%）。五、借貸成本會影響總報酬（特別是國外的 SWAP 合約）。六、股息越多，槓桿能取得越多倍數的股息（台股優點）。七、每日平衡會影響總報酬（最怕遇到盤整，耗損會增加）。八、兩倍槓桿不一定帶來兩倍報酬（可能高於，也可能低於）。**

　　好了，大仁終於把影響槓桿 ETF 的七個原因說完了。槓桿絕對有它的風險在，但最糟糕的風險是無知。在不清楚槓桿危險的時候去投資它，這才是真正的風險。希望你看到這邊對槓桿 ETF 有更深一層的認識。

4-3

看懂這張圖，學會計算槓桿 ETF 的報酬率

你知道槓桿 ETF 的報酬率如何計算嗎？這篇大仁將用一張圖告訴你：「如何從原型指數的報酬跟波動，找出槓桿 ETF 的預期報酬率。」由於這篇有點難度，有興趣的讀者可以去大仁網站上找這三篇相關文章（因為篇幅限制就不收錄在本書中），分別是〈槓桿型 ETF 可以長期持有嗎？複利累積造成的影響〉、〈什麼是波動性？淺談波動對投資報酬率的影響〉和〈什麼是波動性風險？長期投資的波動耗損〉。那麼，我們開始吧。

兩倍曝險下，波動可能也會是兩倍

大仁在之前的文章提到，有兩個項目會影響到最終的複利報酬率，分別是「算術平均報酬率」和「波動性」。最完美的情況是「算術平均很高＋波動性很低」，這樣複利的數字就會很漂亮（波動的耗損非常低），總報酬就會更高。

但問題來了，槓桿 ETF 是兩倍曝險。原型指數上漲 10％，正 2 以上漲20％為目標。原型指數下跌 10％，正 2 以下跌 20％為目標。也就說，正 2的波動程度可能會是原型指數的兩倍。以右圖的 2021 年為例：左邊，是台股報酬指數每個月的表現。右邊，是直接複製兩倍槓桿的表現。兩倍槓桿將帶來更大的波動（上漲兩倍，下跌兩倍）。兩倍的波動，有可能創造出高於兩倍的報酬。當然，也可能低於兩倍報酬。

2021 年	報酬指數	兩倍槓桿
1 月	2.75%	5.51%
2 月	5.39%	10.77%
3 月	3.14%	6.27%
4 月	6.97%	13.93%
5 月	-2.83%	-5.66%
6 月	4.31%	8.62%
7 月	-1.99%	-3.98%
8 月	2.3%	4.59%
9 月	-2.86%	-5.73%
10 月	0.32%	0.65%
11 月	2.60%	5.19%
12 月	4.68%	9.36%

▲ 左邊，是台股報酬指數每個月的表現。右邊，是直接複製兩倍槓桿的表現

用原型指數的報酬率跟波動率，算出槓桿 ETF 的預期報酬率

接下來，我們進入重點：怎麼用原型指數的報酬率跟波動率，算出槓桿 ETF 的預期報酬率。這邊，大仁要用美國槓桿 ETF 公開說明書的內容。台灣的槓桿系列公開說明書只有提到複利偏移的可能，但沒有針對偏移的報酬率給一個預估範圍。這一點美國就做得很好，它有針對偏移範圍作一份表格。

接下來，我們會從下頁這份表格去推估槓桿 ETF 的報酬率。讀者會看到一大堆數字，但別緊張，大仁會帶你一步一步理解。首先，圖表左邊是「原型指數」的報酬率。假設你的原型指數是 0050，那就是看 0050 上漲多少去對照。

舉例來說，0050 今年的報酬率是 20％，你就先看左邊的欄位。

指數 上漲	兩倍 槓桿	年波動率				
		10%	25%	50%	75%	100%
-60%	-120%	-84.2%	-85.0%	-87.5%	-90.9%	-94.1%
-50%	-100%	-75.2%	-76.5%	-80.5%	-85.8%	-90.8%
-40%	-80%	-64.4%	-66.2%	-72.0%	-79.5%	-86.8%
-30%	-60%	-51.5%	-54.0%	-61.8%	-72.1%	-82.0%
-20%	-40%	-36.6%	-39.9%	-50.2%	-63.5%	-76.5%
-10%	-20%	-19.8%	-23.9%	-36.9%	-53.8%	-70.2%
0	0%	-1.0%	-6.1%	-22.1%	-43.0%	-63.2%
10%	20%	19.8%	13.7%	-5.8%	-31.1%	-55.5%
20%	40%	42.6%	35.3%	12.1%	-18.0%	-47.0%
30%	60%	67.3%	58.8%	31.6%	-3.7%	-37.8%
40%	80%	94.0%	84.1%	52.6%	11.7%	-27.9%
50%	100%	122.8%	111.4%	75.2%	28.2%	-17.2%
60%	120%	153.5%	140.5%	99.4%	45.9%	-5.8%

▲ 美國槓桿 ETF 公開說明書的內容，說明複利偏移的報酬率。可以用來推估槓桿 ETF 的報酬率

　　再來，右邊的兩倍槓桿，是原型指數的兩倍報酬。直接乘以兩倍，這是理想中的槓桿報酬。為什麼會說這是理想中的槓桿報酬？因為我們不能忘記計算一個非常重要的東西，「波動性」。波動性將會影響到最終的報酬是多少。所以，我們第三個要看的是「年波動率」。波動率越高，代表偏移的可能性將會增加，槓桿越難達到兩倍追蹤。

實例計算

　　接下來，我們直接演練：假設，原型指數報酬率 20％，年波動率 25％。兩倍槓桿的預期報酬率是多少？我們先看表格左邊的報酬率，找到

20％。再看上面的年波動率，找到 25％。兩者交叉核對下來，你就會看到答案是 35.3％。在原型指數報酬率 20％，年波動率 25％的情況下：兩倍槓桿的報酬率是 35.3％（而不是你想像中的 40％）。

　　35.3％跟 40％之間的落差，就是波動造成的偏移。我們可以從原型指數的報酬率跟波動率，去預估兩倍槓桿的報酬率大約是多少。但這邊要注意，這個預期報酬率並沒有將下面三點算進去：股息、內扣費用和槓桿的借貸成本。這三點將會影響到槓桿 ETF 的最終報酬。因此這份表格只能做為參考，並不是絕對正確的數據。

推估槓桿 ETF 報酬率的詳細表格

　　左頁表格是簡略版本的，下頁表格才是詳細版本。裡面對於報酬率及波動率的分布更詳細。我們可以更清楚地抓出 50 正 2 的預期報酬率。這張表格有一個地方要注意，就是深灰色陰影的部分。「深灰色陰影」代表沒有達到完美的兩倍槓桿，也就是追蹤偏移的情況。以原型指數報酬率 0％為基準。因為報酬率是零，所以任何增加的波動都會進一步造成耗損。但只要原型指數的報酬率增加，達到兩倍報酬率的可能性就會跟著增加（原型指數報酬率越高，深灰色陰影的部位就越少）。

　　波動很重要，但原型指數的報酬率也很重要。只要原型指數的報酬率夠高，就能有效彌補波動偏移造成的損失。相對的，當原型指數報酬率越低的時候，要達到兩倍也越容易。因為上漲是無限，但下跌是有限的。不管跌再多，最多就是跌到 99.99％而已，不會跌超過 100％。每一次的下跌，就像是阿基里斯與烏龜的賽跑一樣。阿基里斯永遠都追不上烏龜，而兩倍槓桿的跌幅永遠都會更低（比起完美的兩倍跌幅）。

指數上漲	兩倍槓桿	年波動率												
		0%	5%	10%	15%	20%	25%	30%	35%	40%	45%	50%	55%	60%
-60%	-120%	-84%	-84%	-84.2%	-84.4%	-84.6%	-85.0%	-85.5%	-85.8	-86.4%	-86.9%	-87.5%	-88.2%	-88.8%
-55%	-110%	-79.8%	-79.8%	-80%	-80.2%	-80.5%	-81.0%	-81.5%	-82.1%	-82.7%	-83.5%	-84.2%	-85.0%	-85.9%
-50%	-100%	-75.0%	-75.1%	-75.2%	-75.6%	-76.0%	-76.5%	-77.2%	-77.9%	-78.7%	-79.6%	-80.5%	-81.5%	-82.6%
-45%	-90%	-69.8%	-69.8%	-70.1%	-70.4%	-70.9%	-71.6%	-72.4%	-73.4%	-74.2%	-75.3%	-76.4%	-77.6%	-78.9%
-40%	-80%	-64.0%	-64.1%	-64.4%	-64.8%	-65.4%	-66.2%	-67.1%	-68.2%	-69.3%	-70.6%	-72.0%	-73.4%	-74.9%
-35%	-70%	-57.8%	-57.9%	-58.2%	-58.7%	-59.4%	-60.3%	-61.4%	-62.6%	-64.0%	-65.5%	-67.1%	-68.8%	-70.5%
-30%	-60%	-51.0%	-51.1%	-51.5%	-52.1%	-52.9%	-54.0%	-55.2%	-56.6%	-58.2%	-60.0%	-61.8%	-63.8%	-65.8%
-25%	-50%	-43.8%	-43.9%	-44.3%	-45.0%	-46.0%	-47.2%	-48.6%	-50.2%	-52.1%	-54.1%	-56.2%	-58.4%	-60.8%
-20%	-40%	-36.0%	-36.2%	-36.6%	-37.4%	-38.5%	-39.9%	-41.5%	-43.4%	-45.5%	-47.7%	-50.2%	-52.7%	-55.3%
-15%	-30%	-27.8%	-27.9%	-28.5%	-29.4%	-30.6%	-32.1%	-34.0%	-36.1%	-38.4%	-41%	-43.7%	-46.6%	-49.6%
-10%	-20%	-19.0%	-19.2%	-19.8%	-20.8%	-22.2%	-23.9%	-26.0%	-28.3%	-31.0%	-33.8%	-36.9%	-40.1%	-43.5%
-5%	-10%	-9.8%	-10%	-10.6%	-11.8%	-13.3%	-15.2%	-17.5%	-20.2%	-23.1%	-26.3%	-29.7%	-33.3%	-37.0%
0	0%	0.0%	-0.2%	-1.0%	-2.2%	-3.9%	-6.1%	-8.6%	-11.5%	-14.8%	-18.3%	-22.1%	-26.1%	-30.2%
5%	10%	10.3%	10.0%	9.2%	7.8%	5.9%	3.6%	0.8%	-2.5%	-6.1%	-10.0%	-14.1%	-18.5%	-23.1%
10%	20%	21.0%	20.7%	19.8%	18.3%	16.3%	13.7%	10.6%	7.0%	3.1%	-1.2%	-5.8%	-10.6%	-15.6%
15%	30%	32.3%	31.9%	30.9%	29.3%	27.1%	24.2%	20.9%	17.0%	12.7%	8.0%	3.0%	-2.3%	-7.7%
20%	40%	44.0%	43.6%	42.6%	40.8%	38.4%	35.3%	31.6%	27.4%	22.7%	17.6%	12.1%	6.4%	0.5%
25%	50%	56.3%	55.9%	54.7%	52.8%	50.1%	46.8%	42.8%	38.2%	33.1%	27.6%	21.7%	15.5%	9.0%
30%	60%	69.0%	68.6%	67.3%	65.2%	62.4%	58.8%	54.5%	49.5%	44.0%	38.0%	31.6%	24.9%	17.9%
35%	70%	82.3%	81.8%	80.4%	78.2%	75.1%	71.2%	66.6%	61.2%	55.3%	48.8%	41.9%	34.7%	27.2%
40%	80%	96.0%	95.5%	94.0%	91.6%	88.3%	84.1%	79.1%	73.4%	67.0%	60.1%	52.6%	44.8%	36.7%
45%	90%	110.3%	109.7%	108.2%	105.6%	102.0%	97.5%	92.2%	86.0%	79.2%	71.7%	63.7%	55.4%	46.7%
50%	100%	125.0%	124.4%	122.8%	120.0%	116.2%	111.4%	105.6%	99.1%	91.7%	83.8%	75.2%	66.3%	57.0%
55%	110%	140.3%	139.7%	137.9%	134.9%	130.8%	125.7%	119.6%	112.6%	104.7%	96.2%	87.1%	77.5%	67.6%
60%	120%	156.0%	155.4%	153.5%	150.3%	146.0%	140.5%	134.0%	126.5%	118.1%	109.1%	99.4%	89.2%	78.6%

▲ 槓桿 ETF 的報酬率推估表的詳細版本。對於報酬率及波動率的分布更詳細

　　最後，重點整理：**一、原型指數的報酬率跟波動性，會影響總報酬。二、兩倍槓桿，將會帶來兩倍的波動性。三、原型指數的報酬率越高，兩倍槓桿達到完美追蹤的可能性就越高。四、波動性越高，報酬降低的可能性就越大（但不是絕對）。五、我們可以從「原型指數的報酬率」跟「波動性」，去預估槓桿 ETF 的表現。**

　　這篇我們透過原型指數的報酬率跟波動性，進而推論出正 2 的報酬率為何。如果有不清楚的地方，建議多看幾次。這邊要特別提醒，這份表格僅供參考。這只是一個大概的數字，精準數字還得看波動的走勢、偏度、峰度等。不是單純「波動高＝報酬低」或是「波動低＝報酬高」這麼簡單。下一篇，大仁將會從台股過去幾年的表現來對照這張圖表。驗證看看這個方式是否真的可以抓出正 2 的報酬率。

　　作者註：關於前面提到阿基里斯與烏龜的賽跑，可以搜尋大仁寫的這篇文章，標題是「為什麼槓桿 ETF 不會跌到歸零？從阿基里斯與烏龜賽跑的故事講起。」

▲ 阿基里斯與烏龜賽跑的故事

4-4

用台股報酬指數，找出槓桿 ETF 的預期報酬率

在上一篇，大仁談到可以用一張表格計算出正 2 的預期報酬率。這篇，我們就用台股的報酬指數來驗證它的正確性如何。準備好，我們開始吧。

對照標的選擇：報酬指數跟 00675L

這次試算，大仁選擇的是「台股報酬指數」做為原型指數。搭配的槓桿 ETF 是富邦投信的 00675L。為什麼不用本書的主角 00631L 呢？這是因為我們在 1-1 就提過，00631L 並非完全複製 0050 的兩倍槓桿。而是約 175％的臺股期貨，跟 25％的「50 期貨」。

如果用 50 正 2 去對照 0050，可能會出現部分的誤差。這樣一來對照就不夠精準了。而 00675L 沒這個問題，它是 200％的臺股期貨曝險。可以直接視為台股報酬指數的兩倍計算。

好的，我們計算的基準如下：原型指數為台股報酬指數，槓桿 ETF 為 00675L，統計時間為 2017 到 2021 年。讓我們開始計算正 2 的預期報酬率是否正確吧！

用台股槓桿 ETF 來做實際對照

標的	2017 年	2018 年	2019 年	2020 年	2021 年
報酬指數	19.52	-4.83	28.92	27.12	27.06
年波動率	7.1	13.9	9.1	26.3	11.3
台指正 2	41.14	-11.57	64.8	67.55	65.03

▲ 2017 年到 2021 年的報酬指數、年波動率與台指正 2 的報酬率

　　上面是大仁整理出 2017 到 2021 這五年的數據，接下來，我們就用這份資料去做對照（請參照 344 頁的詳細表格）。2017 年報酬指數為 19.52％，年波動率為 7.1％，預期報酬約為 42.6％，台指正 2 為 41.14％（非常接近）。2018 年報酬指數為負 4.83％，年波動率為 13.9％，預期報酬約為負 11.8％，台指正 2 為負 11.57％（非常接近）。2019 年報酬指數為 28.92％，年波動率為 9.1％，預期報酬約為 67.3％，台指正 2 為 64.8％（非常接近）。2020 年報酬指數為 27.12％，年波動率為 26.3％，預期報酬約為 58.8％，台指正 2 為 67.55％（差距很大）。2021 年報酬指數為 27.06％，年波動率為 11.3％，預期報酬約為 67.3％，台指正 2 為 65.03％（非常接近）。

　　總結 2017 年到 2021 年的對照結果：除了 2020 年差距比較大（後面會說明原因），其他年份幾乎都是非常接近的。因此，我們確實可以從原型指數的報酬率跟波動率，去預估正 2 的報酬率。那 2020 年怎麼了？前面提到，只有 2020 年跟其他年份有差距。預期報酬 58.8％，結果正 2 卻是 67.55％，這是怎麼回事？

標的	2017 年	2018 年	2019 年	2020 年	2021 年
報酬指數	19.52	-4.83	28.92	27.12	27.06
年波動率	7.1	13.9	9.1	26.3	11.3
預計報酬	42.6	-11.8	67.3	58.8	67.3
台指正 2	41.14	-11.57	64.8	67.55	65.03

▲ 344 頁的槓桿 ETF 的預估報酬率表，對照台股 2017 年到 2021 年的結果，除了 2020 年差距比較大，其他年份幾乎都是非常接近的

為何 2020 年的正 2 報酬率與預估表有落差

這個原因又得提到正 2 的優勢了。富邦正 2（00675L）的 200％曝險是由臺股期貨組成，而期貨又不一定完全跟報酬指數相同。因為期貨每個月轉倉，會有正價差與逆價差的存在。這些都有可能進一步影響正 2 的表現。讓我們看到右頁上圖「報酬指數」跟「期貨指數」在 2020 年的表現：期貨指數為 33.24％，報酬指數為 27.12％，你會發現期貨指數高出 6.12％。

在 2020 年 3 月跟 4 月的時候，大家因為疫情恐慌不敢做多。於是當時出現大量的逆價差點數（右頁下圖），這些都被期貨指數給完全吸收掉。期貨指數能高出 6.12％的原因，就是因為吃到「逆價差」。

如果我們把 2020 年的數據調整一下：期貨指數為 33.24％，年波動率為 26.3％，預期報酬約為 71.2％。這個數字就跟正 2 的 67.55％比較接近了。（作者註：此計算方式僅供參考，不代表保證報酬率。影響報酬率的因素有很多，請勿以此做為投資依據。）

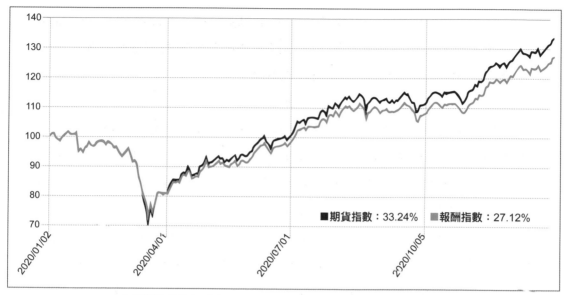

▲ 2020 年期貨指數的報酬為 33.24%，報酬指數為 27.12%，期貨指數高出 6.12%

月份	2017	2018	2019	2020	2021	2022
1 月	-25	-32	-16	-2	-62	-36
2 月	-7	-35	-13	-9	-47	-3
3 月	-5	-31	-34	-260	-40	-29
4 月	-20	-13	-10	-118	-93	-65
5 月	-16	-3	0	-41	-90	-93
6 月	-190	-217	-208	-170	-99	-500
7 月	-124	-125	-160	-150	-182	-145
8 月	-26	-50	-31	-46	-82	-74
9 月	4	-7	-53	-69	-60	7
10 月	-5	-55	-16	-41	-5	-2
11 月	-34	-25	-9	-51	4	-8
12 月	10	-19	-30	-125	-50	-70
合計	-438	-612	-580	-1082	-806	-940

▲ 2020 年 3、4 月，大眾因疫情不敢做多導致大量逆價差點數，這些被期貨指數吸收，所以期貨指數能高出 6.12%

最後，重點整理：**一、用原型報酬率跟波動率，可以找出正 2 的預期報酬率。二、2020 年差距比較大，是因為被期貨的逆價差點數影響。三、投資 0050 的朋友，將吃不到逆價差的報酬。**

好了，希望你看到這邊有更加了解如何計算正 2 的預期報酬率。許多人知道正 2 的報酬率很高，卻不知道是怎麼來的。大仁用了幾篇文章，先從波動性開始介紹，再來談波動的耗損風險，最後教你判斷正 2 的預期報酬。就是希望你能明白正 2 的報酬是這樣來的。

正 2 的風險分散性比 0050 更廣。正 2 的報酬率比 0050 更高（相同曝險為前提）。正 2 的波動率比 0050 更低（相同曝險為前提）。台灣股市真的是一個非常適合槓桿 ETF 的市場。它擁有許多國外沒有的優勢，若你能夠完整明白正 2，你就不會感到害怕。

接下來，大仁將會透過模擬回測，讓你看看 正 2 在 2014 年以前的歷史表現如何。

4-5
回測分析①遇到金融海嘯，50 正 2 的投資策略是否有效？

　　很多人不敢投資 50 正 2，是因為它沒有經歷過 2008 年金融海嘯的洗禮。雖然大仁已經在 4-3 分析過，如何透過數據判斷槓桿 ETF 的報酬。但沒有搭配上真實數字，難免還是有人會擔憂。於是，這篇我會用 2008 年金融海嘯為模擬回測。讓你看看在海嘯最高點投入，最低會跌到多少。以及持續計算到 2022 年底為止，表現又是如何。如果你是因為害怕大跌而不敢投資正 2 的朋友，這篇一定要看到最後。

回測分析，模擬 50 正 2 面對 2008 年金融海嘯

　　先看到台股在金融海嘯的最深跌幅。以 2007 年 10 月 29 號為起點，到 2008 年 11 月 20 號為終點。0050 下跌 55.75％，報酬指數下跌 56.02％。兩者都將近有六成的跌幅，這絕對是世紀等級的股災。但當時正 2 還沒上市，我們無從判斷會跌多少。若參考 4-3 提過的方法，讓我們用 344 頁這張圖去判斷：原型指數下跌 56％左右，波動率抓 25 ～ 40％。兩者對照可以發現正 2 的跌幅可能會在負 81％到負 82.7％左右。

　　我知道，肯定有人懷疑這個數字的真實性。那麼，本篇文章的重點來了。大仁就以台股報酬指數的報酬率為基準，來建立正 2 的模擬組合。內容是這樣：報酬指數漲 1％，模擬正 2 漲 2％；報酬指數跌 1％，模擬正 2 跌 2％。完美貼合兩倍報酬率。雖然現實中可能會有追蹤誤差，不一定追得那

麼準確。再加上這個模擬還沒有考量「內扣成本」進去，若算進去可能誤差會擴大。不過，這個模擬沒把正 2 最強悍的逆價差隱藏優勢算進去。兩者相抵就當打平吧（其實逆價差的優勢超強，這是讓步非常多的設定了）。

接下來，我們就來看看這個「模擬正 2」遇到金融海嘯的結果如何。高點投入會怎樣？假設，你在最高點（2007/10/29）投入 100 萬本金。計算到最低點（2008/11/20）為止。報酬指數剩下 43.9 萬（下跌 56.02%）；「模擬正 2」剩下 17.2 萬（下跌 82.7%）。

▲ 在金融海嘯前的最高點單筆投入 100 萬到最低點，模擬正 2 的跌幅約 82.7%，跟 344 頁的試算結果幾乎一樣

從上面數據我們得知，模擬正 2 的跌幅約 82.7%，這個數字跟前面試算的結果（負 81%～負 82.7%）幾乎一模一樣。也就是說，那張圖表是非常具有參考價值的。再來，回到跌幅本身。很多人被這個跌幅嚇到了，怎麼這麼可怕。這是很正常的，因為你投資的是兩倍槓桿，承受的是 200% 的曝險，跌幅當然大。連報酬指數都跌 56% 了，兩倍槓桿給你跌 82% 剛剛好

而已。想得到兩倍報酬，當然得承受兩倍風險。

　　再來，既然我們是長期投資，自然不會只看一年兩年。把時間拉到最近的 2022 年底，看看結果如何：報酬指數市值 253 萬（上漲 153%）；「模擬正 2」市值 385 萬（上漲 285%）。雖然漲幅沒有兩倍，但已經非常接近了。

▲ 從金融海嘯最高點單筆投入「模擬正 2」100 萬到 2022 年底，市值為 385 萬，非常接近報酬指數的兩倍了

　　大仁想提醒你，這可是在金融海嘯「最高點」單筆投入的情況。在這種糟糕到不能再糟糕的起點開始投資，都能在十幾年後追上兩倍報酬。這應該能夠給你帶來足夠的信心了。畢竟你不可能「那麼幸運」全都歐印在高點，也不可能之後完全不再投入任何新資金。若連金融海嘯最高點都能全身而退，那正 2 能不能投資就只是你的認知問題而已。備註：上面是經過 2022 年大跌後的數據。若我們看到 2021 年底的報酬會是這樣：報酬指數市值 311 萬（上漲 211%），「模擬正 2」市值 606 萬（上漲 506%），經過時間的複利，正 2 已經從金融海嘯谷底爬起，給出 2.39 倍的報酬。

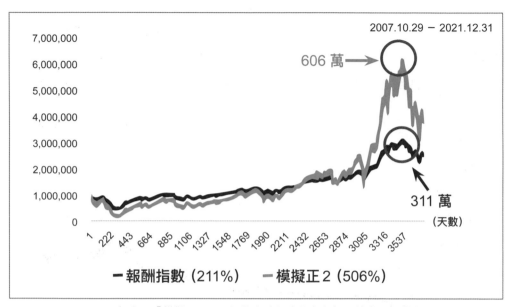

606 萬 →

311 萬

（天數）

― 報酬指數（211%）　― 模擬正 2（506%）

▲ 2021 年底，「模擬正 2」已經從金融海嘯谷底爬起，給出 2.39 倍報酬

關於投資，你不會是天選之人

　　很多人不敢投資，是因為正 2 沒遇過真正的崩盤。這篇大仁就回測給你看，即使在最糟糕的時間點投入，正 2 依然適合長期投資。還有，我真的很不喜歡拿這種「極端案例」來說。像這篇肯定會有人拿正 2 在 2008 年到 2015 年都落後報酬指數來說嘴。你看，還不是靠後面幾年才漲回來？

　　針對這種質疑，我只想說，我都已經挑在金融海嘯最高點做為單筆投入。你還想設定多嚴格的條件？（結束的時間點還是 2022 年大跌過後。）跌到負 82.7％都還能漲回來兩倍報酬，這還不夠證明正 2 的能力嗎？

　　槓桿確實有它的危險性存在。但我們只要用資金部位去控制曝險，就能有效降低風險。這點我在 4-9（槓桿投資法的關鍵：曝險、曝險、曝險）和 4-10（槓桿投資法：用曝險控制你的風險）會再詳細解釋。但還是有許

多人認為：1. **我會在某一個時間點。2. 投入這輩子所有的錢。3. 之後再也沒有任何新資金可以投入。4. 這個時間點剛好就是泡沫的最高點。5. 最後大跌超過 80%。**⋯⋯嗯，最好是這麼天選之人啦。你知道這些條件要湊齊有多麼困難嗎？

若真的要符合這種情況大概就是你 1947 年代出生，然後存了一輩子的錢。最後在 60 歲退休之前，選在 2007 年將所有錢一次歐印正 2。拜託，你摸著良心想一下。這是一個 60 歲的退休者該做的事情嗎？要確定欸。我知道投資會假設 MDD（Max draw down，最大跌幅）的情況，但你知道這是個多荒謬的「假設」嗎？不要再用這種極端情況來講正 2 了。

如果你是 30 歲的年輕人，現在投資正 2 是沒有問題的。你擁有足夠多的時間可以撫平大跌的波動。甚至你應該要希望大跌，讓你多買點便宜的正 2。等到你退休前漲回來，你就賺爆了。對年輕人最好的報酬順序就是「先跌後漲」。你應該祈求現在 100 塊以上的正 2，趕快跌下來讓你慢慢屯貨。而不是投資一點小錢，卻希望它一直上漲（這樣你能買到的股數會減少）。

最後，大仁幫你重點整理：**一、2008 年金融海嘯，台股下跌約 56%。二、模擬正 2 實際下跌約 82.7%。三、2022 年底，模擬正 2 已經追回將近兩倍報酬。四、不要談到槓桿跟正 2 就拿出一堆極端情況挑毛病，擔心風險你可以從曝險去控制。五、年輕人應該希望現在股市大崩盤，不然你哪來的機會撿便宜正 2？**

好了，希望這篇有幫助你解答「正 2 遇到金融海嘯般的跌幅會怎樣？」的疑問。很多人到現在還是認為大盤跌超過 50%，正 2 就會歸零下市。不管大仁寫過幾篇文章，依然還是有這種說法。我只能不停地用各種角度去說明，讓你理解正 2 的完整面貌。應該要釐清的問題我已經幫你解決了，剩下就是你自己的認知問題而已。

回測分析② 50：50 槓桿投資法，面對金融海嘯表現如何？

在上一篇文章，大仁談到 50 正 2 在最高點單筆投入的情況下遇到 2008 年金融海嘯，依然可以帶來接近兩倍的報酬。那麼有趣的問題來了。倘若我們是採用「50：50」槓桿投資法，面對金融海嘯的表現會是如何呢？！

用 50：50 槓桿投資法，實測金融海嘯

這邊大仁採取本書第三部分說明的「50：50 槓桿投資法」，也就是 50％ 投資正 2，另外 50％ 放現金。等上漲或下跌超過 50％ 以上做再平衡。

因為當時正 2 還沒上市，大仁是採用「模擬正 2」來做回測。設定一樣是在最高點單筆投入 100 萬，來看看最低點的結果如何。結果如右頁圖片：「50：50」為 48.6 萬（下跌 51.4％），報酬指數為 43.9 萬（下跌 56.01％）。

我們可以發現「50：50」策略確實帶來更少的跌幅。為什麼會這樣？看到實際過程，你會發現前期「50：50」跌比較少。因為槓桿 ETF 有每日平衡的特性，當遇到連續下跌的時候會跌更少。所以你會看到「50：50」比報酬指數跌更少的結果。再來，有兩個再平衡的時間點（灰色色塊）。我們手上的 50％ 現金，是等待跌到一定程度時才做平衡加買正 2。這也讓我們做到「逢低買進」的效果，這對後續市場漲回來的時候有相當大的幫助。

　　選擇「50：50」策略遇到金融海嘯，跌幅會比報酬指數（或 0050）來得更低。另外你手上有 50％的現金，安全感絕對足夠。而且在跌到一定程度時，還可以利用這些現金去逢低買進。這是一個非常符合人性的投資策略。

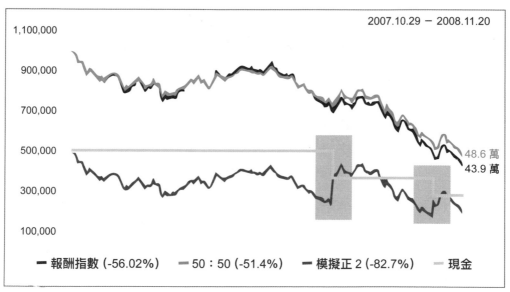

▲ 用「模擬正 2」搭配 50：50，在金融海嘯前的高點投入 100 萬的虧損結果，「50：50」跌得比報酬指數更少

「50：50」的長期報酬

　　既然大仁已經證明「50：50」策略可以度過金融海嘯。我們接著就看看它到 2022 年底的表現如何。統計時間：金融海嘯最高點 2007 年 10 月 29 號到 2022 年 12 月 31 號。單筆投入 100 萬，結果如下：「50：50」為 268 萬（上漲 168％）；報酬指數為 253 萬（上漲 153％）。即使在金融海嘯最高點單筆投入，「50：50」槓桿投資法依然勝利。

4,000,000

3,500,000

3,000,000

2,500,000

2,000,000

1,500,000

1,000,000

500,000

0

2007.10.29 － 2022.12.31

268 萬

253 萬

2007/10/29 2008/10/08 2009/09/17 2010/08/25 2011/08/05 2012/07/16 2013/06/28 2014/06/12 2015/05/27 2016/05/12 2017/4/28 2018/4/12 2019/3/27 2020/3/16 2021/3/3 2022/2/16

— 50：50（168%）　— 報酬指數（153%）

▲ 即使 100 萬投資在金融海嘯前最高點，到 2022 年底，50：50 槓桿投資法依然勝利

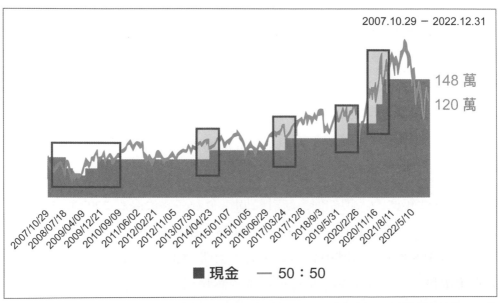

2007.10.29 － 2022.12.31

148 萬

120 萬

2007/10/29 2008/07/18 2009/04/09 2009/12/21 2010/09/09 2011/06/02 2012/02/21 2012/11/05 2013/07/30 2014/04/23 2015/01/07 2015/10/05 2016/06/29 2017/03/24 2017/12/8 2018/9/3 2019/5/31 2020/2/26 2020/11/16 2021/8/11 2022/5/10

■ 現金　— 50：50

▲ 「50：50」槓桿投資法最終市值 268 萬（148 萬的模擬正 2 ＋ 120 萬現金），超越報酬指數的 253 萬

　　讓我們看到詳細過程：再平衡的次數是 9 次，參考左頁下圖黑色方框。當正 2 上漲太多的時候會賣股票，增加現金；當正 2 下跌太多的時候會拿現金，增加股票。再平衡就是透過這種方式來將曝險維持在 100% 左右，不會太多，也不會太少。長期下來就能跟報酬指數貼得很近（甚至還超越）。

　　最終結果，報酬指數是 253 萬，「50：50」策略是 268 萬。我相信這個數字已經足以證明槓桿投資法是有用的了。這邊還沒提到現金可以拿去放在定存的報酬，若將這部分報酬加進來只會贏更多。還有「50：50」最重要的現金安全感，也是你投資報酬指數（或 0050）無法給予的。

「50：50」策略幾乎在任何時期都勝過 100% 曝險的報酬指數

　　從回測報酬來看，「50：50」策略勝；從人性心態來看，「50：50」持有更多現金勝。若你只想追求跟大盤差不多的報酬，但又不敢投入太多資金。恭喜你，本篇提到的「50：50」策略就是你的最佳解答。

　　最後，大仁幫你重點整理：一、2008 年金融海嘯，台股下跌約 56%。二、「50：50」策略下跌約 51.4%。三、在海嘯最高點投入 100 萬，2022 年底報酬指數是 253 萬，「50：50」策略是 268 萬。四、再平衡的次數只有 9 次，平均下來一年不到一次。五、如果你想追求大盤報酬又不敢投入太多資金，那「50：50」策略是你的最佳解答。

　　好了，這篇我們從金融海嘯的最高點去測試「50：50」策略。最後得到的答案相當令人滿意。「50：50」策略幾乎在任何時期都勝過你持有 100% 曝險的報酬指數。更重要的是，在這段期間你手上一直握有 50% 的現金。我真的找不到比這更符合人性的投資策略了。

4-7

回測分析③用「模擬正2」算出2003到2022年的總報酬

　　「50正2如果在2003年上市，到2022年底會跟0050相差多少報酬？」對這個主題有興趣的話，這篇絕對符合你的胃口。過去看不到的數據，現在回測給你看！在講正2之前，我們先講一下0050。0050在2003年6月30號上市，從那天開始投資到2022年底。經過20年的時間，0050的總報酬是459.95％；報酬指數的總報酬是500.62％。

　　為什麼0050會落後報酬指數？原因在於0050投資的是前50大市值的大型股，並非代表全市場。因此在中小型股表現較佳的時候，無法吃到這部分的報酬，也就形成你現在看到的差距。當然，本文的重點不是0050，我真正想講的是兩倍槓桿ETF，也就是台股正2。本書的讀者已經知道，我認為正2長期來看會勝過0050。關於這點，我已經花一年多的時間寫了上百篇文章來證明。

　　可惜，台灣最早的正2（00631L）是從2014年10月31號才上市。至今也才八年多的時間。相較之下，2003年就出現的0050，有著將近20年的紀錄。即使正2目前比0050高出三倍報酬（2023年3月），依然還是有很多人不信任正2能夠長期投資。

模擬正2的模型設定

　　BUT，最重要的BUT來了！雖然無從得知正2在2014年以前的真實

狀況，但我們可以透過模擬數據去回測。我們已經在 4-5 建立一個「模擬正
2」的設定，能夠知道過去的表現如何。一起來看看下表的實際結果如何：

時間	報酬指數	0050	模擬正 2	50 正 2
2015	-6.87%	-6.28%	-15.35%	-16.54%
2016	15.59%	19.65%	31.34%	39.18%
2017	19.52%	18.14%	41.83%	39.82%
2018	-4.83%	-4.94%	-11.6%	-10.38%
2019	28.92%	33.52%	64.38%	70.87%
2020	27.12%	31.14%	54.56%	68.07%
2021	27.06%	21.92%	56.96%	62.22%
2022	-18.68%	-21.37%	-36.4%	-36.44%

▲ 模擬正 2 跟 50 正 2 的報酬非常貼近（除了 2019 至 2021 這三年逆價差大爆發以外）

你會發現模擬正 2 跟 50 正 2 的報酬非常貼近。除了 2019 至 2021 這三
年逆價差大爆發以外，其他時間的報酬率都很接近。因此，用模擬正 2 來
推估 2003 至 2014 年的數據是非常值得參考的。接下來，我們就來看看這
個「模擬正 2」從 2003 到 2022 年，這二十年來的總報酬是多少吧！備註：
2003 到 2014 為模擬數據，2015 到 2022 年為 50 正 2 真實數據。

二十年報酬

時間是 0050 的上市日期（2003.6.30 ～ 2022.12.31），本金為 100 萬。
現在來看這二十年的結果如何。「模擬正 2」為 1878 萬（＋ 1778％），報
酬指數為 600 萬（＋ 500％），50 指數為 572 萬（＋ 472％）。

2003.6.30 – 2022.12.31

1878 萬

600 萬
572 萬

20030630 20040615 20050608 20060601 20070523 20080515 20090505 20100422 20110412 20120330 20130321 20140317 20150310 20160304 20170302 2018/2/22 2019/2/18 2020/2/18 2021/2/14 2022/2/10

── 模擬正 2（1778%）　── 報酬指數（500%）　── 50 指數（472%）

▲ 100 萬投資三個標的結果，模擬正 2 輾壓另外兩者

　　報酬指數從 2003 年至今成長約 500％。50 指數因為集中大型股稍微落後報酬指數（0050 又因為追蹤誤差，實際上只有 459.95％）。最後，模擬正 2 成長 1778％，狠狠碾壓 0050 不只兩倍，而是 3.5 倍了。

正 2 能不能長期持有？

　　如果你在 2003 年拿 100 萬投資 0050，在 2022 年底只有 572 萬。但投資正 2 會是 1878 萬。這樣正 2 能不能長期投資呢？這邊可能有人會提出質疑，連「公開說明書」都說不能長期持有了（複習本書 55 頁）。你怎麼還在胡說八道？是的，公開說明書當然要這樣寫，因為複利是會偏移的。正 2 能上漲 1778％，就是兩倍複利偏移結果。本來講好兩倍報酬，結果給到 3.5 倍。差距這麼大，當然不適合長期持有（怕你賺太多啦）。

　　言歸正傳，怕你賺太多是玩笑話，「偏移」分成兩種：好的偏移（漲更多）和壞的偏移（漲更少）。會偏移到哪邊不知道，這就是投資槓桿ETF 必須承受的。目前看起來台股的偏移都是好的偏移，因此過去的數據能給出超越兩倍的回報。但過去不代表未來，未來如何沒人知道。投資本來就具有不確定性，你得自己下注才行。

　　結論：**正 2 過去受限於 2014 年底才上市，經常被說是因為這幾年大牛市幸運上漲而已。沒經歷過金融海嘯，看不出來長期報酬如何。現在，大仁就將正 2 從 2003 年到 2022 年的模擬報酬呈現給你看。結論就是正 2 即使經歷過金融海嘯，超過 80% 的跌幅，最終依然能給出兩倍報酬（而且是超越很多的 3.5 倍）。**

　　當然，這畢竟只是「模擬」，實際上可能會有誤差。只是我認為這個誤差應該是「少算」，而不是多算。因為台股的逆價差實在是太可怕了（看看 2019 至 2021 這三年吃到多少）。如果將如果將 2003 ～ 2014 年的逆價差算進去，「模擬正 2」可能會再多個幾百萬跑不掉。你以為正 2 是這幾年才很強？不，如果 2003 年就有推出正 2，你看到的可能就是這樣的結果。台股正 2 不是強這幾年而已，它已經強二十年了。

用 0050 搭配正 2 可以嗎？
這樣想代表你沒有理解槓桿 ETF

　　有位網友提出詢問，大意如下：「我有些朋友會害怕槓桿，能不能用原型搭配槓桿調整出曝險比例？例如：0050（40％），50 正 2（30％），現金（30％）。同樣可以做到（曝險 100％＋現金 30％）的狀態。搭配一些原型 ETF，會讓人比較安心。或者是在遇到大跌的時候，把槓桿轉換回原型，等股市回穩後再轉回槓桿。這種作法你認為如何？」

　　大仁的回答是：「這樣做，反而是沒有理解槓桿投資法。」重點在於：曝險比例。前面網友提出的疑問，大跌時會擔心槓桿型 ETF，所以想轉換回來原型。我能夠理解為什麼這位網友會這樣想。但我必須說，如果你的想法是這樣，代表你還沒有真正理解槓桿投資法。為什麼？

　　因為槓桿投資法的重點是曝險比例。也就是說我們最終決定自己要承擔多少的風險，再依照這個比例去決定自己的資產配置。重點在於比例，而不是原型或槓桿。不管你是用原型 ETF 還是槓桿 ETF，最終都是要決定曝險比例多少而已。想要 100％的曝險，就放 50％的資金在 50 正 2（手上 50％現金）。想要 140％的曝險。就放 70％的資金在 50 正 2（手上 30％現金）。

　　你應該把重點放在下面這兩個問題：一、你想要持有多少的曝險比例？二、你想要持有多少的現金比例？把兩個問題找出來以後，自然就能夠利用槓桿去搭配出想要的配置。比例的調整，跟原型 ETF 沒有關係。

　　我們思考一個問題：「你為什麼非得配置 0050 不可？」嗯，答案很明顯。兩倍槓桿看起來就很可怕，50 正 2 不曉得哪天會跌到下市。與其如此，不如我把錢轉回去 0050 還比較安全。你大概會這樣想對吧？但這樣的思考模式，正好暴露了你對槓桿 ETF 本質上的不信任。為什麼？對我來說，持有槓桿或持有原型，風險都是一樣的。兩者都只是為了達到曝險的工具而已。重點在於曝險比例，而非槓桿或原型。

　　你會想轉回原型，就是認為「槓桿比原型可怕」沒錯吧？會這樣想，你大概是認為 0050 不會下市吧。不，0050 同樣有可能下市。讓我們看到 0050 的公開說明書：「最近三十個營業日之每日淨資產價值平均值低於新臺幣貳億元，經理公司應即通知全體受益人、基金保管機構及金管會終止信託契約者。」如果在三十日的平均淨值低於兩億元，0050 就會下市。依照寫文此天（2022 年 5 月 9 號）來看，0050 的淨值是 2,133 億。

　　那 50 正 2 呢？基金淨資產價值最近三十個營業日平均值低於新臺幣壹億元時。當基金規模低於 1 億，有可能下市。依照今天（2022.05.09）來看，50 正 2 的淨值是 137 億。光看淨值你可能覺得比 0050 少很多。但放在全台灣的 ETF 市值排行，50 正 2 可是排在第 46 名，這是非常靠前的名次了（共有 232 檔 ETF）。而我也在本書關於下市的文章裡面詳細探討過了，倘若以 1 億為標準，50 正 2 要下跌 99%，這是不太可能的事情。

想轉回 0050，本質上就是認知不足

　　因為槓桿 ETF 本身就可以運用更少的錢，去達到相同的曝險比例。捨棄槓桿不用，搭配回原型，只顯露出一個問題：你對槓桿 ETF 的認知不足。既然已經投資 50 正 2 這類槓桿 ETF，就是已經清楚了解它的風險跟注意事項。若會感到擔憂害怕，這代表你並沒有真正相信這個選擇是可行的。你內心還是對槓桿有排斥，認為它具有較高的危險性。

但槓桿就是槓桿，它並不危險，危險的是使用者。你說槓桿很危險？來，看看下面這個問題：小明拿 100 萬買 0050。小美拿 10 萬買 50 正 2。請問哪個人的風險比較高？如果你智商正常，肯定會認為小明的風險更高。為什麼？因為他拿 100 萬去買 0050，曝險比例 100％啊。而小美雖然買的是兩倍槓桿，但她只有買 10 萬，曝險比例 20％而已。兩者相較之下，當然是小明的風險高。

好，那你在思考上面這個問題時，你判斷風險的標準是什麼？是看槓桿 ETF，還是曝險比例？如果你真的明白槓桿，你會發現風險的衡量跟槓桿 ETF 無關。而是你的曝險比例高低。曝險比例越高，風險就越大。

如果曝險比例低，使用槓桿 ETF 又如何？曝險比例低＝風險低。這個答案你已經從小明跟小美的案例中明白了。槓桿 ETF 只是一項工具。你會擔心槓桿 ETF 危險，本質上就是對槓桿 ETF 不夠信任。真正危險的東西不是槓桿，而是曝險比例。過高的曝險比例，才是真正的風險。

擔心風險，降低曝險比例就好

槓桿的優勢，在於能讓你手上多出現金。如果你已經投資槓桿 ETF，卻又回去投資原型 ETF，這只是在走回頭路而已。來，我算給你看：假設，你很保守，只想投資 30％的資金在股票上（曝險 30％）。你有下面三種作法，曝險都是 30％：1. 原型 30％（現金 70％）。2. 原型 10％＋兩倍槓桿 10％（現金 80％）。3. 兩倍槓桿 15％（現金 85％）。

假設，股市忽然在一天內下跌 50％，兩倍槓桿瞬間歸零（雖然這不可能）：1. 原型市值 15％＋現金 70％。2. 原型市值 5％＋現金 80％。3. 槓桿市值 0％＋現金 85％。三者結果完全一模一樣。你會發現槓桿比例越高的組合，所擁有的現金就越多。這就是槓桿帶來的好處。可以讓你用更少的資金達到相同的曝險，同時增加你手頭上的現金比例。如果你真的很擔心，只要調降你的曝險比例就好。你可以依照個人的需求，用兩倍槓桿的曝險

去調整你的股票比例。

　　比較積極的人可以參考下圖，用「曝險 120：現金 40」（原本 60％股票，兩倍槓桿變成 120％）或「曝險 140：現金 30」（原本 70％股票，兩倍槓桿變成 140％）。比較保守的人可以用「曝險 60：現金 70」（原本 30％股票，兩倍槓桿變成 60％）或「曝險 80：現金 60」（原本 40％股票，兩倍槓桿變成 80％）。

投入資金	曝險比例
10 萬	20%
20 萬	40%
30 萬	60%
40 萬	80%
50 萬	100%
60 萬	120%
70 萬	140%
80 萬	160%
90 萬	180%
100 萬	200%

▲ 槓桿的好處是可用更少的資金達到相同的曝險，同時增加手頭上現金比例

　　每個人可以依照自己的風險程度去做調整，找出屬於自己的適當比例。槓桿本身並不危險，真正危險的是你持有過高的曝險比例。這就是大仁一直強調「曝險比例」的原因所在。

　　如果你真的會擔心，那你應該做的不是轉回去買 0050，而是調降你的槓桿比例，調降你的曝險比例。降低到你能夠安心的範圍，這才是正確的作法。

最後，重點整理：**一、槓桿投資法的重點在「曝險比例」。二、任何一檔 ETF 都可能下市，包含 0050。三、想轉換回原型，本質上就是對槓桿的認知不足。四、擔心風險，降低你的曝險比例就好。五、槓桿的優勢在於增加手上現金，不要浪費這個優勢。**

大仁要再提醒你一次：運用槓桿投資法的重點是「曝險比例」。你應該把重點放在下面這兩個問題：一、你想要持有多少的曝險比例？二、你想要持有多少的現金比例？把兩個問題找出來以後，自然就能夠利用槓桿去搭配出想要的配置。而這一點，跟原型 ETF 沒有關係。如果不知道自己的曝險比例要設定多少，這張表格可以給你參考。先抓出願意承擔的虧損比例，再去對照你的曝險上限。

可接受虧損上限	曝險比例上限
-10%	20%
-20%	40%
-30%	60%
-40%	80%
-50%	100%
-60%	120%
-70%	140%
-80%	160%
-90%	180%
-100%	200%

▲ 先抓出願意承擔的虧損比例，再去對照你的曝險上限

倘若你真的深刻了解槓桿投資法，應該不會有轉回原型的想法才對。因為風險從來就跟原型或槓桿無關，而是跟曝險比例有關。想做好槓桿投資法，你一定得理解並找出適合自己的「曝險比例」。

4-9
槓桿投資法的關鍵：曝險、曝險、曝險

　　如果說房地產的重點是「地點、地點、地點」，槓桿投資法的重點就是「曝險、曝險、曝險」。只要你能夠控制好自己的曝險比例，你就不必擔心遇到股災崩盤怎麼辦。因為你已經將風險控制在可以承受的範圍了。這篇，讓我們來討論「曝險」。

控制好曝險，遇到海嘯級股災也不用怕

　　許多人會擔心槓桿 ETF 的主要原因，就是遇到股災的時候必須承受兩倍的下跌。但，會這麼想的人就是沒有釐清槓桿最重要的關鍵：曝險。只要你將曝險控制好，即使遇到金融海嘯等級的股災也不用害怕。讓我們看看實際案例：因為台灣 50 正 2 是 2014 年才上市。我們改以美國標普 500 的兩倍槓桿 SSO 來做替代。2008 年跌最深的時候，SPY 下跌 52.29％，SSO 下跌 82.25％。

　　很多人以為原型指數下跌超過 50％ 的時候，兩倍槓桿就會歸零。但我們已經說明過這是錯誤的，因為每日平衡機制的關係，遇到下跌的時候，基金公司會持續降低曝險。因此，你會看到 SPY 下跌 52％，而 SSO 才只下跌 82％，這就是槓桿 ETF「追高殺低」的優勢，在遇到連續下跌時，跌幅會低於兩倍。

　　但你可能有疑問，即使跌幅低於兩倍，但也是下跌 82％啊。沒錯，即

使跌幅少於兩倍，但還是高達八成以上的損失。這種跌幅沒有幾個人能受得了。BUT，最重要的 BUT 來了！假設你分別投資 100 萬的 SPY，跟 50 萬的 SSO，你會發現，SSO 的損失反而更少。

	本金	跌幅	損失
SPY	100 萬	-52%	52 萬
SSO	50 萬	-82%	41 萬

▲ 分別投資 100 萬 SPY 跟 50 萬 SSO，SSO 的損失反而更少

這就是「曝險」的重要。如果你只用 100％的曝險，即使遇到金融海嘯等級的股災，一樣可以輕鬆面對。因為你手上還有 50％的現金可以使用，你的現金流是更安全的。這時，如果搭配「再平衡」。運用手上的現金，逢低買進更多股票。投資起來絕對比持有 100％的股票更安穩。

設定曝險，搭配再平衡

當你設定好曝險以後，只要搭配再平衡，將可以把風險控制得更穩定。簡單來說，再平衡就是控制資產之間的比例，不要讓彼此的比例產生過大偏離。股票漲太多，就賣一點股票，換成現金。股票跌太多，就拿手上現金，去買股票。如此一來，曝險比例就會維持在固定的範圍內，風險自然就控制住了。

右頁圖同樣以美國標普（SPY）跟兩倍槓桿（SSO）為例。2007 年起，投入 100 萬本金，黑線為 SPY（100％）。藍線為 SSO（50％）＋現金（50％）。再平衡規則，資產比例漲跌超過 50％做再平衡。統計至 2021 年，最後結果如下：SPY 的年報酬率是 10.57％，總報酬是 451 萬；50％ 的 SSO ＋ 50％ 現金的年報酬率是 11.55％，總報酬是 515 萬。你可以看到用槓桿搭配現金再平衡的組合，擁有更高的報酬率，而且擁有更低的下跌。原型組合最深

跌幅為負 50.80％；槓桿組合最深跌幅為負 47.33％。

　　這邊還沒有用美國債券去搭配。若用美債（TLT）去搭配，你會看到更高的報酬和更低的跌幅。50% 的 SSO ＋ 50% 美債（灰線）的年報酬率是 14.59％，總報酬是 711 萬。

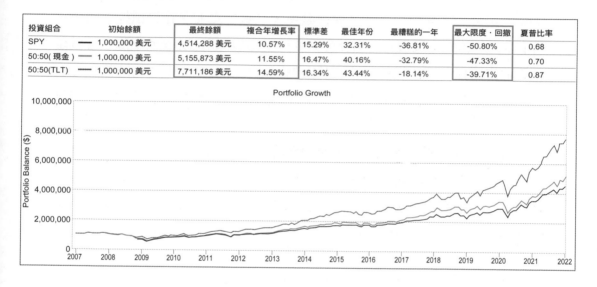

投資組合		初始餘額	最終餘額	複合年增長率	標準差	最佳年份	最糟糕的一年	最大限度 · 回撤	夏普比率
SPY	▬	1,000,000 美元	4,514,288 美元	10.57%	15.29%	32.31%	-36.81%	-50.80%	0.68
50:50（現金）	▬	1,000,000 美元	5,155,873 美元	11.55%	16.47%	40.16%	-32.79%	-47.33%	0.70
50:50(TLT)	▬	1,000,000 美元	7,711,186 美元	14.59%	16.34%	43.44%	-18.14%	-39.71%	0.87

▲ SPY（黑線）與 50：50 槓桿投資法（藍線）比較，後者大勝，灰線則是加入美債（TLT）去搭配，會看到更高的報酬和更低的跌幅

　　如果槓桿 ETF 那麼糟糕，你無法解釋它是怎麼創造出更高的報酬、更低的下跌。這邊還沒提到手上有 50％現金，這種心靈上充實的安全感。沒考慮到槓桿創造出來的財務彈性，就是排斥槓桿的投資者所忽視的關鍵。

越高的曝險，越大的風險

　　我知道，很多人肯定覺得槓桿哪有那麼好，你是不是藏著什麼風險沒有說。說到這個，我就得重新把重點拉回「曝險」這兩個字了。槓桿的最大風險，不是你用槓桿，而是你用了太大的槓桿。比方說，你有 100 萬，

曝險是 100％（1 倍槓桿）。現在你覺得將曝險拉到 110％，你開了 1.1 倍的槓桿。會死人嗎？不會的，怎麼可能 1 倍槓桿很安全，然後 1.1 倍槓桿就不行。

來，我接著問，那曝險 120％（1.2 倍槓桿）可不可以？可以的話，那曝險 130％（1.3 倍槓桿）呢？你會發現，其實重點並不在於槓桿，而是你開了多大的槓桿。投資者必須要意識到，當你選擇用 200％的曝險，你就是開啟兩倍槓桿。兩倍槓桿當然有其優勢跟缺點。優點：上漲的時候，你有機會賺到大盤的兩倍報酬。缺點：下跌的時候，你也必須承受大盤的兩倍跌幅。

很多人的盲點就在這邊。當他們開啟 200％曝險的時候，只想看到兩倍報酬，卻不想承擔兩倍跌幅。這是錯誤的期待。你選擇 200％曝險，就代表將承受兩倍的報酬與風險。不可能你開兩倍槓桿，享受兩倍報酬，然後風險只有一倍，這是不可能的。

欲戴皇冠，必承其重

50 正 2 在 2015 年到 2021 年的平均年報酬率是 31.45％。特別是 2019 到 2021 這三年，每年都是上漲 60％以上的瘋狂表現（見下圖）！看起來很美好對吧？但這只是表象，你只看到表面的報酬，卻忽略了暗藏的風險。以 2020 年為例，這一年的報酬率是 68.07％。看結果你會很興奮，但看中間過程你可能會腳軟。先是大跌腰斬負 50.70％，接著谷底反彈 240.91％，最終全年 68.07％。

	2015	2016	2017	2018	2019	2020	2021	平均
50 正 2	-16.54	39.18	39.82	-10.38	70.87	68.07	62.22	31.45

▲ 50 正 2 從 2015 年到 2021 年的年均報酬

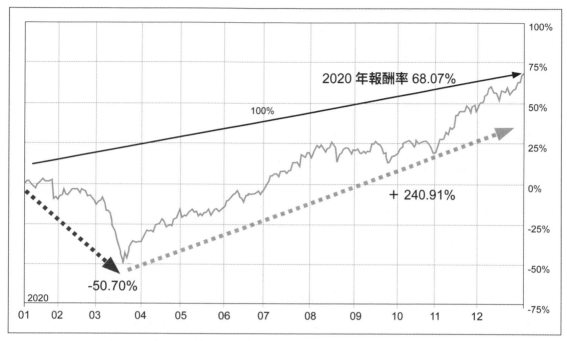

▲ 2020 年正 2 是經歷了腰斬大跌＋反彈，才拿到 68.07% 的年報酬率

想拿到這 68.07％容易嗎？如果你吃下安眠藥睡個一年，很容易。如果
你整天用短期思維去看待投資，那就很困難了。兩倍的下跌，就是你要用
200％的曝險，必須承受的考驗。大仁整理出 50 正 2 最近幾年的跌幅，分
成四個曝險區塊：你自己去對照一下，看你最多可以承受到多少的下跌，
就選擇那個曝險比例。

曝險	2015	2018	2020	2022	平均
50%	-10.4%	-7.1%	-13%	-12.3%	-10.7%
100%	-20.8%	-14.2%	-26%	-24.65%	-21.4%
150%	-31.2%	-21.4%	-39%	-36.9%	-32.1%
200%	-41.7%	-28.5%	-52.1%	-49.3%	-42.9%

▲ 先選出自己最多可以承受多少下跌，再去選曝險比例

提醒一下，以上數據可是沒有經歷金融海嘯等級的跌幅。參考美股的經驗，若台股大跌超過 -50％，兩倍槓桿是可能跌到 -75 到 -80％左右的。所以近幾年的下跌，都算是小波浪而已。「欲戴皇冠，必承其重。」沒辦法承受超過 50％以上的大跌，別輕易使用 200％的曝險。這不是你能力圈應該做的事情。

　　如果你是剛開始嘗試槓桿投資的朋友，大仁會建議你先從 100％的曝險開始。先體驗一下持有兩倍槓桿 ETF 的感覺。若是可以承受較大的波動，或是遇到下跌較深的股災，可以再分批投入現金提高曝險。這是最安全，也最保守的槓桿投資方式。

　　最後，重點整理：**一、槓桿投資法的關鍵：曝險、曝險、曝險。二、不管多嚴重的股災，都能透過控制曝險，控制風險。三、越高的曝險，越大的風險。四、想要享受 200% 的報酬，就得承受 200% 的下跌。五、一切還是回到「曝險」這兩個字。**

曝險在自己可以控制的範圍內，槓桿就傷害不了你

　　希望這篇有幫助你更加理解「曝險」。其實很多人的問題都可以透過曝險控制來解決。「發生世紀股災怎麼辦？」答：降低你的曝險。「老年退休遇到大跌怎麼辦？」答：退休前慢慢降低曝險。「下跌太深，回不來怎麼辦？」答：用低於 100％的曝險。瞧，其實很多人的問題就在於曝險的調整。如果你整體曝險只有 100％，會死人嗎？不會的，因為你手上有 50％的現金可以使用。

　　真正的風險，是無知。若你決定讓曝險高於 100％，那你就得知道自己在幹什麼。如果你不知道如何決定曝險，可以參考右圖。股神巴菲特說過：了解自己的能力圈，待在裡面。這個圈圈到底有多大其實無關緊要，知道圈圈的邊線究竟在哪裡則非常重要。換到槓桿投資法的領域來講，這個能力圈

指的就是「曝險」。你得知道自己願意承擔的曝險有多大，應該承擔的曝險有多大。只要你讓曝險在自己可以控制的範圍內，槓桿就傷害不了你。

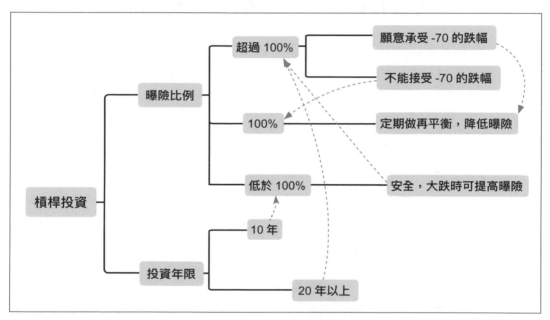

▲ 決定曝險比例的原則

你是馴獸師，槓桿是頭野獸，曝險則是你用來馴服它的鞭子。曝險小小的時候，你能夠輕易地甩動鞭子，控制槓桿。當曝險已經大於你的能力時，你握不住鞭子，就會被槓桿這頭野獸反撲。就像大仁開頭說的，房地產的關鍵是：地點、地點、地點；槓桿投資法的關鍵就是：曝險、曝險、曝險。控制好你的曝險，槓桿才能為你所用。

4-10

槓桿投資法：如何用曝險控制風險

　　大仁在本書第三部分介紹了「50：50」槓桿投資法的概念。講述如何透過槓桿 ETF 達到跟 0050 接近的回報。這篇大仁將要進一步說明，如何運用曝險來調整你的風險。有興趣的朋友，讓我們看下去吧！

槓桿投資法的兩大重點：曝險比例和現金比例

　　槓桿投資法是用槓桿 ETF 取得兩倍曝險，進而達到跟原型指數接近的報酬。重點有兩個：一、你的曝險比例多少？二、你的現金比例多少？曝險，代表你想要多少預期的報酬。現金，代表你想要避開多少的風險。這兩個問題沒有標準答案，每個人的狀況不同，你應該選擇適合自己的比例，而不是參考別人的。

　　比方說，如果你想要追求 0050 的完整報酬，那你可以設定「50：50」的曝險比例。這樣你就能取得 100％的曝險（兩倍槓桿）＋ 50％的現金。運用正 2 的好處是放大曝險的同時，現金依然在手。下面，讓我們來看看「增加曝險」跟「減少曝險」這兩種情況。

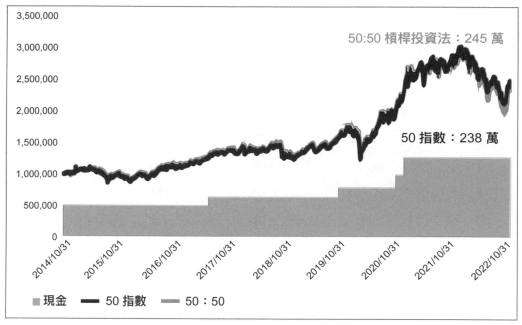

▲ 用 50：50 槓桿投資法，除了可以取得跟投資 0050 差不多的獲利，手上還能多出大量的現金

增加曝險的結果

　　如果你對原型指數的報酬不滿意，想要再往上增加獲利，你可以選擇提高曝險。大仁之前設定是 50：50，這邊我們可以逐步調整為幾個區塊，如下表所示。讓我們看看「增加曝險」的表現。時間為 2014.10.31 到 2022.12.2，投入本金 100 萬，結果如下。

標的	50 指數	50:50	60:40	70:30	80:20	90:10	100
報酬	238 萬	245 萬	287 萬	334 萬	386 萬	444 萬	508 萬

▲ 本金 100 萬，採用更高的曝險比例會獲得的報酬（2014.10.31 ～ 2022.12.2）

　　曝險放大，在牛市有機會取得更高的報酬。但相對的，你手中的現金越少，在大跌時就得承受更大的壓力。曝險比例越高，波動越大。要避免

這個問題，也許你可以考慮「減少曝險」方式。

比例	曝險	現金
50：50	100%	50%
60：40	120%	40%
70：30	140%	30%
80：20	160%	20%
90：10	180%	10%
100	200%	0%

▲ 100 萬投資兩倍槓桿 ETF 的曝險比例與手上現金對照

減少曝險的結果

　　前面是增加曝險比例，這邊讓我們看看減少曝險會如何。投入本金 100 萬，結果如下。

標的	50 指數	50:50	40:60	30:70	20:80	10:90
報酬	238 萬	245 萬	208 萬	176 萬	147 萬	122 萬

▲ 本金 100 萬，採用更低的曝險比例會獲得的報酬（2014.10.31 ～ 2022.12.2）

　　曝險降低，報酬也跟著降低。不過，報酬降低的同時波動也變得更小了，手上也擁有更多的現金。這種降低曝險的方式，非常適合保守的族群。

　　很多人對投資槓桿 ETF 的誤解就是：「一定要歐印，一定要把 100％ 資金都投入！」這是非常偏頗的看法，沒有人要你非得把資金百分之百投入。你可以投入 10％、20％、30％，看你個人的需求去調整。不要將槓桿 ETF 視為非黑即白的選項，並非只有「不投資」跟「歐印」兩種選擇。投資沒有這麼狹隘。

保守的人也能投資 50 正 2，降低曝險就好

　　大仁前面提到，曝險比例是可以自己控制的。想追求更高的報酬？沒問題，把你的曝險比例提高就好（但得承受更大的風險）。想要安全保守一點？沒問題，把你的曝險比例降低就好（但得忍受較低的報酬）。

　　即使你是非常保守的投資者，依然能透過 50 正 2 累積到更多資產。舉例來說，下圖顯示你有 100 萬，若只把錢放在定存（利率 1.5%），經過八年的時間會變成 113 萬（獲利 13 萬）。若採用 10：90，也就是只投資 10% 的資金，你的總資產會變成 122 萬（獲利 22 萬）。

　　10：90 會有一些波動，但也取得更多回報。就算你是極度保守的投資者，只拿 10 萬資金出來投資，應該不至於擔心到睡不著。因為你手上還有 90 萬的現金。你的現金部位變化是這樣：90 萬→ 95 萬→ 99 萬→ 105 萬→ 110 萬。每次平衡都不斷增加現金。直到最後一次平衡，現金部位已經 110 萬了。

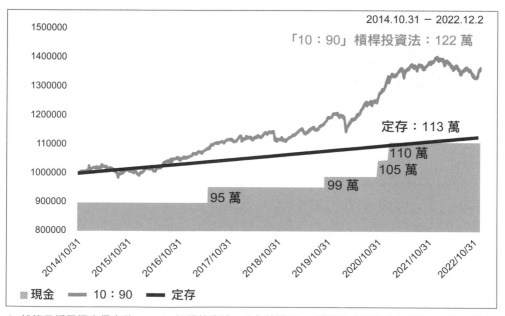

▲ 就算只採用極度保守的 10：90 槓桿投資法，八年的獲利 22 萬還是大勝定存的獲利 13 萬。現金部位隨著再平衡增加，可以讓保守的投資者也很安心

也就是說，即使你投資的 50 正 2 全部賠光（市值約 11.7 萬），依然是獲利的。因為你把賺到的錢都透過再平衡，轉到現金部位了。這是非常安全的投資方式（當然，看完這本書的你已經知道，投資 50 正 2 的錢是不可能歸零的）。

　　最後，重點整理：**一、槓桿投資法的兩大重點：多少曝險？多少現金？二、增加曝險可以使報酬增加，但會減少現金。三、減少曝險可以降低風險，但報酬也會跟著減少。四、50 正 2 並不是只有「不投資」跟「歐印」這兩個選項。五、即使是再保守的投資者，同樣能透過低比例的 50 正 2 增加整體報酬。**

　　槓桿投資法的關鍵，就是運用槓桿讓手上的財務彈性增加。槓桿並不是只會帶來風險，當你使用的方式正確，槓桿反而能有效降低風險。以槓桿投資法來說，只要股市持續上漲，你手上的現金就會越來越多。有現金，面對投資的波動就會越有耐心。現金越多，耐心越大。這就是槓桿投資法可以做到長期投資的主要原因。

4-11
槓桿投資者的 6 個等級，看看你是哪一種

　　大多數人對槓桿有著錯誤的偏見。以為槓桿就是要開到爆，要 10 倍槓桿甚至 100 倍槓桿。這種說法都是過於偏激，也不客觀。正確的觀念應該是仔細思考自己的風險承受度，找到自己合適的槓桿等級。這篇，大仁將槓桿投資區分為六個等級。你可以看看自己是屬於哪一個等級，可以做什麼調整。

槓桿是中性的

　　很多人認為槓桿很糟糕很邪惡，但這種看法非常偏頗。因為槓桿本身是中性的，它代表的是曝險程度。你的曝險是 50％，你就是 0.5 倍的槓桿；你的曝險是 120％，你就是 1.2 倍的槓桿。大多數人認為要超過 1 倍才算槓桿，這是錯誤的理解。你會發現只要有投資曝險，就必然有槓桿的存在，只是你這個槓桿是多少而已。

　　接下來，大仁就將槓桿投資分成六個等級。主要是以 50 正 2 做為舉例，但你也能夠套入任何一個你想投資的商品。這六個等級分別是：一、持有部分槓桿。二、用槓桿代替原有曝險。三、100％曝險。四、100％以上曝險。五、200％曝險（生命週期投資法）。六、200％以上曝險。以下，大仁逐一分析這六個等級，來看看你是屬於哪一個等級的投資者。

等級一、持有部分槓桿

　　這個等級是最初階的，也就是持有部分的槓桿 ETF。比方說，你對 50 正 2 有投資的興趣，但又不敢投資太多。這個時候你就可以投資個 10％～20％，以小部位的方式去投資 50 正 2。這麼做的優點有兩個：一、透過小部位的槓桿，檢視自己對於槓桿的承受度。二、持有槓桿商品，才能知道槓桿思維是怎麼回事。

　　你不要小看這個等級一，很多人連這一步都踏不出來。這些人就是極度的「風險趨避者」，他們害怕任何一切關於槓桿的東西。只要有槓桿都不行，即使只有 1％，他們也會擔心到睡不著覺。

　　如果這些人有 1000 萬，你跟他說可以投資個 10 萬買 50 正 2，他們也絕對不要。為什麼？因為正 2 是槓桿啊，只要有槓桿我就不接受（就算只有 1％ 的資金）。你可能覺得很誇張，但這種人佔了絕大多數。因此，你能夠持有少部分槓桿，就已經比很多投資者勇敢了。

等級二、用槓桿代替原有曝險

　　這個等級的投資者，完全接受槓桿 ETF 的存在。他們願意接受用槓桿去代替原有的投資曝險。舉例來說：你有 20 萬投資 0050，你的投資曝險是 20 萬。現在你賣掉原有部位，改投資 10 萬的正 2。因為正 2 是兩倍槓桿，所以你的投資曝險依然是 20 萬沒有改變。

　　這種做法是百分之百從曝險的角度去思考。用更少的錢，買到相同的曝險。能做到等級二的人，就是完全接受槓桿 ETF 的人。他們可以直接從曝險去切換自己的投資部位，不會受限於「這是不是槓桿」的疑惑（可以複習 4-8）。

等級三、100%的曝險

　　這個等級的投資者又更進階了，他們是以 100％曝險做為投資策略。假設，你有本金 100 萬想投資。你全部拿去買 0050，你的曝險是 100％。不過大多數人無法做到這樣，因為將所有的資金都放在股票壓力太大，沒有幾個人能承受得了。但是，如果改以兩倍槓桿的正 2 就比較容易做到。

　　比方說，同樣本金 100 萬。我拿 50 萬出來投資正 2，另外 50 萬保有現金。我的投資總曝險維持在 100％，但我的手上多出 50％的現金。只要擁有足夠的現金，在面對市場下跌的時候，投資者的不安會降低，安全感會增加。這就是大仁在 Part3 專文介紹的「50：50 槓桿投資法」。

等級四、100%以上的曝險

　　對大多數人而言，到這個等級才算是真正開啟槓桿。曝險超過 100％，槓桿比例超過 1 倍以上。比方說，你的本金是 100 萬。你投資 70 萬的正 2，兩倍槓桿會形成 140 萬的曝險。這時你的槓桿比例是 1.4 倍。你覺得這樣很危險嗎？

　　就大仁自己的經驗來看，在 1.5 倍以下的槓桿都很安全。

　　假設本金 100 萬，拿 75 萬投資正 2，槓桿比例是 1.5 倍。很危險嗎？不會啊。從安全的角度來看：你只拿 75 萬出去投資，手上還有 25 萬的現金。從報酬的角度來看：你用 75 萬就獲得 150 萬的曝險，有機會賺取更高的回報。

　　投資界裡，風險跟報酬通常是相對的。你想得到更大的報酬，就得承受更大的風險。而這個風險在槓桿投資裡頭，就是你的曝險。當你使用超過 100％的曝險，雖然有可能面臨更大的損失，但也可能帶來更大的獲利。只要你在投資前意識到這一點，我認為超過 100％的曝險並沒有什麼好擔心的。

等級五、200%曝險（生命週期投資法）

當你的槓桿曝險來到 200%，就正式踏入「生命週期投資法」的範圍。願意在年輕的時候開啟兩倍槓桿的曝險，然後在中老年慢慢降低槓桿。使用 200%的曝險，在時間上分散風險。（關於「生命週期投資法」的討論，請參考大仁分享的系列文章。）

▲ 大仁分享的生命
週期投資法文章

等級六、200%以上的曝險

這是槓桿的最高等級，也是曝險比例最高的，超過 200%以上的曝險。在生命週期投資法的概念中，建議投資者年輕時以 200%曝險。那為什麼不要超過 200%？

在《諾貝爾經濟學得主的獲利公式》這本書中提到：作者認為過高的曝險會需要較高的借貸成本。當投資的成本增加，槓桿的效益就會遞減。另外，槓桿就像是食物的鹽巴，加一點調味很好，過量就不能吃了。因此設定兩倍槓桿做為初期曝險的基本比例。

但 200%真的是不可超過的極限嗎？我認為不是。這得看投資者的年齡、經濟狀況、認知程度、風險承受力、投資目標而定。舉例來說，20 歲的投資者，本金是 10 萬。他拿 10 萬出來投資三倍槓桿，曝險是 300%。你覺得很誇張嗎？我覺得還好。首先，他只有 20 歲，在投資的路上時間就是最強大的優勢，就算遇到大跌也有足夠的時間撫平虧損。

再來，他就算用 10 萬投資三倍槓桿，也只有 30 萬的曝險。30 萬很多嗎？不會啊。若從整個生命週期的角度來看，30 萬可能只佔他總資產不到 1%。這有什麼好擔心的？

倘若你是 60 歲即將退休的老年人，總資產是 3000 萬。你還要不要開三倍槓桿，讓自己的曝險變成 300%（總投資曝險是 9,000 萬）？當然不要。

因為你已經滿足退休的財務目標了，自然不必追求那麼高的曝險來降低退休的成功率。這邊你要留意一個重點，開槓桿是為了順利達到財務目標，而不是反過來阻礙自己。

因此，是否有需要超過 200％以上的曝險，請依照自己的情況去做判斷。若你是符合這兩個前提的朋友：一、本金不多（本金小虧不了多少）。二、年齡低於 35 歲以下（有足夠的時間撫平虧損）。你想用超過 200％以上的曝險，我覺得沒什麼問題。只要你自己願意承受那麼大的波動就好。另外，你得意識到槓桿 ETF 並無法保證長期的報酬，請留意這個不確定性。4-2 這篇一定要複習並搞懂。

找到適合自己的槓桿

以上六個等級，每個等級都有合適的對象。你會發現等級越高，需要的基礎知識量跟風險承受力就越高。槓桿投資並不是隨便一個人可以「無腦」辦到的。你可以依照自己的需求去做調整，重點在於兩點：一、你需要多少的曝險才能達到財務目標。二、你能夠承受多少的槓桿波動。想清楚這兩點，再去決定你的曝險到底要設定多少。

順帶一提，大仁自己是最高的等級六。我的本金包含「信貸、房貸」，加上投資兩倍槓桿 ETF。因此我的曝險一定會超過 200％。不過，這是我對於槓桿的研究比較深入，也有足夠的認知。一般人還是建議低於 200％曝險，不然很容易被市場掃出去。另外，我也遵從生命週期投資法的概念，當年齡越來越高，會逐漸降低槓桿。不會有年輕賺到錢，老年賠光光的悲劇。

最後，大仁幫你重點整理：**一、槓桿是中性的，你可以自己選擇槓桿**

的比例。二、槓桿投資分成六個等級，你可以從中找到適合自己的方式。三、從生命週期投資的角度來看，槓桿並非要或不要，而是使用多少槓桿的問題。四、建議多花點時間思考，釐清自己的財務目標與風險承受力，再決定你的曝險比例。

好了，希望這篇有讓你更加清楚槓桿投資的分類。槓桿並不是 0 或 100，而是可以依照每個人需求去做調整的。

關於槓桿 ETF 和槓桿思維的相關討論，大仁在系列文章已經有超過一百篇的整理。有興趣的朋友請花點時間閱讀，不管你最後會不會使用槓桿，肯定會有一些新的想法產生。

▲ 大仁網站上全部關於槓桿投資法的懶人包列表（持續新增）

附錄
槓桿型 ETF 的購買資格

　　恭喜你看完了本書，是否想立刻去開戶申購 00631L 槓桿型 ETF 了呢？本篇附錄會說明投資者需要什麼資格才能買。這是因為槓桿型 ETF 風險性較高，一般投資者是無法輕易投資的。如果你想投資 50 正 2 的朋友，可以看看自己需要符合哪些資格。

步驟一、符合交易資格

　　根據《受益憑證買賣辦法》第四條，買賣槓桿型 ETF 需要符合下列條件之一：一、開立信用戶。二、最近一年內交易 10 筆權證。三、最近一年內交易 10 筆期貨。如果你已經有期貨跟權證交易紀錄，那直接跳下一個步驟。如果你是股市小白，那你只能從第一個「開立信用戶」下手。「開立信用戶」的條件如下：一、年滿 20 歲。二、證券戶成立滿三個月。三、最近一年內成交 10 筆交易。四、交易金額需達申請「融資額度」的 50%。

　　1. 年滿 20 歲：年滿 20 歲才能申請信用戶（保護青少年）。因此，有些父母想幫小孩從小開始存 50 正 2，這是沒辦法的（你可以用小孩的帳戶交易 10 筆權證，這樣不用信用戶也可以投資正 2）。也可以先買在自己的帳戶，等 20 年後，再開箱送給他當作禮物。不曉得 50 正 2 會成長到多少？我猜（隨意猜測，不代表任何保證），有機會挑戰現在四倍以上的價格。

▲ 幫未成年子女交易 10 筆權證實測

2. **證券戶成立滿三個月**：只要開戶滿三個月就可以了，不限於單一證券商。你在其他券商之前有開戶也能包含在內。

3. **最近一年內成交 10 筆交易**：這個也很容易，如果你是小資族，買不起一張股票沒關係。1 股的零股交易，就能算 1 筆。你只要買或賣 10 次零股，就能輕易湊到 10 筆紀錄。

4. **交易金額需達申請融資額度的 50%**：在申請信用戶時，需要填寫「融資額度」。你至少得交易「融資額度」50% 的金額，才能符合信用戶的資格。（這邊要注意的是，不要自作聰明去申請更高的融資額度，這樣你的一半金額要求也會更高。）以下實例說明：目前已知「融資額度」最低可以設定 1 萬。如果你沒有融資的需求，只想單純投資槓桿 ETF，可以設定最低 1 萬。這樣只需要交易 5 千的額度就符合資格囉！

例如永豐證券的網站資料，就可以看到「累積交易金額滿 5,000 元」以上即可。記得申請的融資額度要設定 1 萬喔，不然你設定 50 萬，就得成交 25 萬才行。交易金額可以採用「買進賣出」的方式累積。假設，你買一張股票 1 萬，接著又賣掉。這樣就累積 2 萬交易額度（買 1 萬＋賣 1 萬）。透過這種買賣的方式，就能加速累積交易額度。以上都順利達成，恭喜你完成信用戶的資格。

步驟二、填寫風險預告書

當你取得信用戶資格後,接下來要填寫一張「風險預告書」。可以臨櫃填寫,也能夠透過券商 App 線上電子簽署。

步驟三、槓桿 ETF 交易檢核表

最後一關的大魔王是「槓桿 ETF 交易檢核表」。總共有 17 題,你可以自己測試看看。只要錯一題就無法通過(可以重複測試到正確為止)。如果你真的不知道答案,網路上有人分享正確解答了。

最後,重點整理:**一、投資槓桿型 ETF 需要符合特定資格。二、對投資新手來說,開立信用戶是最簡單的。三、開立信用戶後,填寫「風險預告書＋交易檢核表」,就可以投資槓桿 ETF 了。**

好了,以上就是投資槓桿型 ETF 的資格要求。還沒符合要求的朋友,在這段時間你可以先投資 0050,先感受一下股市的波動如何。如果你連 0050 的漲跌幅都覺得難受,那更別提兩倍波動的 50 正 2 了(現在 0050 的漲跌幅,對大仁來說已經完全沒感覺了)。

如果你是想要「定期定額」的朋友,也是要符合資格才能投資喔!但不是每間證券商都可以自動定期定額 50 正 2。就我目前所知的有七間:一、日盛證券;二、元富證券(小資零股理財專案);三、兆豐證券;四、台新證券;五、國票證券(盤中零股條件單,90 天);六、元大證券(盤中零股條件單,90 天);七、玉山證券(盤中零股條件單,14 天)。如果有其他的券商可以,也歡迎跟大仁提醒。那麼這篇文章就到這邊,希望有解答到你的疑惑。

我選擇相信自己見證的事實

　　時間回到 2019 年，我剛開始研究 50 正 2 的時候，當時所有的言論都告訴我：「槓桿 ETF 不能長期持有，不能長期投資。」那個時候很少人在談槓桿 ETF，有講也都是警告風險，缺乏全面的分析。我看著 50 正 2 過去驚人的歷史報酬，我開始思考這些說法的可信度，如果真的那麼糟糕，為什麼報酬可以超越 0050 兩倍以上？於是，我開始試著找尋背後的原因，從各種角度去拼湊真相。你在這本書看到的各種知識，都是我自己一步一腳印慢慢走過來的路。

　　當我了解越深，我就越確信槓桿 ETF 被大多數人給誤解。但我知道想要理解 50 正 2 的基礎知識量非常龐大，絕非三言兩語就能說清楚的東西。於是，我決定將我所知道的知識，透過文章一篇篇的闡述。

　　寫一篇你不信，我寫十篇，再不信，我寫一百篇。從剛開始分享的時候迎來許多批評跟嘲笑，到後來漸漸被理解與認同，這段路走得非常艱辛。甚至有人懷疑如果 50 正 2 真的這麼好，你自己投資就好，為什麼還要分享出來？懷疑我是不是收錢業配？關於這件事情，我只能說：「每個人都只

能賺到認知範圍以內的錢，也只能明白認知範圍以內的事情。」

就像螞蟻是二維生物，註定無法理解三維的世界。很多人可能覺得別人做事肯定是有利益才會做，因為他們從來沒有做過為他人分享奉獻的事情，他們沒有辦法想像有些人就是單純喜歡分享而已。

老實說，我確實有獲利，我賺到很多的「成就感」，這是某些人終其一生得不到的東西。

如果，當初我被這個世界輕易說服了，被那些質疑的聲音給打敗了，你可能就看不到這段文字，看不到這本書。但我在那個瞬間做了不同的決定，我選擇自己去找到答案，我選擇相信自己見證的事實。最後我得到的答案，就是你手上這本書。

現在，不知道你對於槓桿 ETF 的看法是否有改觀呢？無論如何，感謝你願意看到最後，希望這些分享對你有所幫助，我們有緣再會。

一心文化　SKILL 011

槓桿 ETF 投資法：
用 50 正 2 輕鬆打敗 0050 & 0056，提早退休

作　　者　林政華
編　　輯　蘇芳毓
編輯協力　鄭淑慧
排版製圖　polly530411@gmail.com
美術設計　劉孟宗
出　　版　一心文化有限公司
地　　址　11068 台北市信義區永吉路 302 號 4 樓
電　　話　02-27657131
郵　　件　fangyu@soloheart.com.tw

總 經 銷　大和書報圖書股份有限公司
電　　話　02-89902588
初版一刷　2023 年 4 月
初版九刷　2024 年 8 月

國家圖書館出版品預行編目（CIP）
_____

槓桿 ETF 投資法：用 50 正 2 輕鬆打敗 0050 & 0056，提早退休 / 林政華（大仁）著 .--
初版 . -- 台北市：一心文化出版：大和發行 , 2023.04
　面；　公分 . -- (一心文化)

ISBN 978-626-96121-3-0(平裝)

1.CST: 基金 2.CST: 投資分析
563.5　　　111022246
_____